Guide du Paris des enfants

loisirs et tourisme
Paris et ses environs
pour les moins de 15 ans

LE GUIDE DU PARIS DES ENFANTS
est une publication de Sélection du Reader's Digest

Réalisation
BOOKMAKER
Coordination : Patrick Michel-Dansac
Direction artistique et mise en pages :
Irène de Moucheron

Avec la collaboration de l'équipe éditoriale de
Sélection du Reader's Digest
Direction éditoriale : Gérard Chenuet
Responsable de l'ouvrage : Christine de Colombel
Lecture-correction : Béatrice Le Squer
Fabrication : Frédéric Pecqueux

© 1999, Sélection du Reader's Digest, SA
212, boulevard Saint-Germain, 75007 Paris
© 1999, NV Reader's Digest, SA
20, boulevard Paepsem, 1070 Bruxelles
© 1999, Sélection du Reader's Digest, SA
Räffelstrasse 11, « Gallushof », 8021 Zurich
© 1999, Sélection du Reader's Digest (Canada), Limitée
1100, boulevard René-Lévesque Ouest, Montréal, Québec H3B 5H5

ISBN 2-7098-1128-6

Tous droits de traduction, d'adaptation et de reproduction,
sous quelque forme que ce soit, réservés pour tous pays.

Guide du Paris des enfants

loisirs et tourisme
Paris et ses environs pour les moins de 15 ans

Marylène Bellenger

Introduction

Paris est une ville aux attraits multiples. Elle possède des monuments célèbres dans le monde entier, des musées variés et remarquablement présentés, des jardins et des parcs bien aménagés, des salles de spectacle pour petits et grands, des piscines, des centres sportifs...

L'Ile-de-France, quant à elle, est une région aux charmes innombrables : on y trouve aussi bien des châteaux historiques, que des massifs forestiers, des parcs d'attractions, des réserves animalières...

Parmi toutes les visites et les promenades qu'offrent la capitale et sa région, les parents attentifs ne savent pas toujours lesquelles choisir pour intéresser ou distraire leurs enfants, souvent exigeants et peu patients. En général, la marche les rebute, les musées les ennuient, et ils ne sont pas toujours immédiatement sensibles à la beauté d'un monument... Pour retenir leur intérêt et leur faire plaisir par la même occasion, il faut faire le bon choix et trouver un juste équilibre entre les visites un peu sérieuses et les activités plus ludiques.

Ce guide répertorie, à l'usage des adultes, mais à l'intention des moins de quinze ans, plus de 400 visites susceptibles de plaire à un jeune public.

Les musées n'ont pas été retenus en raison de leur notoriété mais pour la qualité de la présentation : capacité d'attirer l'attention des jeunes visiteurs, dynamisme et originalité des ateliers.

Outre les critères pédagogiques ou ludiques, c'est avant tout l'avis des enfants qui a été déterminant.

Le classement a été fait par arrondissement à Paris et par département puis par ville à l'intérieur des départements pour la région parisienne. À l'intérieur des arrondissements et des villes le classement est fait par genre.

Au regard du nom du site, dans un cadre couleur, des repères sont indiqués : ils permettent de situer l'activité sur les cartes en début du chapitre.

Des pictogrammes permettent de repérer les principales informations sur l'activité. La liste complète est présentée en page 8.

Des symboles indiquent la nature de l'activité ou de la visite proposée (chateaux et musées, parcs animaliers, bases de loisirs, etc).

Une frimousse permet de situer la tranche d'âge la plus concernée, mais il est bien entendu que les parents restent seuls juges de la maturité de leurs enfants.

Une tirelire plus ou moins remplie de pièces donne une idée du prix d'entrée. De petits couverts et un verre signalent l'existence d'un restaurant et d'une buvette.

Enfin, un cornet de glace garni d'1, 2 ou 3 boules signale les étapes les plus séduisantes.

Les jours et heures d'ouverture sont précisés. Ils sont cependant susceptibles d'être modifiés à tout moment. Il est donc vivement recommandé de téléphoner avant de se déplacer, d'autant plus qu'un parc peut avoir fermé ou une animation avoir été supprimée depuis la rédaction du guide.

Cela est d'autant plus valable pour les parcs et les jardins qui ont subi de graves dommages à la suite des tempêtes de décembre 1999. Certains peuvent rester assez longtemps fermés au public, d'autres ont pu être gravement endommagés.

Les avis de tous les utilisateurs du guide, grands ou petits, et toutes les informations complémentaires ou rectificatives seront toujours les bienvenus.

Un grand merci à tous ceux qui, d'une façon ou d'une autre, ont contribué à la rédaction de ce guide et des remerciements particuliers aux Comités de tourisme et aux Offices du tourisme pour leur précieuse collaboration.

Mode d'emploi

Secteur géographique des environs de Paris

Nom de la commune sur la carte
Repérage sur la carte

LE NORD DE PARIS

Théâtre des Jeunes Spectateurs....... Montreuil E8
26, place Jean-Jaurès
93100 - Montreuil
Tél. : 01 48 70 48 91
M. Mairie-de-Montreuil

Un théâtre créé à l'intention des jeunes spectateurs, où sont montées aussi bien des pièces destinées aux petits que d'autres visant les plus grands. Se renseigner sur les spectacles en cours.

Ville

PARIS

La page de la carte
Repérage sur la carte

des bouffées d'air pur, une piste cyclable le traverse ; et les **folies**, kiosques d'informations et ateliers pour les jeunes, donnent une note de gaieté au paysage. Grands et petits se retrouvent, se promènent, assistent à des spectacles, participent à des ateliers, s'initient aux sciences et aux techniques.

Existence d'un restaurant...

Parc des Buttes-Chaumont............. p.15 P5
Accès : rue Botzaris, rue de Crimée, rue Manin
Tél. : 01 42 41 66 60
Ouv. tlj de 7 h à 21 h en hiver et de 7 h à 23 h en été
M. Botzaris, Buttes-Chaumont, Laumière

...ou d'une buvette

Sur le terrain escarpé et chaotique du mont Chauve, d'où viendrait le nom des Buttes-Chaumont, fut aménagé sous l'empereur Napoléon III le parc des Buttes-Chaumont. Inauguré lors de l'Exposition universelle de 1867, au terme de 4 ans de travaux titanesques, il devint un grand parc populaire, plein d'attractions, un lieu féerique et bon marché capable de concurrencer le parc Monceau.
Une colline, des falaises, un lac et son île, une cascade de plus de 30 m de haut furent créés. L'île fut reliée à la terre ferme par un grand pont suspendu de 63 m et le parc fut parsemé de rochers et planté de cèdres de l'Himalaya.
Des **aires de jeux**, une **piste de patins**, des **promenades à dos d'âne** sont réservées aux petits, et **Guignol et Polichinelle** ont de nombreuses histoires à leur raconter (Guignol de Paris, angle av. Simon-Bolivar et rue Botzaris ; tél. : 01 43 24 29 ; à 15 h mrc., sam. et dim., sous réserve de beau temps).

Anecdote

E st-ce le géant Gargantua qui a enterré son vélo dans le parc de la Villette ? Non, c'est plutôt au talent du sculpteur Claes Oldenburg que l'on doit cette drôle de sculpture.

116

6

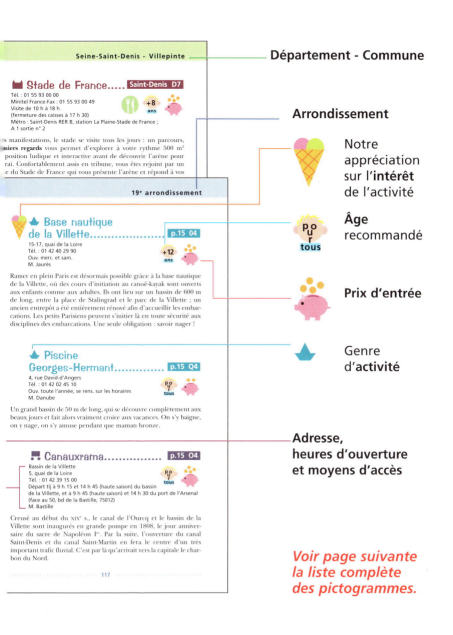

Pictogrammes

 Bien   Très bien   Super

 Châteaux, musées

 Planétariums et observatoires

 Monuments, sites touristiques, ateliers, visites étonnantes, tourisme technique, etc.

 Reconstitutions historiques, spectacles, cirques, sons et lumières

    Parcs animaliers, zoos, élevages, aquariums, réserves ornithologiques, volières, etc.

 Parcs d'attractions et de loisirs

 Sites naturels, parcs de promenade

 Bases de loisirs, centres nautiques, plages, aqualands

 Petits trains, bateaux, calèches, etc.

 Restaurant   Buvette

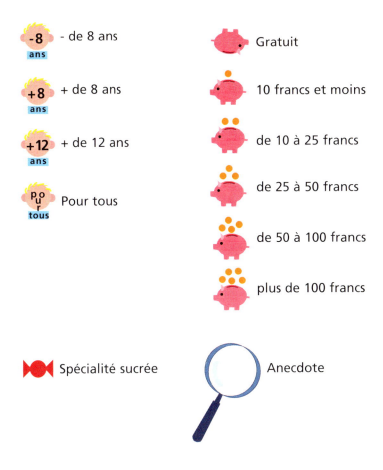

- de 8 ans

+ de 8 ans

+ de 12 ans

Pour tous

Gratuit

10 francs et moins

de 10 à 25 francs

de 25 à 50 francs

de 50 à 100 francs

plus de 100 francs

Spécialité sucrée

Anecdote

Principales abréviations

OT : Office du tourisme
SI : Syndicat d'initiative

Table des matières

Paris **13**

L'est et le sud-est de Paris **121**
    Seine-et-Marne 122
    Val-de-Marne 145

Le nord de Paris **153**
    Oise 154
    Seine-Saint-Denis 164
    Val-d'Oise 168

L'ouest et le sud-ouest de Paris **177**
    Yvelines 178
    Essone 204
    Hauts-de-Seine 212

Le grand ouest de Paris **225**
    Eure 226
    Eure-et-Loir 228

Index alphabétique **233**

Index thématique **241**

Bloc-notes **249**

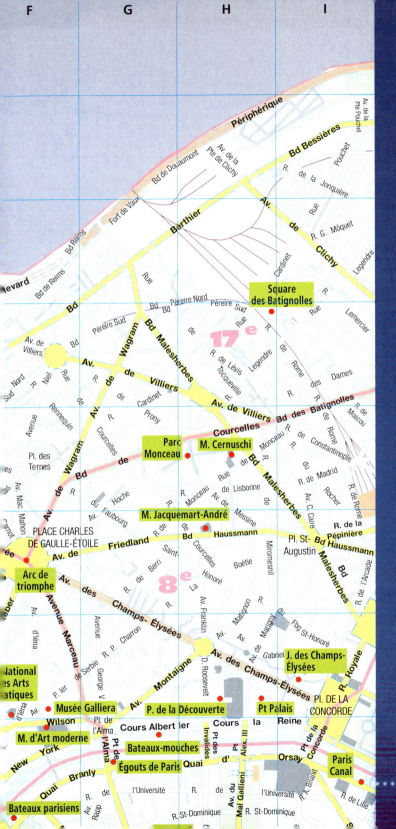

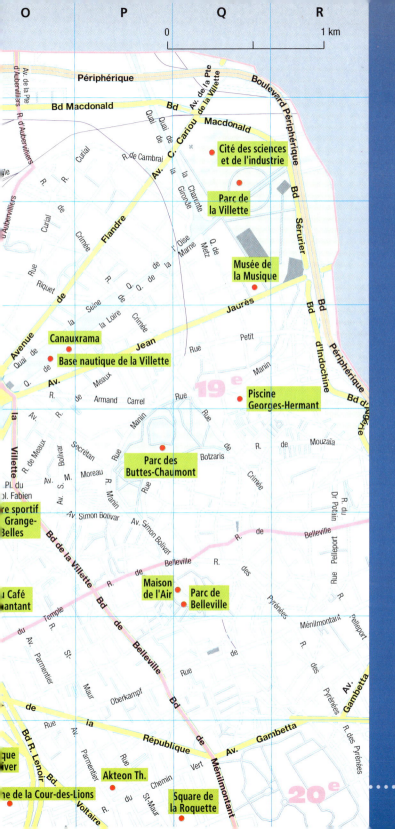

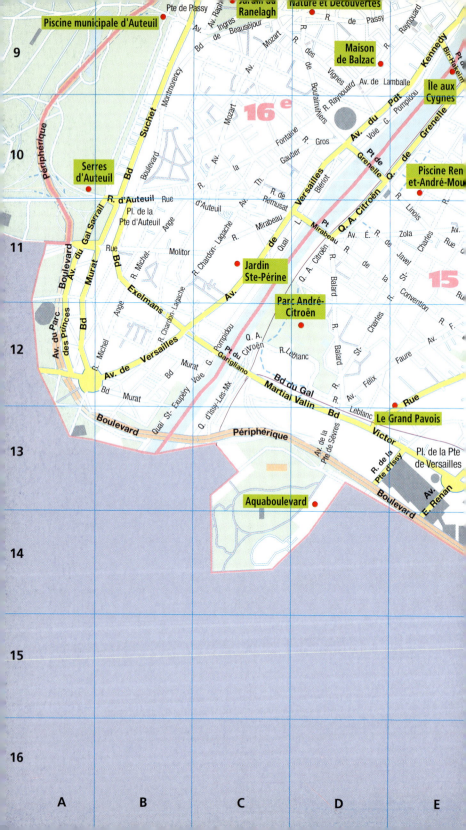

PARIS

Map locations:
- Tour Eiffel
- Champ de Mars
- C. sportif Cler
- M. de l'Armée
- M. Rodin
- Église du Dôme et tombeau de l'Empereur
- Jardin de Babylone
- Cinéma St-Lambert
- Piscine Blomet
- Loupi
- M. Bourdelle
- Tour Montparnasse
- M. de la Poste
- Jardin Atlantique
- Parc Georges-Brassens
- Piscine de la Plaine

14e

0 — 1 km

F G H I

17

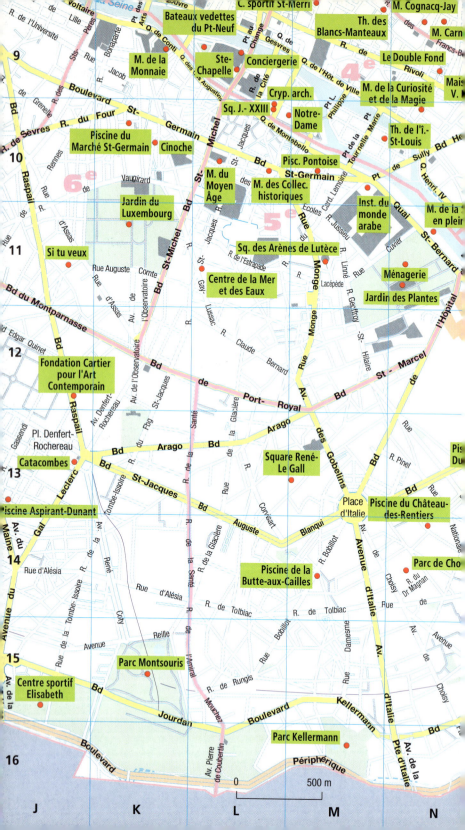

1er arrondissement

 🏠 **Musée du Louvre**.......... p. 14 K8

34-36, quai du Louvre
Tél. : 01 40 20 51 51
ou 01 40 20 53 17
Minitel : 3615 LOUVRE

Ouv. jeudi, vend., sam. et dim. de 9 h à 18 h et lundi et merc. de 9 h à 21 h 45 (lundi aile Richelieu seule), fermé le mardi
Entrée principale : Pyramide (cour Napoléon)
Autres entrées : via la galerie du Carrousel (accès par le jardin ou 99, rue de Rivoli) ou passage public Richelieu (pour les titulaires de la carte Louvre jeunes)
Gratuit pour les – de 18 ans et le premier dim. du mois
M. Louvre, Palais-Royal

Le musée du Louvre, entièrement réaménagé et agrandi par les grands travaux de l'État décidés par François Mitterrand, comprend sept départements : antiquités orientales et arts d'Islam, antiquités égyptiennes, antiquités grecques, étrusques et romaines ; objets d'art, sculptures, arts graphiques et peintures. À ces départements s'ajoutent des salles sur l'histoire du palais et les appartements Napoléon III.
Aussi extraordinaire soit-il, le musée est beaucoup trop vaste pour les enfants ; il faudra donc bien organiser la visite en faisant des choix et revenir au besoin plusieurs fois. La plupart du temps, ce sont les salles des antiquités égyptiennes et étrusques qui retiendront plus particulièrement leur attention.

Le musée du Louvre propose aux enfants des visites-conférences et des ateliers.

Visites-conférences

Rens. et insc. au 01 40 20 52 09
Vac. scol. à 14 h 15 (sauf mardi, sam. et dim.)
Durée : 1 h 30
Achat des billets et départ des visites à l'accueil des groupes, hall Napoléon (sous la pyramide)

Assurées par des conférenciers des musées nationaux, ces visites des collections du musée sont adaptées à un jeune public (6 à 13 ans).

Ateliers

Rens. et insc. le matin pour l'a.-m. au 01 40 20 52 09
L'inscription est accordée en fonction des places disponibles.
Séances merc., jeudi, sam. a.-m. - Durée : 1 h 30, 2 heures ou 2 h 30
Achat des billets et départ des ateliers à l'accueil des groupes, hall Napoléon (sous la pyramide)

1er arrondissement

Les ateliers pour les 4-13 ans permettent de favoriser la découverte active du musée et des collections. Ils proposent une quarantaine de thèmes, parmi lesquels : techniques de la peinture, de la sculpture, du dessin, récits de l'Antiquité égyptienne, costume égyptien, techniques de construction dans l'Antiquité, le Parthénon, initiation aux écritures antiques (hiéroglyphique et cunéiforme), du visage au portrait, sculpture et cinéma, l'architecture du palais du Louvre, etc.

Le programme des activités en ateliers comportant les dates correspondantes est édité chaque trimestre (disponible à l'accueil sous pyramide, ou sur demande au service culturel du musée, 36, quai du Louvre, 75058 Paris Cedex 01).

▙ Musée des Arts décoratifs, musée de la Mode et du Textile et musée de la Publicité….. p. 14 J8

107, rue de Rivoli
Tél. : 01 44 55 57 50 - Fax 01 44 55 57 84
Ouv. tlj du mardi au vend. de 11 h à 18 h, merc. 21 h
et sam. et dim. de 10 h à 18 h
M. Palais-Royal, Tuileries

+8 ans

Le musée des Arts décoratifs est en cours de rénovation ; certaines salles – comme celles contenant les collections sur l'art religieux du Moyen Âge et de la Renaissance – ont rouvert.

Le musée de la Mode et du Textile propose chaque année une nouvelle présentation thématique de ses collections dans une scénographie originale.

Le tout nouveau **musée de la Publicité** est le premier du genre au monde. Ses collections, qui vont du XVIIIe s. à nos jours (plus de 100 000 affiches françaises et étrangères, films publicitaires, annonces presse, PLV, etc.), seront exposées alternativement afin de donner une idée de cette pratique qui a envahi notre vie et qui fait partie des arts décoratifs. La mise en scène dynamique du musée est à l'image de son contenu. Une médiathèque est le prolongement naturel de ce lieu interactif.

Artdécojeunes (tél. : 01 44 55 59 25 ou 59 75) organise pour les enfants de 4 à 14 ans des **ateliers**, qui ont lieu le mercredi par cycles de 4 à 10 séances et pendant les vacances scolaires. Les enfants se répartissent par tranches d'âge : 4-6 ans pour « Mon premier atelier », 7-12 ans pour l'atelier « Art déco », et 8-14 ans pour celui de la mode. Après une visite des collections des trois musées, les enfants se livrent à des travaux manuels, prolongement de ce qu'ils viennent de découvrir. Artdécojeunes propose aussi aux enfants de fêter leur **anniversaire aux « Arts déco »** avec leurs amis**.**

Ateliers du Carrousel
    111, rue de Rivoli
    Tél. : 01 44 55 59 02
    À partir de 4 ans
    Merc. tte l'année et pendant les vac. scol.

Les ateliers du Carrousel, ateliers d'arts plastiques de l'Union centrale des arts décoratifs, proposent dans l'un de leurs deux sites, 111, rue de Rivoli, et à l'école Camondo, 266, bd Raspail, des cours à l'année pour un large public d'enfants à partir de 4 ans. Ils organisent également des ateliers durant les vacances scolaires (rens. au 01 44 55 59 02).

👁 Conciergerie.................. p.18 L9

1, quai de l'Horloge
Tél. : 01 53 73 78 50 - Fax : 01 40 51 70 36
Ouv. tlj de 9 h 30 à 18 h 30 du 1er avril au 30 sept.
et de 10 h à 17 h du 1er oct. au 31 mars
Fermé 1er janv., 1er mai, 1er et 11 nov., 25 déc.
Gratuit pour les – de 12 ans
L'entrée comprend aussi la visite de la Sainte-Chapelle
M. Cité, Châtelet, Saint-Michel - RER Châtelet-les Halles, Saint-Michel-Notre-Dame

La Conciergerie est une petite partie de l'ancien palais des rois capétiens. À l'époque, le concierge était un personnage important, il assurait l'ordre, la police et enregistrait les prisonniers. La quasi-totalité du niveau bas du palais fut transformée en prison à la fin du XVIIIe s. et le Tribunal révolutionnaire s'y installa.
De l'époque médiévale, la Conciergerie conserve la salle des gardes, l'immense salle des gens d'armes, reconstruite par Philippe le Bel, et les cuisines de Jean le Bon. Mais la partie qui intéressera le plus les jeunes visiteurs est celle dite « révolutionnaire ». La cellule de Marie-Antoinette et une série de cachots ont été reconstitués tels qu'ils se présentaient sous la Révolution. Le souvenir de la pauvre reine, dont les « yeux n'avaient plus de larmes », émeut les enfants de toutes les générations.
À l'angle de la tour de la Conciergerie se trouve une **horloge** qui inlassablement compte le temps depuis 400 ans.
Des **visites spéciales pour les enfants** (sans inscription préalable) sont prévues le mercredi à 14 h 30.

1er arrondissement

👁 Sainte-Chapelle............ p.18 L9

4, bd du Palais
Tél. : 01 53 73 78 51 - Fax : 01 40 51 70 36
Ouv. de 9 h 30 à 18 h 30 du 1er avril au 30 sept.
et de 10 h à 17 h du 1er oct. au 31 mars
Fermée 1er janv., 1er mai, 1er et 11 nov., 25 déc.
Gratuit pour les – de 12 ans
L'entrée comprend aussi la visite de la Conciergerie
M. Cité, Châtelet, Saint-Michel - RER Châtelet-les-Halles, Saint-Michel-Notre-Dame

+8 ans

Derrière la Conciergerie, dans l'enceinte du Palais de justice, se dresse la Sainte-Chapelle, qui fut construite au milieu du XIIIe s. sous le règne de Louis IX pour abriter la couronne d'épines du Christ, que le saint roi avait achetée à l'empereur de Constantinople. La chapelle communiquait alors avec les appartements royaux. Le sanctuaire du rez-de-chaussée était destiné aux courtisans, aux soldats et aux serviteurs, et la chapelle haute était réservée au roi et à ses familiers. Les magnifiques vitraux et les sculptures de pierre qui les soutiennent racontent l'histoire du monde, de la création à l'apocalypse de la fin des temps. Les éblouissantes couleurs de ces gigantesques verrières enchanteront les visiteurs, petits et grands.

De courts concerts sont donnés dans ce cadre exceptionnel tous les soirs à 19 h et 21 h, de la mi-mars à la fin octobre.

👁 Les Marmitons de l'École Ritz-Escoffier...... p.14 J7

Place Vendôme
Tél. : 01 43 16 30 50
Ouv. le merc. de 14 h 30 à 17 h 30
M. Pyramides ou Tuileries

+8 ans

Quel est le comble du chic ? Inscrire ses chères têtes blondes à l'atelier de cuisine de l'hôtel Ritz. Ils y seront en bonne compagnie pour apprendre à cuisiner comme des grands. Autour d'un cuisinier de talent, les enfants, vêtus comme de vrais chefs et coiffés d'une toque, préparent un menu inspiré du livre publié par l'école : « *les Petits Marmitons du Ritz* ». Ils reçoivent à l'issue de l'atelier un certificat de « Marmiton du Ritz ».

Après le succès des **Petits Marmitons**, réservés aux 6-12 ans, un nouvel atelier, destiné aux 13-18 ans, les **Toques Juniors**, a récemment ouvert ses portes. Il est conçu selon le même principe que l'atelier des Marmitons, et les jeunes participants y apprennent à reconnaître

les saveurs, acquièrent les bases de la gastronomie et concoctent des petits plats, pour la plus grande joie de leur parents et de leurs amis. À la fin des ateliers, un goûter est proposé à l'ensemble des participants, qui pourront emporter chez eux les pâtisseries ou les plats réalisés à l'école.
Attention, bien que très cher, l'endroit est très couru et il faut réserver longtemps à l'avance !

👁 La Fabrique des jouets en bois............

3, rue des Prouvaires
Tél. : 01 40 41 07 21
Séance sam. sur réserv.
M. les Halles

André Demoulin est un artisan de génie et le grand ami des enfants : il fabrique des jouets en bois autour du thème du cirque. Ces drôles de clowns et les animaux savants en bois vont servir de modèles aux enfants qui, à leur tour le samedi de 14 h à 18 h, vont scier, peindre, fixer les pièces les unes aux autres…

Forum des images......... p.14 L8

Forum des Halles
Porte Saint-Eustache
Tél. : 01 44 76 62 00
Ouv. du mardi au dim. de 13 h à 21 h
(jeudi jusqu'à 22 h)
M. Châtelet - les Halles

Dix ans après sa création, la Vidéothèque de Paris a pris un nouvel essor. Elle s'est agrandie et a changé de nom pour devenir le Forum des images. Située en plein centre de Paris, au pied de l'église Saint-Eustache, elle dispose d'une collection de plus de 6 000 films sur Paris. Les merc. et sam. a.-m. à partir de 15 h, une **séance de cinéma et un goûter** sont offerts aux jeunes spectateurs. Chaque projection est présentée et animée par un invité et suivie d'un débat.
Un **atelier Internet** est ouvert aux parents et aux enfants pour explorer ensemble l'univers des nouvelles images en compagnie d'un animateur du Cyberport (mercredi à 14 h, uniquement sur réservation au 01 44 76 63 44 ou 47 - durée 1 heure).

1er arrondissement

 Jardin des enfants des Halles.................... p.14 L8

105, rue Rambuteau
Tél. : 01 45 08 07 18
Ouv. du mardi au sam. de 9 h à 12 h et de 14 h
à 18 h (merc. et sam. de 10 h à 18 h), et le dim. de
13 h à 18 h, d'avril à juin et en sept. et oct. (fermeture à 16 h de nov.
à mars) ; de 10 h à 16 h vac. de Noël et fév. ; de 10 h à 18 h vac.
de la Toussaint et de Pâques, et de 10 h à 19 h en juill. et août.
Fermé en cas de pluie
Interdit aux – de 7 ans
M. Châtelet-les Halles

Dans le jardin des Halles dominé par l'église Saint-Eustache, il existe un espace interdit aux parents – sauf le samedi matin, où la visite est possible en famille de 10 h à 13 h quel que soit l'âge des enfants ! Pendant que les parents font leurs courses dans le Forum, les enfants embarquent dans un monde plein de surprises à travers le temps et l'espace.

Le Jardin des enfants est constitué de six mondes différents : le « monde sauvage », monde d'aventures avec pièges à tigres, ponts de singes, canyons et cascades... ; le « monde volcanique », où les enfants, apprentis vulcanologues, font l'ascension de la face nord afin de surplomber le cratère, puis de redescendre vers l'île mystérieuse entourée de plans d'eau ; le « monde géométrique et sonore » ; le « monde mou », avec sa piscine à boules ; enfin la « cité perdue », où les enfants évoluent dans un labyrinthe creusé dans le sol et dans le corps d'un curieux escargot géant...

Attention, ce jardin n'est pas une garderie et le temps de jeu est limité à 1 heure.

Jardin du Palais-Royal... p.14 K8

Bordé par les rues de Montpensier, de Beaujolais,
de Valois
Ouv. tlj de 7 h 30 à 20 h 30 en hiver, 22 h en avril,
mai et sept., et 23 h de début juin à fin août
M. Palais-Royal

Créé au XVIIe s. par le cardinal de Richelieu autour de sa propriété, le parc fut fréquenté par le petit roi Louis XIV, qui habita le palais de l'illustre cardinal avec sa maman la reine Anne d'Autriche et son frère. L'enfant chassait dans le bois et jouait aux abords d'un grand bassin où il aurait, raconte-t-on, failli se noyer.

Les colonnes tronquées de Buren, si contestées par les Parisiens, séduiront en revanche particulièrement les enfants. De hauteurs inégales, elles serviront de perchoir aux petits grimpeurs qui, debout ou assis, admireront les prouesses des jeunes cyclistes acrobates qui viennent régulièrement s'entraîner à leur pied. Les fontaines à boules de Pol Bury, dans lesquelles la lumière se reflète, fascineront également les promeneurs.

Puis ils iront aussi regarder avec envie les marchands de soldats de plomb installés sous les arcades.

 ### Jardin des Tuileries........ p.14 J8

Place de la Concorde,
place du Carrousel, rue de Rivoli
Tél. : 01 40 20 90 43
Ouv. tlj de 7 h à 21 h d'avril à fin sept. (23 h 45 juil. août, w.-e. 0 h 45) et de 7 h 30 à 19 h 30 d'oct. à fin mars
M. Concorde, Tuileries

Pâturages, vignes, jardins et petites maisons occupaient à l'origine le site de l'actuel jardin, qui doit son nom aux fabriques qui s'y étaient installées au XVIe s.

François Ier fit l'acquisition du lieu, où se tenaient plusieurs fabriques de tuiles, qui devint à partir de 1566 le jardin du château de la reine Catherine de Médicis. Au XVIIe s., le jardinier du Roi-Soleil, André Le Nôtre, le transforma et l'aménagea en un magnifique parc à la française.

Ouverts sur le musée du Louvre, celui des Arts décoratifs, l'Orangerie et le Jeu de paume, bientôt reliés au musée d'Orsay par la passerelle Solferino, les jardins, autrefois distincts, forment maintenant un grand espace de verdure du Louvre à la Concorde.

Lieu de promenade en toute saison pour petits et grands, son célèbre bassin rond est l'endroit idéal pour faire flotter des **petits voiliers** (location sur place) ; les bambins ne voudront rater à aucun prix les séances de **guignol** et les **promenades à dos d'âne**, les plus grands préféreront sauter à en perdre le souffle sur le grand **trampoline**.

Le mercredi et pendant les vacances scolaires sont proposés des ateliers dont les thèmes tournent autour du jardinage et de la nature (terrasse au bord de la Seine ; rens. au 01 42 96 19 33).

Durant les vacances de Noël et en juillet et août, une **fête foraine** avec une grande roue s'installe sur la terrasse des Feuillants.

2ᵉ arrondissement

 ✎ Les Étoiles du Rex............ K6

Le Grand Rex
1, bd Poissonnière
Tél. : 08 36 68 05 96-Fax : 01 42 21 11 93
Ouv. du merc. au dim. et jrs fér. de 10 h à 19 h
Départ ttes les 5 min.
M. Bonne-Nouvelle

Le cinéma le Grand Rex, construit en 1932, est un véritable temple élevé à la gloire du 7ᵉ art. Sa façade Art déco, sa voûte étoilée et ses décors baroques font de ce monument un cinéma pas tout à fait comme les autres.

Aujourd'hui, le Rex invite ses spectateurs à découvrir l'univers magique du cinéma et de ses étoiles. Pendant 50 minutes, on suit une visite audioguidée qui nous fait passer derrière l'écran, approcher les étoiles, entrer dans la cabine de projection, où l'on rencontre Manissa, la star du dessin animé, participer avec King Kong au tournage d'un film à sensation, vivre en direct les trucages d'un grand film…

Effets spéciaux, bruitages, tournages, décors reconstitués sont autant de moyens techniques utilisés pour projeter le public dans une aventure interactive pleine d'humour et de frissons.

'élégante **place des Victoires** fut dessinée par Jules Hardouin-Mansart pour recevoir la statue du Roi-Soleil qui, à l'époque, était éclairée jour et nuit par quatre fanaux. Brisée pendant la Révolution, la statue fut remplacée par celle d'un Louis XIV en empereur romain. Non loin de la place, se trouvent deux galeries commerçantes couvertes remarquablement rénovées. Dans la **galerie Vivienne** habita le célèbre Vidocq, bagnard devenu chef de la police à l'époque de Balzac. La **galerie Véro-Dodat,** créée sous le règne de Charles X par deux charcutiers Véro et Dodat est toujours hantée par le souvenir de la Brinvilliers, la célèbre empoisonneuse, et celui du poète Gérard de Nerval, retrouvé pendu non loin de là. La Galerie abrite l'antre de M. Capia, un spécialiste de jouets anciens et réparateurs de poupées en porcelaine.

3e arrondissement

Musée d'Art et d'Histoire du judaïsme.............. p.14 M8

Hôtel de Saint-Aignan
71, rue du Temple
Tél. : 01 53 01 86 60-Fax : 01 42 72 97 47
Ouv. du lundi au vend. de 11 h à 18 h et dim. de 10 h à 18 h
M. Rambuteau, Hôtel-de-Ville
Gratuit pour les – 18 ans

Installé dans le remarquable hôtel de Saint-Aignan, au cœur du Marais, le musée se veut un parcours dans l'histoire des communautés juives du Moyen Âge au XXe s., à travers leurs différentes formes d'expression artistique, leur patrimoine culturel et leurs traditions. Une place privilégiée est réservée à l'histoire des juifs de France, tout en évoquant les communautés d'Occident et d'Afrique du Nord. Le contenu du musée est sérieux et sensibilisera vraiment les enfants s'ils assistent aux **visites-contes** proposées le dimanche. Parents et enfants se retrouvent ensemble pour plonger dans la magie des contes juifs d'ici et d'ailleurs.

Des **ateliers** sont programmés pendant les vacances scolaires, leur contenu est adapté en fonction de l'âge des participants.

« Ronde d'un alphabet » (4-6 ans) : initiation ludique pour les plus petits sur le rôle de la lettre dans la culture juive.

« Voyage d'une lumière » (6-8 ans ; 9-13 ans) : atelier sur les lampes d'Hanouca avec réalisation personnelle.

« L'arbre de vie » (8-13 ans) : atelier sur les motifs et les symboles du judaïsme et leurs équivalents dans les autres traditions, avec un choix de techniques créatives.

« Identité, différence et ponts » (8-13 ans, 14-18 ans) : travail sur l'identité et l'altérité, suivi d'un montage photographique.

« Contes » (4-5 ans, 6-8 ans, 9-12 ans) : dans la lumière mystérieuse des contes, des objets se mettent à parler…

Toute l'année, le mercredi (hors vac. scol.) un atelier est proposé aux jeunes (6-8 ans et 9-12 ans), semestriellement, afin de favoriser une recherche approfondie : « Visages du livre ». L'atelier est l'illustration plastique de la place centrale occupée par la lettre et l'étude du judaïsme.

Une **librairie** propose une belle sélection d'ouvrages pour enfants, et une bibliothèque, une médiathèque et une vidéothèque sont à la disposition d'un public adulte ou étudiant.

Un **jardin** sera bientôt aménagé avec une aire de jeux pour les plus petits.

🏛 Musée Picasso.............. p.14 N8

Hôtel Salé
5, rue de Thorigny
Tél. : 01 42 71 25 21
Ouv. tlj sauf mardi de 9 h 30 à 18 h (17 h 30 d'octobre à mars), nocturne le jeudi jusqu'à 20 h (22 h en été)
M. Filles-du-Calvaire ou Saint-Paul

Aussi remarquable que soit ce musée, il n'est pas spécialement orienté vers les jeunes visiteurs. Mais les œuvres du peintre peuvent séduire les enfants, qui la plupart du temps appréhendent plus aisément que les adultes les toiles non figuratives. Ils progresseront à leur rythme dans les salles, s'arrêtant quand bon leur semble, préférant la période bleue pour certains et la période rose pour d'autres. Dans la salle des sculptures, ils seront fascinés par les « Têtes monumentales » et souriront devant la pièce représentant une drôle de maman et sa poussette.

L'hôtel dans lequel a été aménagé le musée est splendide ; il tient son nom de la fonction de son premier propriétaire, Aubert de Fontenay, qui était fermier des gabelles et qui fit fortune grâce à cet impôt sur le sel qu'il était chargé de collecter. Un charmant jardin l'entoure, où l'on pourra se détendre en fin de visite.

🏛 Musée Cognacq-Jay...... p.18 N9

8, rue Elzévir
Tél. : 01 40 27 07 21-Fax : 01 40 27 89 44
Ouv. de 10 h à 17 h 40 du mardi au dim. (sauf jrs fér.)
M. Saint-Paul, Chemin-Vert, Rambuteau

Au cœur du Marais, le bel hôtel de Donon présente les collections d'œuvres d'art de Louise Jay et Ernest Cognacq, les fondateurs de la Samaritaine. Les enfants apprendront à regarder les tableaux, les meubles et les objets grâce à des **visites-animations**. Par exemple : les 8-12 ans écoutent le récit qui replace les œuvres de musée dans le contexte de leur création (pendant les vac. scol.) ; les petits (à partir de 5 ans) regardent lit à baldaquin, salon doré, pistolet à parfum… comme les héros d'un récit enchanteur tiré du *Cabinet des fées* de Mme d'Aulnoy (merc. à 14 h ou à 16 h) ; les 7-12 ans découvrent la grande et la petite histoire du XVIIIᵉ s. (merc. à 14 h).

Des **ateliers** donnent l'occasion aux jeunes futurs artistes (8-12 ans) de s'initier à la technique du pastel après avoir observé les œuvres du musée (2 cycles de 4 séances au choix, le merc. à 10 h).

Musée Carnavalet p.18 N9

23, rue de Sévigné
Tél. : 01 42 72 21 13-Fax : 01 42 72 01 61
Ouv. tlj sauf lundi et jrs fér. de 10 h à 17 h 40
Attention : ouverture alternée pour certaines salles
Gratuit pour les – de 26 ans
M. Saint-Paul

+8 ans

L'hôtel Carnavalet et l'hôtel Le Peletier-de-Saint-Fargeau abritent le musée de l'Histoire de Paris. Le passé de la capitale est raconté à travers des tableaux, des estampes, des documents, des photographies, des collections d'objets très divers et des reconstitutions d'intérieurs évoquant des personnages et des lieux disparus.

Les grands moments de ce parcours historique sont notamment l'évocation de la famille royale à la prison du Temple, les multiples souvenirs de la Révolution et les reconstitutions de pièces comme la chambre de Marcel Proust, la boutique du joaillier Fouquet ou la salle de bal de l'hôtel de Wendel.

Le bel hôtel Carnavalet, du XVIᵉ s., entouré d'un charmant jardin, tient son nom de sa deuxième propriétaire, Françoise de Kernevenoy, dont le patronyme breton fut quelque peu déformé ; il eut une illustre locataire en la personne de Mme de Sévigné, qui l'habita pendant 20 ans.

Le musée Carnavalet ne manque pas d'imagination pour distraire intelligemment les enfants : une conférencière **raconte des histoires passionnantes** (à partir de 7 ans) ou des contes pour les petits (à partir de 4 ans) ; des **visites-animations** (à partir de 7 ans) sont prétextes à la découverte de la vie parisienne d'autrefois ou donnent l'occasion de confectionner un petit théâtre ; des **ateliers** « **Paris en jeux** » permettent de réaliser un reportage ou un objet-souvenir après la visite du musée ou d'un monument (à partir de 4 ans). Les enfants, selon leur âge, participent à un rallye dans le Marais, jouent à l'archéologue après une visite des arènes de Lutèce, créent une carte postale après une promenade le long de la Seine, jouent au petit

3ᵉ **arrondissement**

reporter à Notre-Dame, découvrent les vieux métiers parisiens, les monuments de Paris dans les tableaux du musée, etc. (rens et réserv., tél. : 01 42 72 21 13 ; fax : 01 40 27 85 59).
Les **anniversaires** peuvent aussi être célébrés au musée Carnavalet : tous les contes, certaines visites-animations, et certains ateliers en une séance peuvent être organisés pour cette occasion exceptionnelle.

Musée de la Chasse et de la Nature.................. p.14 M8

Hôtel de Guénégaud
60, rue des Archives
Tél. : 01 42 72 86 43
Ouv. tlj sauf mardi et jrs fériés de 11 h à 18 h
M. Hôtel-de-Ville, Rambuteau

Bien que le musée de la Chasse et de la Nature soit situé au cœur du Marais, sa visite nous entraîne dans de lointaines contrées. Les trophées de chasse aux grands animaux sont artistiquement disposés aux murs de trois grandes salles consacrées chacune à un continent (Afrique, Amérique, Asie).
Les garçons apprécieront la précieuse collection d'armes, et notamment la canardière (un fusil utilisé pour chasser le canard), longue d'environ 4 m, et la carabine incrustée d'or et d'argent offerte en 1806 par Napoléon au général Rapp.
Les plus jeunes s'attendriront devant *la Laie allaitant ses petits*, une œuvre de Jean-Baptiste Oudry, puis ils seront contents de faire la connaissance de Nonette, Lise, Diane... les chiennes du Roi-Soleil. Leur portrait fut fait par François Alexandre Desportes, le plus célèbre peintre animalier de la fin du XVIIᵉ s. et, pour être sûr de mieux les croquer, l'artiste les peignit d'abord en petit, avant de les placer sur le grand tableau.

Paris

🏛 Musée des Arts et Métiers............ p.14 M7

292, rue Saint-Martin
Ouv. tlj sauf lundi et jrs fériés de 10 h à 18 h, nocturnes jeudi jusqu'à 21 h 30
M. Arts-et-Métiers

Après une longue fermeture, le musée des Arts et Métiers a rouvert ses portes. Toujours situé dans le lieu prestigieux qu'est l'ancienne abbaye de Saint-Martin-des-Champs, où il avait été installé à la fin du XVIIIe s., le conservatoire des Arts et Métiers propose maintenant une exposition permanente, conçue comme un parcours dans l'histoire des techniques.

Pour commencer, les visiteurs découvrent les instruments de la science (appareils à mesurer le temps, l'espace, instruments mathématiques), puis ils passent aux matériaux et à leur élaboration (textile, céramique, verre, métallurgie, etc.) et aux travaux publics, enfin ils découvrent le vaste domaine de la communication (des arts graphiques à la micro-informatique en passant par la photographie, la radio, le cinéma et la télévision). Le domaine de l'énergie n'est pas oublié, ni la mécanique, avec l'exposition des premiers véhicules.

Ce parcours chronologique est jalonné de quelques 150 objets phares dotés de dispositifs d'animation et qui permettent de mieux se rendre compte de l'évolution des techniques.

Le musée n'avait pas encore rouvert lors de la rédaction du guide.

🏛 Musée de la Poupée...... p.14 M8

Impasse Berthaud
Tél. / Fax : 01 42 72 73 11
Ouv. tlj sauf lundi de 10 h à 18 h
M. Rambuteau

Installé au fond d'une impasse fleurie, le musée de la Poupée d'une part expose une collection permanente de plus de 300 poupées françaises de 1850 à nos jours, présentées en situation avec leurs meubles, accessoires, jouets miniatures, et d'autre part monte des expositions temporaires à thème autour des poupées et des jouets de collection.

Bon à savoir : une **clinique** est à la disposition des poupées blessées.

3ᵉ arrondissement

Square du Temple......... p.14 N8

Accès : rue du Temple, rue de Bretagne, rue Perrée, rue Eugène-Spuller
Ouv. 24 h/24
M. Temple, Arts-et-Métiers
Gratuit pour tous

L'enclos du Temple, qui s'élevait en ces lieux depuis 1240, était une véritable ville cernée d'une enceinte fortifiée. Les Templiers, qui avaient pour vocation de protéger les pèlerins en Terre sainte, hébergèrent dans leur donjon la famille royale à partir du 13 août 1792 ; Louis XVI le quitta pour l'échafaud le 21 janvier 1793. Le jardin actuel n'est pas grand, mais il a un lac, une grotte, une cascade... Il est équipé d'une aire de jeux et de tables de tennis de table.

Non loin du **square du Temple**, se trouve un marché toujours connu de nos jours sous le nom de Carreau du Temple. Au XIXᵉ siècle, il comprenait quatre « carrés » (pavillons). Chacun d'entre eux était consacré à une activité particulière. Le premier, le Palais Royal, regroupait les échoppes de tissus, rubans et frivolités de mode ; le deuxième, le Pavillon de Flore, vendait de la literie ; le troisième, surnommé le Pou volant, était une halle à la ferraille et le quatrième, la Forêt noire, regorgeait de vieux souliers et de bottes éculées. Les *gonzes* (les hommes), attirés par les *râleuses*, venaient se *refrusquiner* chez les *chineurs* (marchands de vêtements) en achetant avec de la *thune* (argent) des *grimpants* (pantalons), des *pelures* (habits) et des *limaces* (chemises) ; les *gonzesses* (les dames), elles, essayaient chez les *nioleurs* (chapeliers) des chapeaux que l'on appelait des *décrochez-moi-ça*. Il arrivait que les râleuses *montent des gandins* aux clients (trompent la clientèle) et que de pauvres diables *nisco braisicote* (sans le sou) viennent *bibeloter de vieilles frusques* (vendre de vieux vêtements).

Non loin du Carreau, le marché des Enfants Rouges est l'un des plus anciens de Paris. Il tire son nom de la couleur des uniformes des pensionnaires d'un orphelinat créé au XVIᵉ siècle par Marguerite de Navarre. Au début du XXᵉ siècle, on pouvait encore acheter du lait fraîchement trait à l'étable du marché.

4ᵉ arrondissement

Centre national d'art et de culture Georges-Pompidou............ p.14 M8

Rues Rambuteau, Saint-Martin et Beaubourg
Tél. : 01 42 77 12 33
Minitel : 36 15 BEAUBOURG
Ouv. tlj sauf mardi et 1ᵉʳ mai de 11 h à 22 h (21 h musée)
M. Rambuteau
Gratuit pour les – de 18 ans

L'énorme bloc de verre et d'acier du Centre Pompidou montre aux passants ses tuyauteries de couleurs franches : chacune des couleurs correspond à une fonction différente : le bleu à la climatisation, le jaune à l'installation électrique, le rouge à la circulation, le vert aux circuits d'eau. Les escaliers roulants installés dans des tubes transparents s'accrochent aux parois et grimpent au sommet du bâtiment, d'où la vue sur Paris est spectaculaire.

Cette architecture exceptionnelle a valu au Centre, depuis son ouverture, bien des surnoms : le Pompidosaure, la Raffinerie, Notre-Dame-des-Tuyaux…

Au terme de deux ans de chantier, le Centre Pompidou est rendu à son public. Il se compose de plusieurs espaces : le Forum (niveaux –1, 0 et 1), où se trouvent l'espace spectacles (théâtre, danse, musique, cinéma) et l'espace éducatif, comprenant la **galerie des Enfants** et les différents ateliers, la bibliothèque publique d'information (niveaux 1, 2 et 3), le musée d'Art moderne (niveaux 4 et 5) et les galeries des expositions temporaires (niveau 6).

De l'autre côté du Centre Georges-Pompidou, une horloge a donné son nom au quartier qui l'entoure. Elle met en scène un homme armé d'un glaive et d'un bouclier qui toutes les heures se bat avec l'un des trois animaux qui l'entourent : le dragon, symbole de la terre, le coq, symbole de l'air, et le crabe, symbole de l'eau. À 12 h, 18 h et 22 h, il combat ses trois adversaires en même temps (« Le Défenseur du Temps », 8, rue Bernard-de-Clairvaux).

4ᵉ arrondissement

Le **musée national d'Art moderne** est l'un des rares musées qui propose une vue d'ensemble de la création moderne et contemporaine. La présentation des œuvres est proposée en un seul parcours pluridisciplinaire et chronologique. Les enfants réagissent toujours positivement à l'art moderne. Ici, ils seront particulièrement fascinés par le drôle de monument de Piano et Rogers, les *Métamécaniques* de Jean Tinguely ou encore par les mobiles de Calder. Ils resteront intrigués et perplexes devant les tambours en tissu flasque de Claes Oldenburg ou le *Container Zéro* de Jean-Pierre Raynaud. Ils découvriront l'importance des couleurs en regardant les toiles de Matisse, de Soutine, de Miro, ou encore en admirant l'*IKBlue* de Klein… Ils souriront aussi devant la *Petite Fille sautant à la corde* de Picasso.

Dans la **galerie des Enfants**, deux expositions sont montées chaque année. Chacune d'elles est prolongée par des ateliers. Ainsi, à travers des expressions multiples (danse, arts plastiques, design, arts et techniques), l'**atelier des Enfants** initie le jeune public à l'art de notre temps (rens. au 01 44 78 40 69 ou fax : 01 44 78 13 02). Les ateliers ont lieu le merc. et sam. de 14 h à 16 h et tlj pendant les vac. scol.

Devant le musée s'étend une **piazza** où saltimbanques, musiciens et caricaturistes se partagent le public, et sur le côté, une place (Igor-Stravinsky) est occupée par une **fontaine** créée par Niki de Saint-Phalle et Jean Tinguely. Les sculptures animées sont rigolotes, elles tournent, pivotent et crachent de l'eau, à la grande joie des enfants.

Maison de Victor Hugo.. p.18 N9

6, place des Vosges
Tél. : 01 42 72 10 16-Fax : 01 42 72 06 64
Ouv. de 10 h à 12 h et de 14 h 30 à 17 h tlj sauf lundi et jrs fér.
M. Chemin-Vert, Saint-Paul, Bastille

Un musée a été aménagé dans l'hôtel de Rohan-Guémené, où Victor Hugo vécut de 1832 à 1848. La visite s'organise suivant les trois grandes étapes qui ont articulé sa vie (avant l'exil, pendant l'exil, et après l'exil), depuis l'antichambre qui évoque sa jeunesse jusqu'à la chambre à coucher où il mourut.

Le mercredi à 14 h, des **contes** sont racontés aux enfants à partir de 5 ans ; dans l'un d'eux, Quasimodo, s'échappant de l'histoire, va à la rencontre des gargouilles et vient rejoindre les enfants du XXᵉ s. À 16 h, des **visites-découvertes** permettent aux jeunes visiteurs de faire connaissance avec le grand écrivain, et des **lectures** de ses poèmes, d'extraits de ses romans ou de son journal, fortement inspirés par l'enfance, sont faites aux visiteurs en famille (enfants à partir de 8 ans).

En collaboration avec le forum des Images, dans la maison de Victor Hugo, une conteuse dévoile aux enfants comment furent imaginés le célèbre roman *Notre-Dame de Paris* et ses personnages. Au forum des Images, un atelier « cinéma muet » leur permet de retrouver Quasimodo, Esmeralda, Frollo, et de s'exprimer sur les images (2 séances).

Musée de la Curiosité et de la Magie.................. p.18 N10

11, rue Saint-Paul
Tél. : 01 42 72 13 26-Fax : 01 45 36 01 48
Ouv. merc., sam. et dim. de 14 h à 19 h
M. Saint-Paul

Situé dans des caves voûtées, cet antre de magicien contient des automates et des objets liés à la magie qui forment un dédale de curiosités à travers lequel les visiteurs sont conduits par des animateurs. Des appareils mystérieux et inattendus, ainsi que des illusions interactives, permettent à tous d'expérimenter individuellement mille secrets amusants. Le spectacle de prestidigitation est permanent et a lieu tout au long de la visite.

Une **école de magie** est ouverte aux adultes et aux enfants à partir de 12 ans le samedi matin pour des cours de cartomagie, et le samedi a.-m. pour la magie générale (rens. au musée).

Notre-Dame................ p.18 L10

Place du Parvis-Notre-Dame
Tél. : 01 42 34 56 10-Fax : 01 40 51 70 98
Ouv. tlj de 8 h à 18 h 45 (cathédrale), du lundi
au vend. de 9 h 30 à 16 h 15 d'oct. à fin mars, et du
lundi au vend. de 9 h 30 à 18 h 45 et w.-e. de 9 h 30 à 21 h 15 d'avril
à fin sept. (tour)
M. Cité - RER Saint-Michel-Notre-Dame

Les enfants seront impressionnés par les proportions de la nef de la cathédrale de Paris, certains évoqueront les fastes du sacre de Napoléon en 1804 (immortalisé sur l'immense tableau de Louis David que l'on peut voir au Louvre), d'autres seront fascinés par les couleurs des deux grandes rosaces, et tous iront voir la grande maquette de la construction disposée sur le bas-côté droit. Surtout, ils prendront plaisir à grimper les 387 marches qui conduisent au sommet de la **tour nord** (accès rue du Cloître ; tél. : 01 44 32 16 72 ; gratuit pour les – de 12 ans).

De là-haut, le panorama sur Paris et la vue de la toiture reposant sur une charpente surnommée la Forêt sont très spectaculaires. Il sera amusant d'observer de plus près les mimiques des gargouilles représentant des animaux imaginaires ou des démons grimaçants et de se laisser impressionner par la flèche de la cathédrale, haute de 45 m.

En chemin, une petite pause dans la chapelle haute de la tour permettra de voir une vidéo retraçant les grandes heures de la cathédrale. Il faudra également aller visiter la crypte archéologique qui se trouve sous l'esplanade.

Crypte archéologique

Place du Parvis-Notre-Dame
Tél. : 01 43 29 83 51
Ouv. du mardi au dim. de 10 h à 18 h
M. Cité - RER Saint-Michel-Notre-Dame

Accessible sous le parvis de Notre-Dame, ce site archéologique témoin du vieux Paris est très bien mis en valeur ; on peut y voir des vestiges de maisons vieilles de 2 000 ans et mieux appréhender l'aspect du Paris médiéval en contemplant les maquettes et les dioramas.

Théâtre des Blancs-Manteaux......... p.18 M9

15, rue des Blancs-Manteaux
Tél. : 01 40 30 12 15
Spect. merc., sam. et dim.
M. Hôtel-de-Ville

Des spectacles rigolos sont montés pour les enfants de 2 à 8 ans, qui sont invités à participer et à chanter avec les acteurs (se rens. sur la programmation du moment).

Théâtre de l'Île-Saint-Louis............ p.18 M10

39, quai d'Anjou
Tél. : 01 46 33 48 65
Spect. merc., sam. et dim.
M. Pont-Marie

De petites pièces de théâtre y ont montées pour les enfants à partir de 8 ans, et des concerts amusants y sont organisés pour les jeunes musiciens.

Le Double Fond............ p.18 N9

1, place du Marché-Sainte-Catherine
Tél. : 01 42 71 40 20
Se rens. sur la programmation
M. Saint-Paul

Des **spectacles** de magie et des tours de prestidigitation sont présentés dans le sous-sol de ce café. Une terrasse permet de consommer dehors en été, et les enfants écarquillent alors les yeux en voyant leur boisson préférée disparaître devant eux comme par magie…
Des **ateliers** d'initiation à la prestidigitation sont proposés le samedi à 16 h 30.

Square Jean-XXIII......... p.18 L10

Accès : quai de l'Archevêché,
rue du Cloître-Notre-Dame, parvis de Notre-Dame
Ouv. 24 h/24
M. Cité

À la pointe orientale de l'île de la Cité, à l'ombre de 10 siècles d'histoire, s'étend le square Jean-XXIII ; ce fut le premier créé sur ordre de Napoléon III. L'empereur avait été séduit par les nombreux espaces verts découverts en Angleterre ; il fit aménager en divers lieux de la capitale des espaces plantés d'arbres qui prirent tout naturellement le nom de squares (carrés en anglais). La vue sur Notre-Dame est remarquable et les petits peuvent y jouer au sable.

4ᵉ arrondissement

♦ Centre sportif Saint-Merri.................... p.18 M9

16, rue du Renard
Tél. : 01 42 72 29 45
Ouv. toute l'année, se rens. sur les horaires

+8 ans

Constituée d'un grand bassin de 25 m, cette jolie piscine récemment rénovée propose des cours de natation individuels ou collectifs, de la nage avec palmes... Mais on peut aussi y nager tranquillement ou sportivement.

∴ Bateaux vedettes du Pont-Neuf.................. p.18 L9

Square du Vert-Galant
Tél. : 01 46 33 98 38 - Minitel : 3614 PING-PONG
Départ ttes les 30 min, tlj de 10 h à 12 h,
de 13 h à 18 h 30, et croisières des illuminations
de 21 h à 22 h 30
Durée : 1 heure
M. Louvre, Pont-Neuf

pour tous

L'heure de navigation sur la Seine et sous les ponts de Paris est une promenade toujours appréciée. Le premier pont sous lequel passent les bateaux est le Pont-Neuf qui, comme son nom ne l'indique pas, est le plus vieux de Paris. Sa première pierre fut posée par le roi Henri III en 1578 et il fut inauguré en 1607 par Henri IV. Ce massif pont de pierre fut, quelques jours de 1985 durant, entièrement emballé de toile par Christo, l'artiste américain d'origine bulgare.

> **L**a **tour Saint-Jacques** est le seul vestige de l'église Saint-Jacques-de-la-Boucherie, une des étapes du pèlerinage de Saint-Jacques-de-Compostelle. Elle servit de cadre aux expériences de Pascal sur la pesanteur, puis fut utilisée par un armurier pour fabriquer des plombs. L'homme jetait le métal en fusion du haut de la tour ; en tombant, le métal se refroidissait et parvenait sur le sol en petites boules sphériques. Génial, n'est-ce pas ? Aujourd'hui, elle abrite une petite station météorologique.

5ᵉ arrondissement

 ## Institut du monde arabe p.18 M10

1, rue des Fossés-Saint-Bernard
Tél. : 01 40 51 38 38-Fax : 01 43 54 76 45
Ouv. tlj sauf lundi de 10 h à 18 h
M. Cardinal-Lemoine, Jussieu

Ce surprenant édifice domine la Seine. La façade sud est ornée de 240 moucharabiehs (fenêtres grillagées typiques de l'architecture arabe). Équipées de diaphragmes, ces ouvertures s'ouvrent et se ferment à chaque changement d'heure.

L'IMA est un grand centre d'expositions et d'informations sur la culture arabe.

Tout au long de l'année, l'IMA propose des **ateliers pour les enfants** en groupe (rens. et insc. au 01 40 51 39 54, au minimum 15 jours à l'avance).

Pour les 6-12 ans, du mardi au vend. à 10 h et à 14 h :
• Écriture et calligraphie
Les enfants s'initient à la calligraphie arabe ; ils apprennent à écrire de gauche à droite avec un calame (roseau taillé) ; ils découvrent un autre alphabet, un autre mode d'écriture, fait de courbes et d'arabesques. Au terme de la séance, ils transcrivent leur prénom en arabe.
• Les carnets de voyage
Après s'être vu présenter des albums et des dessins d'artistes-voyageurs au Maghreb, tels Delacroix, Matisse, Klee, Dubuffet, etc., les enfants consignent leurs impressions sur les feuillets d'un carnet de voyage. Ils réalisent des croquis, prennent des notes…
• Décors et géométrie
Après avoir observé les variations des décors dans l'art islamique, les enfants découvrent l'infini jeu des associations de motifs qui forment l'espace du décor. Ils réalisent ensuite une combinaison d'éléments géométriques pour composer un décor original.
• Empreintes d'argile
Dans le musée, les enfants regardent les tablettes d'écriture cunéiforme de plus de 3 000 ans. Puis, à l'aide de calames, ils confectionnent une tablette d'argile marquée d'empreintes qui leur révèlent les éléments de base de l'écriture cunéiforme.

5e **arrondissement**

Pour les 8-12 ans, du mardi au vend. à 10 h et à 14 h :
• IMA sur Seine, géométrie et lumière
Les enfants apprennent à regarder le site exceptionnel de l'IMA. Le parcours est imaginé comme un jeu de piste autour du thème de la lumière et de la géométrie.

Les thèmes des ateliers peuvent également varier selon le sujet de l'exposition en cours.

À la **médiathèque jeunesse**, les jeunes enfants (4-6 ans) découvrent le monde arabe à partir de supports variés : diaporama, carte géante, musique, albums, cinéma, contes... (du mardi au vend. de 10 h à 14 h ; ouvert aux enfants en individuel).

De plus, des **animations-spectacle**s permettent à un public d'enfants et d'adultes de rencontrer des artistes (musiciens, danseurs, conteurs, etc.).

Jardin des Plantes......... p.18 N11
Accès : Place Valhubert,
rue Cuvier, rue Monge,
rue Geoffroy-Saint-Hilaire
Tél. : 01 40 79 30 00
Ouvert tous les jours de 7 h 30 au coucher du soleil (20 h en été)
M. Jussieu, Monge, Censier-Daubenton, Gare-d'Austerlitz

Le Jardin des Plantes permet à la fois de se promener librement à travers l'école de botanique, la roseraie, le labyrinthe, le jardin d'Iris, et en visite guidée au jardin alpin, de visiter plusieurs musées autour des sciences naturelles : la grande galerie de l'Évolution, les galeries de Géologie-Minéralogie et de Paléobotanique, les galeries d'Anatomie comparée et de Paléontologie, la galerie d'Entomologie, d'entrer dans les grandes serres et d'aller rendre visite aux animaux de la ménagerie.
Des activités à caractère ludique, liées à des thèmes naturalistes, sont proposées à des groupes constitués d'un minimum de 10 personnes. Conçues pour un public de jeunes, elles sont également ouvertes aux adultes désireux d'accompagner les enfants.

Grande galerie de l'Évolution
36, rue Geoffroy-Saint-Hilaire
Ouv. tlj sauf mardi de 10 h à 18 h (22 h le jeudi)
M. Censier-Daubenton, Jussieu, Monge

Construite à la fin du XIXe s. pour abriter les collections de zoologie, la grande galerie a été magnifiquement rénovée dans le cadre des grands travaux de l'État.

Dans une grande nef bordée de deux étages de galeries, l'évolution de la vie est racontée et mise en scène, et la diversité des espèces est présentée et expliquée grâce à des techniques modernes aussi claires que spectaculaires. Comme dans le grand spectacle de la nature, sons et musique animent chacun des espaces. Couleurs et lumières illuminent la verrière et la caravane des animaux. Ce dispositif répété par séquences évoque le cours d'une journée, de l'aube au crépuscule. Des écrans tactiles, des vidéos, des jeux interactifs contribuent à rendre la visite vivante et amusante.

Galeries de Paléontologie et d'Anatomie comparée
    2, rue Buffon
    Ouv. tlj sauf mardi et jrs fér. de 10 h à 17 h et w.-e.
    de 10 h à 18 h d'avril à sept.
    M. Censier-Daubenton, Jussieu, Monge

La galerie d'Anatomie offre un vaste tour d'horizon du monde des vertébrés, avec près d'un millier de squelettes, des pièces anatomiques liées à l'histoire, des squelettes d'animaux rares et d'espèces disparues.

La galerie de Paléontologie propose une exceptionnelle collection de fossiles : dinosaures, équidés, mammouths, etc.

Galerie d'Entomologie
    45, rue Buffon
    Tél. : 01 40 79 34 00
    Fermeture temporaire
    M. Censier-Daubenton, Jussieu, Monge

Mille cinq cents spécimens, choisis parmi les plus beaux et les plus étonnants du monde, donnent une idée de la prodigieuse diversité des formes, des couleurs et des adaptations que comporte le monde des insectes.

Des ateliers pour les enfants sont organisés à partir de 15 h le sam. et lors des vac. scol. (rens. et réserv. tél. : 01 40 79 36 00).

Galeries de Géologie-Minéralogie
Galerie de Paléobotanique
    36, rue Geoffroy-Saint-Hilaire
    Ouv. tlj sauf mardi et jrs fér. de 10 h à 17 h
    M. Censier-Daubenton, Jussieu, Monge

La galerie de Géologie-Minéralogie détient plus de 600 000 échantillons de roches et minéraux, dont une collection de cristaux géants unique au monde et une autre de 3 000 pierres précieuses provenant des anciennes collections royales.

La galerie de Paléobotanique retrace l'histoire du monde végétal depuis son apparition sur terre.

5e arrondissement

Grandes serres
57, rue Cuvier
Ouv. tlj sauf mardi de 13 h à 17 h d'oct. à fin mars, et les w.-e. d'avril à fin sept.
M. Censier-Daubenton, Jussieu, Monge

Les deux grandes serres regroupent plusieurs milliers d'espèces de plantes : la serre tropicale, humide et chaude, avec des bananiers, ficus, fougères… et la serre mexicaine, où poussent des cactées américaines, des agaves mexicains, des succulentes d'Afrique australe…
Les frimas venus, on se donnera ainsi l'illusion d'être quelques minutes sous les tropiques.

▄ Musée national du Moyen Âge.................. p.18 L10

Thermes de Cluny, 6, place Paul-Painlevé
Tél. : 01 53 73 78 00 (serv. voc.)-Fax : 01 46 34 51 75
Ouv. tlj sauf mardi de 9 h 15 à 17 h 45
Gratuit pour les – de 8 ans
M. Cluny-la Sorbonne - RER Saint-Michel

Adossé aux ruines des thermes de Cluny, ce musée veut être le témoignage de la vie au Moyen Âge. On y découvre entre autres la célèbre tapisserie de *la Dame à la licorne*, tant de fois reproduite dans les livres. Des sculptures évoquent des monuments importants : l'abbatiale de Saint-Germain-des-Prés, celle de Saint-Denis, la Sainte-Chapelle, et plus particulièrement Notre-Dame de Paris.

Des **visites-découvertes** sont proposées aux enfants de 8 à 12 ans (réserv. tél. : 01 53 73 78 30 ; 4e merc. du mois et vac. scol. zone C à 10 h 30 et de juill. à sept. un merc. sur deux à 10 h 30). Les enfants peuvent également disposer d'un petit matériel prêté à l'entrée qui leur permet tout en s'amusant de mieux découvrir les œuvres présentées.

Le musée organise également des ateliers pour les 8-12 ans (insc. tél. : 01 53 73 78 30, le 2e merc. du mois à 14 h 30 et durant les vac. scol. d'hiver et de printemps zone C), s'appuyant sur une découverte des œuvres qui sert ensuite de base à une réalisation pratique en atelier. Les principaux thèmes retenus sont l'architecture, l'orfèvrerie, les manuscrits enluminés et les livres d'heures médiévaux, les vitraux, les maîtres verriers…

🏰 Musée de la Sculpture en plein air de la ville de Paris p.18 N11

Jardin du Port-Saint-Bernard,
quai Saint-Bernard
Ouv. tte l'année
M. Austerlitz, Sully-Morland

Devant l'Institut du monde arabe existe un musée où il fait bon respirer l'air frais de la Seine. Il s'agit d'un jardin où l'on découvre en se promenant les œuvres d'artistes contemporains comme Brancusi, Gilioli ou César.
Une approche plaisante de la sculpture contemporaine.

🏰 Musée des Collections historiques de la préfecture de police... p.18 L10

1 *bis*, rue des Carmes
Tél. : 01 44 41 52 50
Ouv. tlj sauf dim. de 9 h à 17 h et jrs fér.
M. Maubert-Mutualité

Bandits, tueurs, empoisonneuses, ils sont tous là, de Ravaillac à Landru. Vous allez tout apprendre sur le savoir-faire des grands maîtres du crime et découvrir l'histoire de la police parisienne depuis le XVIe s., grâce à des gravures, des portraits, des statues, des objets... Un musée pour les grands.

Ménagerie.................. p.18 N11

3, quai Saint-Bernard et 57, rue Cuvier
Tél. : 01 40 79 37 94
Ouv. tlj de 9 h à 18 h l'été et 17 h l'hiver
Située dans le Jardin des Plantes
M. Censier-Daubenton, Jussieu, Gare d'Austerlitz, Monge

Quel plaisir de se promener dans ce petit parc zoologique, un des plus anciens du monde.
Pas trop grand, il permet de prendre bien son temps pour faire connaissance avec les animaux en provenance du monde entier.
Voulue par Buffon, la ménagerie fut construite par Napoléon, qui fit construire la rotonde en forme de Légion d'honneur.

5e arrondissement

Un **vivarium** présente des petits reptiles, des insectes et des amphibiens… et une grande **volière** reconstitue un marais peuplé d'oiseaux.

Le **Microzoo** (ouv. tlj de 10 h à 12 h et de 13 h 30 à 17 h 30, accessible à partir de 11 ans) permet de découvrir le monde fascinant des animaux microscopiques, hôtes de nos forêts et de nos maisons.

Centre de la Mer et des Eaux.......................... p.18 L11

195, rue Saint-Jacques
Tél. : 01 44 32 10 90-Fax : 01 40 51 73 16
Ouv. du mardi au vend. de 10 h à 12 h 30 et
de 13 h 15 à 17 h 30 et w.-e. de 10 h à 17 h 30
RER Luxembourg

Le centre de la Mer et des Eaux est installé dans les locaux de l'Institut océanographique créé en 1906 par Albert Ier, prince de Monaco. Cet espace a pour vocation de sensibiliser tous les publics au monde marin.
Une exposition permanente permet de faire comprendre comment la vie se développe dans les océans de notre planète. Chaque année, une exposition temporaire d'été présente un nouvel aspect du milieu marin ou dévoile de nouvelles activités humaines ou maritimes. Maquettes, dioramas, cassettes audio rendent cet espace particulièrement éducatif et vivant. Les petits ne sont pas oubliés et des jeux éducatifs leur permettent de découvrir « qui mange qui ? » ou « à qui sont ces beaux yeux ? », ou encore de reconnaître les animaux des végétaux.
Six aquariums présentent la faune des récifs coralliens des mers tropicales ou de l'Atlantique.
Un terrarium accueille les tortues que les enfants abandonnent une fois qu'elles sont devenues trop grandes et agressives.

Des **films** relatant l'odyssée sous-marine de l'équipe Cousteau invitent à vivre des aventures de l'Amazonie aux atolls du Pacifique en passant par l'Antarctique, et des films en rapport avec les expositions en cours sont projetés dans le grand amphithéâtre de l'Institut océanographique (merc. et vac. scol. séances à 14 h, 15 h et 16 h ; vac. d'été séance unique à 15 h ; w.-e. et jrs fér. séances à 15 h et 16 h).

Enfin, un **spectacle de marionnettes** est monté pendant les vacances de février et de Toussaint.

🌲 Square des Arènes-de-Lutèce.........

Accès : rue des Arènes,
rue de Navarre, rue Monge
Ouv. 24 h/24
M. Place-Monge

De la fin du Ier à la fin du IIIe s., les gradins appuyés sur la montagne Sainte-Geneviève pouvaient accueillir jusqu'à 17 000 personnes pour les jeux du cirque. L'édifice disparut avec les invasions barbares. Les arènes furent restaurées et sont maintenant un espace de détente. Les enfants peuvent faire du **tricycle dans l'arène**, ou jouer sur l'**aire de jeu** contiguë (square Capitan). Des spectacles sont régulièrement donnés sur le podium.

Piscine Pontoise............ p.18 M10

19, rue de Pontoise
Tél. : 01 55 42 77 88
Ouv. toute l'année, se rens. sur les horaires
M. Maubert-Mutualité

Une piscine de 33 m avec un bain à remous, un jacuzzi, un espace de nage à contre-courant et quatre cours de squash.

> **D**epuis 1926, un minaret copié sur celui de la mosquée de Fez au Maroc se dresse sous le ciel parisien. Il domine la **mosquée** et le centre d'enseignement arabo-islamique de Paris (1, place du Puits-de-l'Ermite). Un restaurant/salon de thé très sympathique est accoté à l'édifice religieux.

6e arrondissement

🏰 Musée de la Monnaie..... p.18 K9

11, quai Conti
Tél. : 01 40 46 55 35 ou 55 27-Fax : 01 40 46 57 09
Ouv. du mardi au vend. de 11 h à 17 h 30 et sam.
et dim. de 12 h à 17 h 30
Gratuit pour les – de 16 ans
M. Pont-Neuf - RER Saint-Michel

Ce musée très moderne dans sa présentation raconte l'histoire de France à travers ses monnaies. Les pièces sont apparues en Gaule vers l'an 300 avant J.-C., elles imitaient alors les monnaies grecques et romaines. Le Moyen Âge se caractérisa par une extraordinaire profusion de pièces due au fait que chaque baron avait son atelier. À partir de Jean le Bon (1360), le mot franc fut régulièrement employé, puis la Révolution introduisit le système décimal.
Un audioguidage permet de construire soi-même sa visite.
Grâce à un tout nouveau parcours, les visiteurs ont accès aux ateliers de fabrication des médailles et reçoivent les explications sur le travail des graveurs (visites sur inscription les merc. et vend. à 14 h 15).
À l'occasion d'expositions, des **parcours découverte** sont proposés aux enfants afin de leur rendre la visite plus vivante et attractive.

👁 Si tu veux.................. p.18 J11

10, rue Vavin
75006 - Paris
Tél. : 01 55 42 14 14
M. Vavin, Notre-Dame-des-Champs

« Si tu veux » est un magasin de jouets qui, outre le fait qu'il propose un catalogue de vente par correspondance, organise des ateliers les merc. et sam. à 16 h. Les ateliers sont gratuits et durent 45 minutes. Les thèmes varient selon le mois.
Par ailleurs, l'équipe du magasin fait essayer et découvrir les nouveaux jouets aux enfants les merc. et sam. et à 17 h, le goûter de Dame Tartine attend tous les gourmands.

Paris

✎ Cinoche..................... p.18 K10

1, rue de Condé
Tél. : 01 46 33 10 82
Se rens. sur les programmes et les horaires
M. Odéon

Le mercredi et le week-end, les enfants vont au cinéma ; ils ont le choix entre plusieurs films particulièrement applaudis par les jeunes spectateurs.

🌲 Jardin du Luxembourg.... p.18 K11

Entrées : bd Saint-Michel,
rue de Vaugirard, rue Guynemer,
rue d'Assas, rue Auguste-Comte
Ouv. tlj de 7 h ou 8 h à 17 h 15 ou
21 h 45 selon saison
M. Odéon, Vavin - RER Luxembourg

Du temps du roi Saint Louis, il existait à l'emplacement de l'actuel jardin du Luxembourg un château maudit du nom de Vauvert. De mauvais esprits semaient la terreur aux alentours du domaine. Le lieu serait à l'origine de l'expression « aller au diable Vauvert ».
Ce jardin fut créé pour la reine Marie de Médicis au XVIIe s. afin d'entourer son palais, devenu aujourd'hui le siège du Sénat.
Chéri des étudiants, c'est aussi un lieu de rêve pour les enfants de tous âges : ils s'amuseront dans le vaste espace de **jeux** (payant) qui leur est réservé ; ils regarderont les grands jouer au tennis ; ils longeront les vergers où mûrissent 200 variétés de pommes et de poires ; ils feront voguer des **petits bateaux** à voile sur le grand bassin central (location sur place) ; ils feront des tours de manège sur un carrousel dessiné au siècle dernier ; ils iront applaudir **Guignol** (tél. : 01 43 26 46 47 et 01 43 29 50 97) et découvrir **la ruche** des abeilles (rens. sur les visites et les cours d'apiculture, tél. : 01 45 42 29 09).

> Presqu'au bout de la **rue de Babylone**, au numéro 57, se dresse un curieux bâtiment à l'allure extrême-orientale. Cette Pagode a une histoire qui commence comme un conte de fées : en 1895, un monsieur très riche fit construire pour son épouse adorée une véritable pagode. La dame, comblée, y organisait des soirées somptueuses, recevant ses amis, déguisée en princesse chinoise. Ces jours heureux furent de courte durée : le couple se sépara et la pagode tomba plus ou moins en ruine. Transformée en salle de cinéma, elle est aujourd'hui fermée pour travaux.

6e arrondissement

◆ Piscine du marché Saint-Germain... p.18 K10

7, rue Clément
Tél. 01 43 29 08 15
Ouv. toute l'année, se rens. sur les horaires
M. Mabillon

Un bassin de 25 m donne l'occasion de s'entraîner à la brasse et au crawl, et un jardin aquatique est aménagé pour la grande joie des 4-6 ans.

> Dans le quartier autour de Saint-Germain-des-Prés, la plus ancienne église de Paris, se trouvent des cafés-restaurants célèbres dans le monde entier. Le **café des Deux-Magots** est ainsi nommé à cause des deux statues de Chinois appuyées sur le pilier central de la salle (les magots étant des statuettes représentant un personnage pittoresque chinois ou japonais). Au printemps et en été, on assiste assis à la terrasse aux mini spectacles que donnent mimes et bateleurs sur la place Saint-Germain-des-Prés. Le **café de Flore** a toujours été le lieu de rendez-vous des écrivains et des artistes. Le poète Jacques Prévert venait se réchauffer devant le poêle installé au centre de la salle, Jean-Paul Sartre et Simone de Beauvoir passaient des journées à écrire sur un coin de table. La **brasserie Lipp** a été ouverte en 1880 par un Alsacien du nom de Lippmann, qui avait fait décorer la salle avec des fresques en céramique dues au père du poète Léon-Paul Farge. La décoration a été conservée jusqu'à nos jours. Le restaurant le **Procope**, un peu plus loin, près de la place de l'Odéon, fut fondé en 1686 par un gentilhomme de Palerme ; c'était alors une taverne où l'on venait boire du café. Au cours des siècles, les clients célèbres s'y succédèrent : Voltaire, Beaumarchais, Marat, Danton, Robespierre, Benjamin Franklin, Verlaine, etc. ; on raconte que le jeune Bonaparte y laissa son chapeau pour payer l'addition.

7ᵉ arrondissement

🏛 Église du Dôme et tombeau de l'Empereur............ p.17 G10

Entrée par l'av. de Tourville
Tél. : 01 45 55 37 72
Ouv. tlj de 10 h à 18 h d'avril à sept. et de 10 h à 17 h d'oct. à fin mars
Fermé : 1ᵉʳ janv., 1ᵉʳ mai, 1ᵉʳ nov. et 25 déc.
M. Latour-Maubourg, Varenne, Invalides

Sous le dôme de l'église construite au XVIIᵉ s. se trouve le tombeau de l'Empereur, que les enfants de toutes les générations regardent avec fascination. Ils sont encore plus fascinés lorsqu'ils apprennent que ce grand sarcophage, façonné dans du porphyre rouge, contient la dépouille mortelle de Napoléon enfermée dans cinq cercueils : en fer-blanc, en acajou, en plomb, en bois d'ébène et en chêne. Autour de l'Empereur reposent son fils, le roi de Rome, ses frères, Joseph et Jérôme, et les maréchaux Turenne, Vauban, Foch et Lyautey.

Contiguë à cette église se trouve Saint-Louis-des-Invalides, l'église des soldats. Des drapeaux pris à l'ennemi aux cours des campagnes des XIXᵉ et XXᵉ s. sont suspendus aux corniches de la nef.

Dans l'enceinte de l'Hôtel des Invalides se trouve deux musées, celui des **Plans-Reliefs** où sont exposées les maquettes historiques des villes fortifiées, et le **musée de l'Armée**.

🏛 Musée de l'Armée......... p.17 H9

Hôtel national des Invalides,
esplanade des Invalides
Tél. : 01 44 42 37 72
Ouv. tlj de 10 h à 18 h d'avril
à fin sept. et de 10 h à 17 h du 1ᵉʳ oct. au 31 mars,
fermé les 1ᵉʳ janv., 1ᵉʳ mai, 1ᵉʳ nov. et 25 déc.
M. Latour-Maubourg, Varenne - RER Invalides

Installé de part et d'autre de la cour d'honneur de l'hôtel des Invalides, le musée de l'Armée présente d'un côté l'évolution de l'armement depuis l'Antiquité jusqu'au XVIIᵉ s. ; les garçons regarderont avec admiration les armures, dont celles de François Iᵉʳ et d'Henri II enfant, un pistolet à rouet aux armes de Charles Quint, des armes à

7ᵉ arrondissement

feu de Louis XIII, un habit de guerre de l'empereur de Chine ou une collection d'armures japonaises.

Au deuxième étage, les salles du musée sont consacrées à la Première et à la Seconde Guerre mondiale. Il sera préférable d'éviter aux jeunes enfants la visite de la section consacrée aux horreurs des camps de concentration. De l'autre côté de la cour, le musée fait une large place à la Révolution et à l'Empire, présentant de nombreux souvenirs de Napoléon et de ses armées et une rétrospective des armements.

« **Il était une fois… les Invalides** »

Le musée de l'Armée propose une gamme d'activités à caractère culturel et ludique pour ses jeunes visiteurs (rens. au 01 44 42 51 73 ; fax : 01 44 42 37 64).

- Des **visites-contes** destinées aux enfants de 7 à 12 ans visent à familiariser les jeunes avec les objets et œuvres d'art propres à l'histoire de France : peintures, sculptures, armes et armures… Les thèmes proposés sont « Joutes et tournois au temps de François Iᵉʳ », « Louis XIV et l'hôtel des Invalides », « Napoléon Bonaparte et l'épopée impériale ». Ces visites ont lieu le mercredi à 14 h 30 et pendant les vacances scolaires, elles durent 1 h 15 environ.
- Un **atelier** « armoiries et emblèmes » : après une visite des collections au cours de laquelle l'accent est mis sur l'emploi des couleurs et des symboles du Moyen Âge jusqu'à nos jours, les enfants sont invités à réaliser un bouclier en choisissant leurs propres couleurs et leurs emblèmes (durée : 2 heures).
- Des **parcours-découvertes,** au travers desquels les enfants et leur famille explorent, par le biais du jeu et de l'observation, le site et le musée (ces documents, réalisés à l'occasion d'expositions temporaires et manifestations culturelles, sont alors disponibles à la caisse).

🏛 Musée d'Orsay............ p.14 J8

1, rue de la Légion-d'Honneur
Tél. : 01 45 49 48 14 et
01 45 49 11 11 (rép.)
Minitel : 3615 ORSAY
Ouv. tlj sauf lundi de 10 h à 18 h,
le jeudi jusqu'à 21 h 45 et le dim. de 9 h à 18 h
Gratuit pour les – de 18 ans
M. Assemblée-Nationale, Rue-du-Bac, Solferino - RER Musée-d'Orsay

Dans l'ancienne gare d'Orsay sont présentées des collections illustrant la création artistique de la deuxième moitié du XIXᵉ s. et des premières années du XXᵉ s. Sur l'esplanade devant le musée se trouve deux impressionnantes statues représentant un éléphant et un rhinocéros : elles proviennent de l'ancien Trocadéro.

Les jeunes visiteurs sont particulièrement bienvenus et des visites sont organisées pour les 5-10 ans (merc. et sam. à 14 h 30 et certains dim. pendant les vac. scol.). Les **visites** des collections permanentes suivent des parcours qui varient selon les thèmes retenus.

Voici quelques exemples de thèmes choisis : « Quand les œuvres racontent des histoires », « Les coulisses du musée : comment présente-t-on les œuvres ? », « Voyages exotiques », « Bêtes sauvages et animaux familiers », « Ronde des saisons », etc.

Par ailleurs, il existe des **visites en famille** (1 h 30) conçues pour les enfants de 5 à 10 ans et leurs parents, des **séances de cinéma et des concerts** pour jeune public et adultes (réserv. à l'espace des jeunes, niveau – 1, ou par tél. au 01 40 49 49 76).

Enfin, des **carnets-parcours familles** sont destinés aux enfants venant au musée avec leurs parents. Ils sont disponibles aux comptoirs d'accueil ou à l'espace jeunes et ils sont gratuits.

Musée Rodin p.17 H9

77, rue de Varenne
Tél. : 01 44 18 61 10 et 01 44 18 61 11
Fax : 01 45 51 17 52
Ouv. tlj d'oct. à mars et de 9 h 30 à 17 h 45
(18 h 45 pour le jardin) d'avril à sept.
M. Varenne - RER Invalides

+12 ans

Autour du bel hôtel du XVIIIe s., dans lequel sont présentées les œuvres et les collections du sculpteur Auguste Rodin, s'étend un jardin bien rangé. Ce havre de paix est un agréable lieu de promenade et une bonne occasion de découvrir deux célèbres sculptures : *le Penseur* et *les Bourgeois de Calais*.

Des **visites-ateliers** pour enfants de 6 à 10 ans et pour les adolescents de 11 à 15 ans sont organisées au musée de Paris et également au **musée Rodin de Meudon** (10, av. Auguste-Rodin, 92190 Meudon ; tél. : 01 45 34 13 09), le merc. de 14 h 30 à 16 h 30 et pendant les vac. scol. La découverte d'une œuvre est suivie d'une sensibilisation aux techniques de la sculpture. En fonction du thème, les enfants travaillent la terre, le plâtre ou la cire (durée : 2 heures, inscription obligatoire ; apporter une blouse et une boîte à chaussures).

7ᵉ arrondissement

👁 Égouts de Paris............ p.13 G8

Pont de l'Alma
Tél. : 01 53 68 27 81-Fax : 01 53 68 27 89
Ouv. tlj sauf jeudi et vend. de 11 h à 17 h du 1ᵉʳ oct.
au 30 avril et de 11 h à 18 h du 1ᵉʳ mai au 30 sept. ;
fermé 3 sem. en janv.
Gratuit pour les – de 5 ans
M. Alma-Marceau - RER Pont-de-l'Alma

Jusqu'au Moyen Âge, Paris, alimenté en eau à partir de la Seine, rejetait ses eaux usées dans les champs ou dans les ruelles en terre battue. Vers 1200, Philippe Auguste fit paver les rues de Paris et prévoir, en leur milieu, une rigole d'évacuation. Avec Napoléon apparut le premier réseau d'égouts voûtés, mais il fallut attendre l'arrivée du baron Haussmann (1850) et de l'ingénieur Eugène Belgrand pour voir se développer le réseau d'égouts actuel. Une visite guidée par des égoutiers conduit au cœur du réseau d'assainissement de Paris. Un petit musée et un spectacle audiovisuel complètent la visite.
Une petite brochure très claire et très attractive a été réalisée sur les égouts de Paris ; elle permet aux jeunes visiteurs de découvrir l'histoire et le fonctionnement de l'assainissement parisien aujourd'hui.

👁 Tour Eiffel................... p.17 F9

Tél. / Fax : 01 44 11 23 23
Quai Branly
Minitel : 3611 TOUR EIFFEL
Ouv. tlj de 9 h à 24 h de mi-juin
au 1ᵉʳ sept. (ascenseur et escalier) et de 9 h 30 à 23 h de janv. à juin et de sept. à déc. (ascenseur), 9 h 30 à 18 h 30 (escalier)
M. Trocadéro, Bir-Hakeim, École-Militaire - RER Champ-de-Mars

La tour Eiffel a eu 100 ans en 1989.
Construite pour l'Exposition universelle de 1889 par Gustave Eiffel, elle avait été conçue pour être un monument provisoire !
Elle mesure 318,70 m et pèse 10 100 tonnes ; 2 500 000 rivets ont été nécessaires pour assembler les 18 000 pièces de fer qui forment sa charpente ; 1 652 marches conduisent au 3ᵉ étage (360 au premier) ; 60 tonnes de peinture sont appliquées tous les 7 ans par quelque 25 peintres acrobates ; elle reçoit une moyenne de 5 millions de visiteurs par an.
Outre l'ascension aux 1ᵉʳ, 2ᵉ ou dernier étage pour aller admirer la vue, la tour Eiffel offre de nombreuses visites aussi spectaculaires qu'originales.

- Au niveau jardin :
— la **machinerie de l'ascenseur, de 1889** (pilier est ou pilier ouest) ; ce voyage en sous-sol, dont l'atmosphère rappelle le monde de Jules Verne, permet la découverte d'imposantes machines hydrauliques conçues par Gustave Eiffel.
- Au premier étage :
– le **FerOscope**, autour d'une poutrelle de la Tour située au cœur d'un bulbe transparent, vidéos interactives, lunettes vidéo et mises en scène lumineuses permettent de découvrir les techniques qui ont permis l'assemblage du monument ; en levant les yeux, on peut apercevoir des peintres acrobates, répliques de ceux qui tous les 7 ans repeignent la tour ;
– le **Cineiffel**, un mur d'écrans qui présente des images éclatées et insolites de la Tour, des « boîtes magiques » aux images virtuelles ouvrent des fenêtres sur le monde de Gustave Eiffel, une longue vue électronique permet de découvrir Paris dans ses moindres détails, enfin un film sur grand écran raconte l'histoire de sa construction ;
– **l'observatoire des mouvements du sommet**, un ensemble unique qui retrace, en temps réel, par rayon laser, les oscillations décrites par le sommet de la tour en fonction du vent et de la température.
- Au deuxième étage :
– la **Galaxie des visiteurs,** où guidé par un petit robot chacun peut participer à la construction d'une tour Eiffel virtuelle formée de millions d'étoiles, chacune née de la venue d'un visiteur ; il peut aussi graver sa propre étoile à ses initiales et participer grâce à Internet à l'édification d'une tour Eiffel du futur ;
– des **vitrines animées,** dans lesquelles sont évoqués la construction de la tour Eiffel, le fonctionnement de l'ancien ascenseur hydrauliques et celui des ascenseurs actuels.
- Au sommet :
– le **bureau de Gustave Eiffel**, une reconstitution qui présente Gustave Eiffel et sa fille Claire recevant Thomas Edison ;
– des **dioramas,** une présentation des événements qui ont marqué l'histoire du sommet de la tour Eiffel ;
– des tables d'orientation et des tables panoramiques.

Champ-de-Mars
Antoine Auguste Parmentier, qui laissa son nom au hachis et qui contribua au développement de la consommation de la pomme de terre, avait des plantations dans la plaine de Grenelle. Pour bien faire comprendre l'importance de ses cultures, il faisait garder ses champs le jour et en laissait libre l'accès la nuit pour que les gens viennent les piller et prennent ainsi goût à ce légume !

7ᵉ arrondissement

 Champ-de-Mars............

Accès : av. de la Motte-Picquet, quai Branly,
av. de la Bourdonnais, av. de Suffren
Ouv. permanente
M. École-Militaire - RER Champ-de-Mars

Créé pour servir de terrain de manœuvres aux élèves de l'École militaire, un collège fondé sous Louis XV et destiné aux jeunes gentilshommes sans fortune, le Champ-de-Mars fut le théâtre d'un grand nombre de fêtes, de manifestations et d'événements historiques : la fête de la Fédération (14 juillet 1790), les réjouissances provoquées par l'abolition de l'esclavage (10 nivôse an II), l'hommage que rendit Napoléon à ses soldats (3 décembre 1804), des expositions universelles, dont celle de 1889, pour laquelle fut construite la tour Eiffel. Il fallut attendre le début de notre siècle pour que l'esplanade devienne un jardin.

Tas de sable, balançoires, toboggans, jeux divers, carrousel y sont à la disposition des enfants. Des petits ânes promènent docilement les plus jeunes le long des allées.

Et **Guignol** frappe du bâton le pauvre Polichinelle dans le petit théâtre de marionnettes (tél. : 01 48 56 01 44 ; les merc., w.-e. et jrs fér. à 15 h 15 et 16 h 15 ; salle couverte et chauffée).

33, rue de Babylone
(entre la rue Vaneau et la rue du Bac)
M. Sèvres-Babylone, Saint-François-Xavier

Ce jardin lumineux, encadré de hauts murs, était le potager des religieuses de la compagnie des Filles de la Charité, établie dans les lieux en 1633. Avec ses pommiers, ses poiriers et ses cerisiers, ses haies de groseilliers et de noisetiers et son potager, il a un petit air champêtre. Les petits y jouent tranquillement au sable, et des **ateliers verts** accueillent les enfants dans un enclos et une serre.

Centre sportif Cler......... p.17 G9

6, rue Cler
Tél. : 01 47 05 01 61
Ouv. toute l'année ; se rens. sur les horaires
spécifiques aux activités
M. École-Militaire

Le bassin-école Cler offre aux Parisiens de tous âges différentes pratiques de natation. Les tout-petits de 3 mois à 3 ans peuvent se familiariser avec le milieu aquatique et devenir des bébés nageurs chevronnés.

Bateaux parisiens.......... p.13 F8

Pont d'Iéna
Circule toute l'année, horaires selon le mois
(se rens. auprès des compagnies)
M. Bir-Hakeim - RER Champ-de-Mars

De chaque côté du pont d'Iéna, sur la rive gauche, des bateaux proposent des promenades commentées le long de la Seine. Les **Bateaux parisiens** sont à droite du pont d'Iéna (Port de la Bourdonnais-tél. : 01 44 11 33 44) et les **Vedettes de Paris** à gauche du pont (Port de Suffren-tél. : 01 47 05 71 29).
Les Bateaux parisiens organisent pour les enfants des croisières-spectacles durant lesquelles les Lutins parisiens racontent la ville aux jeunes spectateurs.

J usqu'au XVIIe s., terrains de chasse, prairies et champs cultivés couvraient les terres de l'abbaye Saint-Germain-des-Prés et de la seigneurie de Grenelle. De petites routes parcouraient la campagne, la rue Saint-Dominique et la rue de Grenelle étaient des chemins à vaches. La rue de Varenne était la rue de la Garenne et la rue du Pré-aux-Clercs porte le nom des champs où Henri IV venait tirer la pie et où les enfants venaient patiner en hiver sur les grandes étendues gelées.
À la fin du règne de Louis XIV, la cour commença à se lasser de Versailles et les nobles se firent construire des hôtels particuliers dont certains subsistent encore avec leur grand portail et leur cour intérieure permettant l'accès des carrosses. Beaucoup de ces hôtels sont aujourd'hui occupés par des ministères.

7ᵉ arrondissement

🚌 Paris Canal.................. p.13 I8

Quai Anatole-France et parc de la Villette
Tél. : 01 42 40 96 97 (réserv. indispensable)
Départ à 9 h 30 (musée d'Orsay) et 14 h 30 (parc de la Villette), les dim. en hiver et tlj en été
M. Solferino, Porte de Pantin
RER Musée-d'Orsay

Une croisière insolite de 3 heures environ entre le musée d'Orsay et le parc de la Villette. Le bateau longe d'abord le Louvre, Notre-Dame et l'île Saint-Louis, puis il entre dans le canal Saint-Martin, étonnante voie d'eau bordée de marronniers, avant de pénétrer sous un tunnel long de 2 km. Quatre écluses, deux ponts tournants et un pont levant franchis, le bateau accoste devant la Géode de la Cité des sciences à 12 h 30. Il en repart à 14 h 30 pour arrivée au pied du musée d'Orsay à 17 h 15.

Rue du Bac – qui porte le nom des bacs qui traversaient autrefois la Seine – habita le comte d'Artagnan, qui commandait alors la compagnie des mousquetaires du roi, dont la caserne était dans le quartier du Pré-aux-Clercs.

Dans cette même rue, au numéro 140, se trouve une chapelle dite de la Médaille-Miraculeuse : c'est là que la Vierge serait apparue à une religieuse, Catherine Labouré. Cette médaille, dit-on, a le pouvoir de protéger ceux qui la portent. Il est possible de se procurer ce petit bijou dans une boutique située à l'entrée de l'église.

8ᵉ arrondissement

🏛 Musée Jacquemart-André............ p.13 H6

158, bd Hausmann
Tél. : 01 42 89 04 91
Ouv. tlj de 10 h à 18 h
M. Mirosmesnil, Saint-Philippe-du-Roule
Gratuit pour les – de 7ans

Cette ancienne demeure d'une riche famille de collectionneurs est ouverte depuis peu au public. Les œuvres de grands maîtres de la peinture française, flamande, hollandaise et italienne du XVIIᵉ et XVIIIᵉ s. qui y sont présentées sont exceptionnelles. Un **parcours pédagogique** racontant « une journée de Nélie Jacquemart », en vente à l'entrée, permet aux jeunes de s'intéresser à la visite.
Des **ateliers** sont organisés le merc. et le sam. a.-m. (réserv. au 01 45 62 39 94). Groupés en fonction de leur âge, les enfants visitent le musée et, après le goûter, font des travaux ludiques en rapport avec la visite.

🏛 Petit Palais................. p.13 H7

Av. Winston-Churchill
Tél. : 01 42 65 12 73-Fax : 01 42 65 24 60
Ouv. tlj sauf lundi et jrs fér. de 10 h à 17 h 40
M. Champs-Élysées-Clemenceau

Édifié à l'occasion de la rétrospective de l'art français en 1900, le Petit Palais abrite le musée des Beaux-Arts de la Ville de Paris, qui propose des collections offrant un panorama artistique de l'Antiquité à nos jours et organise des expositions temporaires.
Ce n'est pas à proprement parler un musée susceptible de plaire à un jeune public, mais il faut louer le dynamisme du musée des Beaux-Arts pour attirer les enfants. Des **visites-animations** et des **ateliers** sont conçus autour de sujets en rapport avec l'exposition en cours (le merc. à 14 h 30) et, deux fois par semaine (le merc. à 15 h et le dim. à 11 h), le musée du Petit Palais devient le royaume du conte. Les œuvres exposées sont l'occasion d'un voyage à travers des temps fabuleux et merveilleux.

8e arrondissement

☾ Palais de la Découverte.......... p.13 H7

Av. Franklin-Roosevelt
Tél. : 01 56 43 20 21-Fax : 01 40 74 81 81
Minitel : 3615 DÉCOUVERTE
Ouv. du mardi au sam. de 9 h 30 à 18 h et dim.
et jrs fér. de 10 h à 19 h
Gratuit pour les – de 7 ans
M. Champs-Élysées-Clemenceau, Franklin-Roosevelt - RER Invalides

+8 ans

Tout est passionnant dans ce palais où les salles se succèdent, chacune consacrée à une science différente : astronomie, chimie, physique, sciences de la Terre et de la vie, etc.
Les jeunes trouvent là une approche vivante des sciences grâce à des expériences commentées par des animateurs scientifiques, des manipulations, des maquettes, des vidéos, des bornes interactives et aussi des séances au planétarium.

Planétarium
Tél. : 01 56 43 20 21 (rens. horaires et réserv.)
Séances à 11 h 30, 14 h, 15 h 15, 16 h 30, 17 h 45 du mardi au vend.
et les sam., dim. pendant les vac. scol.

Assis sous une voûte de 15 m, les spectateurs se trouvent plongés en quelques minutes sous un ciel étoilé. Guidés par un conférencier, ils peuvent suivre la course des planètes dans le ciel au cours des prochaines années, comprendre le mécanisme des éclipses, voyager pour découvrir les cieux des autres continents, visualiser le système solaire depuis une autre planète, ou encore découvrir le ciel des Égyptiens il y a 4 000 ans, etc.

Les Animations
Des animations sont prévues tous les jours
(se rens. par tél. sur les programmations)

Le **Cybermétropole.** Grâce à 22 ordinateurs dont 8 sont connectés à Internet, il permet de découvrir de façon pratique les nouvelles technologies multimédias : CD-roms, Internet, photo numérique, visioconférence, etc. (les explications sont adaptées à l'âge et au niveau des participants).
Les **ateliers,** proposés les merc, w.-e. et vac. scol. à 10 h ou 15 h, sont centrés sur la Terre et la vie : atelier-fouille, contes de la terre pour les 8-13 ans, sorties géologiques (tout public, durée 1 h 30), etc., ou sur la bio animale ou encore la physique amusante (rens. au 01 56 43 20 21 ; insc. le jour même à l'accueil).
Des **expositions** sont régulièrement montées, avec parcours et ate-

liers en rapport avec la visite spécialement conçus pour le jeune public.
Des **semaines à thème** sont organisées avec des animations particulières.

👁 Arc de triomphe............ p.13 F6

Place Charles-de-Gaulle
Tél. : 01 55 37 73 77-Fax : 01 43 80 64 12
Ouv. tlj de 9 h 30 à 23 h du 1er avril au 30 sept.
et de 10 h à 22 h 30 du 1er oct. au 31 mars
Gratuit pour les – de 12 ans
M. RER Charles-de-Gaulle-Étoile

L'idée de construire un monument grandiose au centre du carrefour de l'Étoile remonte au temps de Louis XV. Parmi les projets, fort divers, le plus pittoresque prévoyait un éléphant surmonté de la statue royale et à l'intérieur duquel auraient été aménagées des pièces de réception. Ce fut Napoléon qui, en 1806, après la bataille d'Austerlitz, décida d'élever un arc de triomphe à la gloire de la Grande Armée. La première pierre fut posée le 15 août 1806, mais en 1810 l'Arc n'en était encore qu'aux fondations ; on décida alors de construire à l'occasion du mariage de Napoléon et de Marie-Louise une maquette grandeur nature faite de planches et de toiles peintes. Après la mort de l'architecte Chardin, les travaux furent interrompus jusqu'à ce que Louis XVIII décide d'en reprendre la construction. L'Arc sera enfin achevé en 1831 et, le 15 décembre 1840, le cortège des cendres de Napoléon, de retour de l'île Sainte-Hélène, passera sous sa voûte.

L'arc de triomphe de l'Étoile est aujourd'hui le symbole de la mémoire patriotique, avec la flamme qui brûle depuis 1923 au-dessus de la tombe d'un soldat inconnu mort pour la France.

Les enfants prendront plaisir à monter au sommet (50 m), les plus courageux pourront gravir les 300 marches qui y conduisent. De là-haut, ils s'amuseront à réciter dans le bon ordre le nom des douze avenues qui rayonnent de la place.

Dans la grande salle-musée du sommet de l'Arc, un **film** de 15 minutes raconte les grandes heures de l'histoire du monument.

8e arrondissement

🌲 Jardins des Champs-Élysées............... p.13 I7

Accès : Cours-la-Reine, av. Franklin-Roosevelt, av. Matignon, av. Gabriel
Ouv. permanente
M. Champs-Élysées-Clemenceau, Franklin-Roosevelt, Concorde

Pour prolonger la perspective du jardin des Tuileries, le génial metteur en scène de la nature André Le Nôtre (1670) eut l'idée d'éclaircir la végétation alentour en créant une large allée menant jusqu'au sommet de la colline du Roule (aujourd'hui l'Étoile).
En 1830, Jacques Ignace Hittorff redessine les jardins et fait aménager des cafés où jouent de petits orchestres. Un peu plus tard dans le siècle, le baron Haussmann leur donne un petit air anglais.
Dans les années 1900, les enfants sages des beaux quartiers venaient y pousser leur cerceau ou faire tourner leur toupie dans les allées. Des **aires de jeux** sont aménagées pour les petits et des spectacles de marionnettes sont donnés les merc., w.-e. et jrs fér. à 15 h, 16 h et 17 h (tél. : 01 42 45 38 30).
Les grands iront rêver devant les timbres des collectionneurs au marché aux timbres (jeudi, sam., dim. et jrs fér.).

🌲 Parc Monceau............... p.13 H5

Accès : bd de Courcelles, av. Van-Dyck, av. Ruysdaël, av. Velasquez
Tél. : 01 42 27 08 64
Ouv. de 7 h à 22 h en été et de 8 h à 20 h en hiver
M. Monceau

Sur le terrain du hameau de Monceau, où campa Jeanne d'Arc en 1429, le duc de Chartres, futur Philippe Égalité, fit construire en 1787 une folie.
Autour de ce pavillon s'étendait un jardin avec des rivières, des petits ponts, des rochers, des grottes, des évocations chinoises et égyptiennes ; de toute cette fantaisie pittoresque il ne reste aujourd'hui que la Naumachie, un bassin entouré d'une colonnade, et une sorte de pyramide égyptienne.
Ce fut dans ce parc qu'atterrit en 1797 le premier parachutiste de l'histoire : l'homme, aussi courageux que téméraire, avait sauté d'un ballon dirigeable.
Des **aires de jeux** et une **piste de patins à roulettes** sont prévues pour les enfants.

🚢 Bateaux-mouches......... p.13 G8

Embarcadère pont de l'Alma, rive droite
Tél. : 01 40 76 99 99 (rens.) et 01 42 25 96 10 (réserv.)
Fonctionnent tlj de 10 h à 22 h, se rens. sur l'heure
exacte des départs, qui varient selon les saisons
Durée de la croisière : 1 h 15
M. Alma-Marceau

Toutes les demi-heures part une promenade commentée qui permet de découvrir les plus beaux monuments de Paris bordant la Seine : le palais du Louvre, l'Institut de France, Notre-Dame, l'Hôtel de Ville, le Palais de justice et la Conciergerie, le palais de Chaillot et la tour Eiffel.

> Un des grands hôtels particuliers donnant sur le parc Monceau eut autrefois comme propriétaire monsieur Menier, w un fabricant de chocolat. Sa maison était si vaste que les plats étaient transportés entre les cuisines et la salle à manger sur un petit train.

9e arrondissement

  Musée Grévin.............. p.14 L6

10, bd Montmartre
Tél. : 01 47 70 85 05-Fax : 01 47 70 06 53
Ouv. tlj de 12 h à 19 h, et de 10 h à 19 h vac. scol.
d'avril à août ; de 12 h à 18 h 30 et de 10 h à 18 h 30
de sept. à mars
M. Grands-Boulevards, Richelieu-Drouot

Ce musée est une institution parisienne ; il fut fondé par un caricaturiste, Alfred Grévin, et un journaliste, Arthur Meyer, en 1882. À ce jour, 45 millions de visiteurs sont venus rencontrer les 500 personnages de cire qui racontent l'actualité et l'histoire de France.
C'est Haroun Tazieff, au-dessus d'un volcan, qui accueille les visiteurs, puis ce sont les chefs d'État, les vedettes de la chanson, les stars du cinéma et les journalistes de télévision qui reçoivent dans l'étonnante salle des colonnes ; souvent renouvelées, les personnalités changent au gré des exigences de l'actualité.
Sous la coupole, musiciens, chanteurs, danseurs et auteurs littéraires conversent silencieusement. Chut ! il ne faut pas réveiller le dormeur du banc, qui est assoupi depuis 110 ans.
Quelques marches à descendre pour remonter le temps et retrouver tous ces héros de l'histoire de France : Louis XI rend une visite à son prisonnier enfermé dans une cage de fer, François Ier rencontre Henri VIII au camp du Drap d'or, Louis XIV assiste à une somptueuse fête, le jeune Mozart joue du piano, Marie-Antoinette veille tristement dans son cachot...
Plus loin, le temps a passé et le cinéma vit son aventure : Orson Welles regarde la robe de Marilyn Monroe voler au vent, un homme sans tête est entouré des corbeaux d'Alfred Hitchcock, John Wayne joue les cow-boys dans une rue déserte du Texas...
Après le cinéma, retour à l'histoire où, au château de la Malmaison, Napoléon Bonaparte et Joséphine de Beauharnais prennent le thé, entourés de leurs frères et sœurs, de musiciens et des maréchaux de l'Empire.
Au premier étage, les enfants de toutes les générations prennent un plaisir chaque fois renouvelé à admirer les transformations du palais des Mirages. Ce son et lumière bien particulier avait été réalisé pour l'Exposition universelle de 1900. Tout pivote, s'escamote, manœuvre et se remet en place pour transporter successivement dans la jungle

asiatique, en Inde et à l'Alhambra de Grenade. Les idoles sacrées se changent en arbres, les éléphants barrissent, l'orage éclate, lucioles et papillons exotiques effleurent les têtes. À côté, dans le « théâtre joli », tous les après-midi, des spectacles toujours renouvelés (prestidigitation, mimes, ombromanies) fascinent les spectateurs de tous âges.

Musée de la Vie romantique........... p.14 K5

16, rue Chaptal
Tél. : 01 48 74 95 38
Ouv. tlj sauf lundi et fêtes de 10 h à 17 h 40
M. Saint-Georges, Blanche, Pigalle

Au cœur du quartier Saint-Georges, une allée bordée d'arbres conduit à un hôtel particulier où a été installé un musée de la Vie romantique, principalement consacré au peintre Ary Scheffer, mais aussi à George Sand, dont les souvenirs évoquent un certain art de vivre.

Une **conteuse raconte des histoires** dans la serre du musée pendant les vac. scol. ; chaque séance est consacrée à un thème particulier (5-10 ans ; durée 1 h 15).

Des **ateliers** donnent aux enfants de 6 à 11 ans l'occasion d'apprendre à s'exprimer, à rire, à chuchoter... tout en s'amusant (10 séances par trimestre, 3 cycles au choix, sur insc.).

Antre magique............... p.14 K5

50, rue Saint-Georges
Tél. : 01 39 68 20 20
Spect. merc. et w.-e. a.-m.
M. Saint-Georges

Des spectacles pour les tout-petits (dès 1 an). Marionnettes, clowns, magiciens, chanteurs, danseurs... animent des spectacles pleins de rires et de joie. Les comédiens font participer les enfants qui, déguisés et maquillés, jouent des petits rôles. Se renseigner sur les programmations.

9ᵉ arrondissement

 Comédie de Paris.......... p.14 J4

42, rue Fontaine
Tél. : 01 42 81 00 11
Spect. merc., sam. et dim.
M. Blanche

Ce célèbre théâtre parisien monte les mer., sam. et dim. a.-m. des spectacles théâtraux et musicaux à l'intention d'un jeune public. Il s'agit souvent de pièces du répertoire classique et, après la représentation, les enfants sont invités à participer à un débat avec les acteurs.

 Théâtre Fontaine.......... p.14 K5

10, rue Fontaine
Tél. : 01 48 74 74 40
Spect. dim.
M. Saint-Georges

Le théâtre Fontaine monte des pièces classiques à l'intention des jeunes spectateurs. Il propose aussi régulièrement des contes venus d'ailleurs accompagnés de chansons (se rens. sur les programmations de la saison).

Paris Story.................. p.14 J6

11 *bis*, rue Scribe
Tél. : 01 42 66 62 06-Fax. 01 42 66 62 16
Ouv. tte l'année, séance tlj de 9 h à 20 h d'avril à oct.
et de 9 h à 18 h de nov. à fin mars
Gratuit pour les – de 6 ans
M. Opéra

Un spectacle multivision et musical sur un écran panoramique retrace en 12 langues les grandes heures de la capitale. Le spectateur revit en images les joies et les drames de 2 000 ans d'histoire.
Le texte qui accompagne les vues de la capitale est vivant et très intéressant pour les jeunes spectateurs.

> **Près de la rue Scribe**, au 14, bd des Capucines, à côté du café de la Paix, eut lieu la première projection cinématographique donnée par les frères Lumière en décembre 1895. Les spectateurs y étaient peu nombreux, et le succès très mitigé ne laissait guère augurer un grand avenir pour ce nouvel art.

🌲 Square d'Estienne-d'Orves............ p.14 J6

Place d'Estienne-d'Orves
Ouv. 24 h/24
M. Trinité

Trois pelouses, trois fontaines, trois statues, trois enfants dans les bras d'un personnage central… autant de symboles de la Trinité. Les bambins ont des bacs à sable pour jouer, une aire de jeux et des tables de ping-pong.

Piscine Valeyre............ p.14 L5

22-24, rue Rochechouart
Tél. : 01 42 76 78 05 et 01 42 85 27 61
Ouv. toute l'année, se rens. sur les horaires
M. Cadet

Dans le centre sportif de la rue de Rochechouart se trouve une belle piscine aménagée dans un cadre agréable. L'intérieur peint en bleu, les murs recouverts de poissons et de dauphins donnent une note marine au lieu. Les enfants vont y nager comme de vrais sportifs.

Frédéric Chopin habita la plus grande partie de sa vie à Paris dans le 9e arrondissement et notamment au n° 5 de la rue de la Chaussée d'Antin dans un appartement cossu qui, racontait Franz Litz, « n'était éclairé que de quelques bougies réunies autour de ses pianos… ».

10ᵉ arrondissement

🗡 Au Café Chantant......... p.15 O6

36, rue Bichat
Tél. : 01 42 08 83 33
Spect. dim. à 15 h
M. République

Un cabaret pour les enfants avec des marionnettistes, des jongleurs et des clowns. Les spectacles varient selon la saison et des goûters-spectacles peuvent être organisés à l'occasion des anniversaires.

🌲 Squares du Canal Saint-Martin......... p.14 N6

Square Eugène-Varlin,
square des Récollets, square Frédérick-Lemaître
Ouv. 24 h/24
M. Colonel-Fabien, Jacques-Bonsergent, République

De part et d'autre du canal Saint-Martin, qui s'étire à l'air libre sur 1,5 km de la rue du faubourg-du-Temple à la place de Stalingrad, trois squares ont été aménagés. Les enfants y jouent sur les **aires de jeux** particulièrement bien équipées et les plus grands y disputent d'interminables parties de **ping-pong**. À l'aller ou au retour, on peut regarder les manœuvres des écluses en franchissant les passerelles métalliques qui enjambent le canal.

♠ Centre sportif de la Grange-aux-Belles.......... p.15 O5

17, rue Boy-Zelenski
Tél. : 01 42 41 21 40
Ouv. tte l'année, se rens. sur les horaires
M. Colonel-Fabien

Entre le canal Saint-Martin et la place du Colonel-Fabien, le centre sportif de la Grange-aux-Belles accueille petits et grands. Une quinzaine de sports y est proposée (volley-ball, tennis, basket-ball, gymnase, piscine, etc.). Les bébés nageurs viennent, chaque week-end, barboter avec leurs parents dans le bassin-école.

11ᵉ arrondissement

👁 Centre Kapla.................. p.19 Q10

27, rue de Montreuil
Tél. : 01 43 56 13 38 Fax : 01 43 56 71 64
Ouv. tte l'année merc. et sam. à 14 h 30 et 18 h
M. Faidherbe-Chaligny

Le fabricant de jeux de construction en bois propose des ateliers pour les 4 à 12 ans. Pendant 1 heure et demie, les enfants vont construire avec des planchettes de bois des maquettes géantes représentant la tour Eiffel, un château fort, un dinosaure, etc. (Réservation nécessaire).
Le centre Kapla propose aussi des animations spéciales à l'occasion d'anniversaire.

✏ Atelier de la Bonne-Graine............ p.19 P10

16, passage de la Bonne-Graine
Tél. : 01 43 57 40 47
Atelier. merc., jeudi, vend. de 17 h à 18 h 30
M. Ledru-Rollin

La compagnie Poudre de sourire propose aux enfants de 6 à 12 ans la découverte du masque et de la marionnette à travers la fabrication, la manipulation et le jeu.

✏ Akteon Théâtre............ p.15 P8

11, rue du Général-Blaise
Tél. : 01 43 38 74 62
Spect. merc. et sam. a.-m. et dim. matin
M. Saint-Ambroise

Des pièces sont spécialement montées pour les enfants. Ce sont souvent des spectacles très courts (30 minutes), rythmés de danses et de musiques et spécialement conçus pour les tout-petits. Un théâtre d'ombre donne également régulièrement des représentations.

11e arrondissement

Cirque d'Hiver Bouglione

110, rue Amelot
Tél. : 01 47 00 28 81
Spect. merc., vend., sam. et dim.
M. Filles-du-Calvaire et Oberkampf

Construit en 1852 pour accueillir le cirque des Champs-Elysées durant sa saison hivernale, le cirque d'Hiver devint un cinéma au début du siècle avant d'être repris par les Bouglione, qui depuis s'y succèdent. Les écuries, datant de Napoléon III, valent la visite. Acrobates, clowns, jongleurs, équilibristes, trapézistes, animaux savants… se donnent en spectacle pour la plus grande joie de tous.

Square de la Roquette…

Accès rue de la Roquette, rue Servan, rue Merlin
Ouv. 24 h/24
M. Voltaire, Léon-Blum

Le jardin a été aménagé là où se trouvait la prison de la Petite Roquette. Il est joliment paysager, avec un relief accidenté et des massifs de fleurs vivaces. Une passerelle traverse le jardin de part en part et, surplombant pelouses et massifs, fait office de belvédère. Deux **terrains de sport** attendent les sportifs et les enfants disposent d'une belle **aire de jeux** et de **bacs à sable**.

A u centre de la **place de la Bastille**, se dresse une colonne, à l'emplacement de la célèbre forteresse-prison prise d'assaut le 14 juillet 1789, marquant ainsi le début de la Révolution. La prison, symbole des abus de la noblesse, fut détruite l'année suivante.
En 1801, on envisagea d'y construire un… éléphant dont la trompe cracherait de l'eau tirée du canal.
« Je suppose que l'éléphant sera très beau et de telles dimensions que l'on pourra monter dans la tour qu'il portera » écrivait Napoléon I er.
Le monument pachyderme n'exista qu'en maquette et fut très vite envahi par les rats ; son aspect pathétique retint l'attention de Victor Hugo qui y logea Gavroche dans son roman *les Misérables*.
Élevée à l'emplacement prévu pour l'éléphant, la colonne en bronze, marbre et laiton, commémore les journées révolutionnaires de juillet 1830 ; à son sommet, brille le Génie de la Liberté.
Sur un côté de la place se trouve l'**Opéra Bastille.** La salle de spectacle contient 2 700 places, chacune ayant une excellente visibilité.

🌲 Promenade Richard-Lenoir............ p.19 O9

Accès : bd Richard-Lenoir, bd Jules-Ferry
Ouv. 24 h/24
M. Bastille, Bréguet-Sabin, Richard-Lenoir, Oberkampf, République

Au-dessus de la voûte sous laquelle passe le canal Saint-Martin un terre-plein a été aménagé en promenade. Bordée d'une double rangée de platanes et de sophoras, la promenade est ponctuée d'espaces aux fonctions diverses (jardins, marchés, terrains de boules, espaces de jeux…).

🔷 Piscine de la Cour-des-Lions.............. p.15 O8

9-11, rue Alphonse-Baudin
Tél. : 01 42 76 78 07
Ouv. tte l'année, se rens. sur les horaires
M. Richard-Lenoir

La belle piscine de 25 m permet de nager en regardant dehors par les grandes baies vitrées. Les bons nageurs peuvent y prendre des cours de sauvetage.
À côté, un gymnase permet de pratiquer volley-ball, basket-ball, handball, tennis de table, etc.

🔷 Piscine Georges-Rigal.... p.19 R9

115, bd de Charonne
Tél. : 01 42 76 78 08
Ouv. tte l'année, se rens. sur les horaires
M. Alexandre-Dumas

Deux bassins permettent aux nageurs de niveaux différents de s'entraîner. Les amateurs de nage sous-marine peuvent prendre des cours de plongée subaquatique et les bébés nageurs patauger comme des poissons dans l'eau.
Dans le gymnase voisin, les enfants joueront au basket, au volley et au badminton, ou encore s'initieront aux arts martiaux.

12e arrondissement

Musée des Arts d'Afrique et d'Océanie................ p.19 P15

293, av. Daumesnil
Tél. : 01 44 74 85 00
Ouv. tlj sauf mardi de 10 h à 17 h 30 (18 h le w.-e.)
M. Porte-Dorée

Construit pour l'exposition coloniale de 1931, il s'appelait alors le musée des Colonies ; en 1935, il devint le musée de la France d'outre-mer, pour devenir ensuite le musée des Arts d'Afrique et d'Océanie. Les visiteurs sont accueillis par de sympathiques mannequins africains installés en haut des marches d'accès. Le musée lui-même, dédié aux arts et civilisations du Maghreb, de l'Afrique intertropicale et de l'Océanie, présente des masques, des statuettes votives, des sculptures, des sagaies, des instruments de musique, des parures de chef, des bijoux somptueux, etc.

Le tour achevé, les jeunes visiteurs se précipiteront au sous-sol, où est installé depuis 1931 un aquarium.

Plongé dans la pénombre, l'espace a été en partie réaménagé. S'il contient des réservoirs un peu vétustes, il est également équipé de nouveaux bassins très bien éclairés où évoluent gracieusement des poissons de toutes les couleurs. Au centre de chacune des deux pièces, un bassin accueille ici des tortues et là des crocodiles.

Quatre **ateliers** sur des thèmes en rapport avec les collections présentées au musée sont proposés aux enfants à partir de 6 ans le mercredi à 14 h. Les séances durent 2 heures et peuvent être suivies en cycle ou séparément. Une semaine, les enfants partent dans les salles à la découverte des objets océaniens ; une autre, ils vont observer les ancêtres de fil de fer ; une autre encore, ils décorent avec des feutres des assiettes en carton à la manière des Aborigènes ; une autre enfin, ils observent les motifs de décoration corporelle en Océanie et se maquillent le visage à l'océanienne. Les thèmes des ateliers peuvent aussi tourner autour du Maghreb, de l'Afrique sud-saharienne ou de l'aquarium.

Un **livret-parcours** avec des jeux pour la visite des plus jeunes est maintenant disponible à l'accueil du musée.

Paris

Musée des Arts forains.. p.19 Q13

Pavillon de Bercy
53, rue des Terroirs-de-France
Tél. : 01 43 40 16 22-Fax : 01 43 40 16 89
Ouv. sur réserv.
M. Bercy, cours St-Émilion

Un collectionneur a réuni et remis en état de marche des carrousels qu'il expose au côté de boutiques foraines et d'attractions diverses. Les manèges tournent comme au début du siècle dans un des pavillons de l'ancienne halle aux vins de Bercy. Un autre des pavillons abrite un opéra baroque consacré à la musique mécanique. Le musée n'est ouvert que sur réservation pour des groupes constitués de 15 personnes minimum ; la visite est guidée et animée (réserv. au 01 43 40 16 15). Il est également possible d'y organiser des fêtes.

Palais omnisports de Paris-Bercy.................. p.19 P12

8, bd de Bercy
Tél. : 01 44 68 44 68
Se rens. par tél. sur les événements en cours ou prévus
M. Bercy

Construite au début des années 1980, cette pyramide tronquée recouverte de pelouses (tondues grâce à des machines tractées par des câbles) peut accueillir jusqu'à 17 000 spectateurs. On y assiste à des compétitions sportives telles que ski-shows, concours hippiques, moto-cross, Six Jours cyclistes de Paris, etc., à des concerts de variétés, ou à des opéras à grand spectacle.
En face se trouvent les bâtiments du ministère de l'Économie et des Finances, dont une partie enjambe le quai et qui possèdent un toit tout plat pour permettre l'atterrissage des hélicoptères.

Les travaux d'aménagement du **parc de Bercy** ont permis de découvrir trois pirogues en chêne daté de 4200 à 3500 av. J.-C. et des vestiges préhistoriques datant de la fin de l'âge du bronze et du début de l'âge du fer.

12e arrondissement

Ferme de Paris............ p.19 R16

Route du Pesage,
bois de Vincennes
Tél. : 01 43 28 47 63
Ouv. tlj sauf lundi, de 13 h 30 à 19 h en juill. et août
et vac. de Pâques ; w.-e. et jrs fér. de 13 h 30 à 19 h d'avril à juin
et en sept. ; et de 13 h 30 à 17 h d'oct. à mars
M. Château-de-Vincennes

+8 ans

Cette vraie ferme réjouira les petits Parisiens n'ayant pas la chance d'aller souvent à la campagne ; ils verront pour de vrai des veaux, des vaches, des cochons, des lapins, des coqs et des poules. Les enfants caressent les chèvres, donnent du foin aux moutons, assistent à la traite automatique des vaches.
Outre la ferme et la basse-cour, les terrains sont partagés entre prairies et cultures : blé, orge, avoine, betterave, maïs, lin, tournesol... Le verger rassemble une collection d'arbres fruitiers, tandis que le potager, entretenu par les enfants, montre une grande diversité de légumes et de plantes aromatiques. Gérée par un couple d'agriculteurs, la ferme fonctionne toute l'année, au rythme des saisons.

Parc zoologique de Paris. p.19 Q15

53, av. de Saint-Maurice,
bois de Vincennes
Tél. : 01 44 75 20 10
Fax : 01 43 43 54 73
Ouv. tlj de 9 h à 17 h en hiver et de 9 h à 18 h ; 18 h 30 en été
Gratuit pour les – de 6 ans
M. Porte-Dorée, Saint-Mandé-Tourelle

pour tous

Le fameux rocher du zoo, que l'on voit d'assez loin, fut construit en 1934. Il vient d'être rénové grâce aux techniques les plus avancées. Des ascenseurs permettent maintenant d'accéder à des plates-formes

> Le grand panda est probablement le pensionnaire le plus célèbre du parc. Il est aussi assurément l'un des plus gourmands : deux fois par jour il mange du lait, deux œufs, des carottes – râpées, s'il vous plaît –, des bananes, des pommes, du sel, du sucre et un gros fagot d'une quinzaine de kilos de bambou – tout exprès cultivé pour lui dans la bambouseraie de Prafrance, dans les Cévennes.
> Juste en face du rocher du zoo se trouve une école pas comme les autres, celle des chiens d'aveugles.

panoramiques et d'avoir de là à la fois une vue d'ensemble et la possibilité d'observer les mouflons qui grimpent sur le rocher.

Le parc est grand et les animaux nombreux (environ 1 200), et la promenade y est agréable hiver comme été. Au côté des habituels pensionnaires des zoos, on rencontre des animaux beaucoup plus rares comme des hippopotames nains, des cerfs d'Eld, des lémuriens nocturnes, des flamants des Andes... et le célèbre panda. La visite aux nouveau-nés (carnet rose affiché à l'entrée) est toujours très appréciée des enfants. Elle ne leur fera pas oublier pour autant l'heure des repas de quelques animaux (9 h 15 et 16 h pour le panda, 14 h 15 pour les pélicans, 14 h 30 pour les manchots, 16 h 30 pour les phoques et les otaries).

Foire du Trône p.19 P.16

Pelouse de Reuilly, près du lac Daumesnil
Ouv. de Pâques à la fin mai
Chaque attraction est payante
M. Porte-Dorée

Cette grande fête foraine est la plus ancienne du genre, on raconte même qu'elle tire son origine des foires aux pains d'épice autorisées par le roi Lothaire au Xe s.

Toutes les attractions allant de la grande roue au grand huit en passant par les tapis volants et autres trains fantômes attendent les enfants qui n'ont peur de rien ! Les plus sensibles se gaveront de barbe à papa et tourneront en rond sur les manèges de petites voitures et d'hélicoptères.

La place de la Nation s'appelait autrefois place du Trône, car elle était ornée d'un trône commémorant l'accueil fait par les Parisiens à leur roi Louis XIV et à leur nouvelle reine Marie-Thérèse au retour de leurs noces célébrées à Biarritz. En 1794, le trône fut renversé et remplacé par une guillotine qui trancha la tête de 1 306 victimes, dont le poète André Chénier.

De part et d'autre de l'avenue du Trône se dressent deux colonnes doriques, qui portent, l'une la statue de Philippe Auguste, l'autre celle de Saint Louis.

À proximité de la place de la Nation, rue du Faubourg-Saint-Antoine, existe une école fondée par l'impératrice Eugénie. Réservé à l'époque aux jeunes filles pauvres, ce collège fut construit avec l'argent produit par la vente d'un collier que l'impératrice avait reçu de la Ville de Paris. D'où l'idée de l'architecte à qui avaient été confiés les travaux de disposer les bâtiments selon la forme d'un collier. Cette configuration originale est très visible d'au-dessus.

12e arrondissement

Bois de Vincennes......... p.19 Q16

M. Château-de-Vincennes,
Porte-Dorée
Ouv. 24 h / 24

Le bois de Vincennes, anciennement Vilcena, est l'un des restes de l'antique ceinture de forêts qui entourait Lutèce et où Philippe Auguste venait chasser, puis Saint Louis rendre la justice sous son grand chêne. Aménagé sous Napoléon III, il est transformé en parc anglais avec des lacs, dont celui des Minimes avec ses trois îles, de belles allées et des chemins sinueux. Il couvre aujourd'hui une superficie de 995 ha.

Ce vaste ensemble offre de très nombreux sentiers piétonniers ainsi que des pistes cyclables. On trouve au bord du lac Daumesnil, du lac des Minimes et du lac de Saint-Mandé quelques attractions traditionnelles, comme **canotage, manège, aires de jeux** et un **guignol** (Marionnettes de Paris, chaussée de l'Étang, Orée du bois de Vincennes - tél. : 01 60 22 78 34) - merc. et w.-e. à 15 h 30 et 16 h 30 - salle couverte et chauffée). Près du rond-point Dauphine, une réserve ornithologique pourvue d'un observatoire permet d'observer les oiseaux. À proximité se trouvent également le **parc floral**, le **jardin zoologique** et la **ferme de Paris**.

Parc de Bercy.............. p.19 P13

Accès : rue Joseph-Kessel, rue Paul-Belmondo,
rue de l'Ambroisie, rue François-Truffaut
et par le POPB
Ouv. du lundi au vend. de 7 h 30 à 18 h
(19 h ou 22 h selon la saison)
M. Bercy, Cour-Saint-Émilion

Sous les beaux marronniers centenaires étaient installés depuis le XIXe s. les entrepôts des négociants en vin qui avaient développé là une activité déjà existante sur le port de la Rapée, où arrivaient le bois flotté et les pièces de vin.

En 1994, la Ville de Paris entreprit la transformation de cet espace en un parc de promenade tout en préservant la spécificité du lieu. Il fut donc décidé de garder les chaussées pavées qui servaient auparavant à l'acheminement des vins et trois des anciens bâtiments, et de préserver les marronniers, les platanes et les sycomores séculaires. Dans le même esprit et pour compléter l'atmosphère, on fit planter des plants de vigne et aménager de jolies treilles sur des pergolas.

Neuf jardins à thème (roseraie, labyrinthe, jardin de senteurs, jardin romantique, etc.) et de grandes pelouses plantées de tulipiers se partagent le parc. Une passerelle traverse la Seine pour permettre de gagner la Grande Bibliothèque.

Des espaces de jeux sont prévus dans différents points du parc.

La **maison du Jardinage** (rue Paul-Belmondo, tél. : 01 53 46 19 19, ouv. ts les a.-m. de 13 h à 18, sauf lundi) propose des cours et des conseils de jardinage pour les grands et un potager où les enfants des écoles viennent cultiver légumes et fleurs.

Parc floral de Paris........ p.19 R15

Accès : esplanade du Château, bois de Vicennes, rte de la Pyramide
Tél. : 01 43 43 92 95
Minitel : 3615 PARCFLORAL

Ouv. tlj de 9 h 30 à 20 h d'avril à sept., de 9 h à 18 h en mars et oct., et de 9 h à 17 h de nov. à fév.
Entrées : château, esplanade du château de Vincennes et Nymphéas, route de la Pyramide
M. Château-de-Vincennes

Aménagé à l'occasion des Floralies de 1969, le parc floral est une heureuse synthèse entre le jardin d'agrément et le parc attractif. On y trouve une pinède de 3 ha, une chênaie symbolisant l'imagerie populaire du bon roi rendant la justice sous son chêne, des vallées de fleurs, un miroir d'eau, un jardin des quatre saisons, un jardin sculpté avec des vagues de pelouses...

Lieu de promenade, le parc est aussi le royaume des enfants, avec une soixantaine de **jeux gratuits** et quelques-uns payants, des collines de pierre construites à leur intention, des bateaux de corsaires à escala-

> Après avoir fait une gentille caresse aux lions de la **place Félix-Éboué**, remarquez sur la droite de l'avenue Daumesnil la bizarre église encastrée entre deux immeubles. C'est **l'église Saint-Esprit**. Vue de l'extérieur, sa façade est étroite et toute en hauteur ; une fois à l'intérieur, on découvre une nef de proportions impressionnantes qui est censée reproduire l'église-mosquée Sainte-Sophie d'Istanbul. Le chœur est décoré d'une gigantesque fresque en mosaïque de style byzantin, et le chemin de croix, très original, serait moins surprenant accroché dans un musée d'art moderne. Les murs de la façade donnant sur la rue Canebière évoquent, eux, plus ceux d'une mosquée que ceux d'un édifice catholique.

der, des sculptures à grimper, des toboggans, un **circuit de formule 1,** une **piste de kart,** des **manèges,** un très spectaculaire **mini-golf** constitué de jolies maquettes en bois représentant les monuments de Paris, un **guignol** (tél. : 01 40 82 90 99), un **théâtre pour enfants** (**théâtre Astral**, tél. : 01 42 41 88 33), une maison de la Nature et un jardin des Papillons. Bonne nouvelle pour les petites jambes, un **petit train** fait le tour du parc.

Maison de Paris-Nature
Pavillons 1, 2 et 5
Tél. : 01 43 28 47 63 (Paris-Nature)
Ouv. de 9 h 30 à 12 h et de 13 h 30 à 17 h en semaine ; de 13 h 30 à 17 h le w.-e. d'oct. à mars ; de 9 h 30 à 12 h et de 13 h 30 à 17 h 30 en semaine ; et de 13 h 30 à 18 h 15 le w.-e. d'avril à sept.

Au cœur du parc floral, Paris-Nature a créé une maison de la Nature pour apprendre aux citadins, petits et grands, à regarder et à comprendre leur environnement naturel. Trois pavillons, chacun avec une destination particulière (information, documentation et exposition), constituent cette maison.
Dans le **pavillon d'information,** on trouve les programmes d'activités, d'expositions et d'événements autour de la nature à Paris. Une exposition permanente met en scène les différents milieux de notre environnement : l'eau, l'air, la faune, la flore et la géologie de la capitale. On apprend à reconnaître les oiseaux parisiens, les empreintes des animaux sur le sol, les couches géologiques du sous-sol parisien...
Le pavillon de la connaissance est une **bibliothèque-ludothèque.** Les pieds sur une moquette vert gazon, les petits Parisiens apprennent à connaître la flore et la faune de Paris. Ce lieu a été spécialement conçu et aménagé pour les 6-14 ans.
Le **pavillon d'exposition** (fermé le matin) a pour vocation de présenter des expositions sur l'environnement naturel parisien.

Jardin des papillons
Pavillon 6
Ouv. en semaine de 13 h 30 à 17 h 30 (18 h le w.-e.) du 15 mai au 30 sept. et de 13 h 30 à 17 h du 1er au 15 oct.

Les papillons, qui partout dans le monde sont victimes de la destruction de leur milieu de vie, ont trouvé au parc floral un lieu d'accueil privilégié. Dans un jardin de plantes aux senteurs et aux couleurs variées, des centaines de papillons appartenant aux espèces spécifiques à l'Île-de-France se poursuivent en un ballet silencieux. Du printemps au début de l'automne, guidés par des panneaux explicatifs, les visiteurs peuvent observer leur cycle de développement, de la ponte à la métamorphose.

🌲 Port et jardin de l'Arsenal.................... p.19 O10

Accès : quai de la Bastille
Ouv. tlj de 7 h 30 à 23 h
M. Bastille

En regardant les bateaux de plaisance amarrés sur ce bassin intermédiaire entre la Seine et le canal Saint-Martin, le flâneur s'imaginera aisément à des kilomètres de la capitale.
Les enfants prendront aussi plaisir à grimper et descendre du bateau de corsaires construit sur l'aire de jeux du jardin fleuri de l'Arsenal pendant que leurs parents se promèneront sous les ombrages des érables, saules, pommiers et liquidambars plantés le long des allées.

🌲 Promenade plantée....... p.19 Q11

Accès multiples entre la place de la Bastille
et le bois de Vincennes
Ouv. tlj de 8 h (9 h w.-e.) à 18 h ou 21 h 30 selon saison
M. Bastille, Gare-de-Lyon, Ledru-Rollin, Daumesnil, Bel-Air

Cette promenade est le lieu idéal pour faire de la bicyclette à Paris. Aménagée sur l'ancienne voie du chemin de fer Bastille-banlieue est, elle renoue avec la tradition des cours du XVIIe s. Longue de 4,5 km, elle longe l'avenue Daumesnil, la gare de Reuilly, la rue du Sahel, et rejoint la porte Dorée pour finir au bois de Vincennes. Elle franchit viaducs et ponts, passe sous de petits tunnels, se transforme en chemin creux, grimpe sur des remblais couverts de flore sauvage et se faufile entre les immeubles.
Des aires de jeux ont été aménagées dans les jardins qui ponctuent la promenade.

13e arrondissement

🖌 Théâtre Dunois............. p.19 O13

108, rue du Chevaleret
Tél. : 01 45 79 97 97
Spect. merc. et sam. de 11 h 30 à 19 h 30
M. Chevaleret

Des pièces de théâtre, des spectacles musicaux et de danse y sont régulièrement montés pour les enfants à partir de 5 ans. Se renseigner sur les programmes.

🌲 Parc de Choisy............. p.18 N14

Accès : 128-160, av. de Choisy,
rue Charles-Moureu, rue George-Eastman,
rue du Docteur-Magnan
Ouv. 24 h / 24
M. Tolbiac

Ce grand square, qui comporte deux petits jardins à l'anglaise et un grand bassin avec jeux d'eau, offre un agréable lieu de promenade. Très bien aménagé pour les enfants, le jardin dispose d'une aire de jeux, de bacs à sable, de tables de ping-pong et d'un baby-foot, d'une piste de patins et de tables pour jouer aux échecs.

🌲 Parc Kellermann........... p.18 M16

Bd Kellermann, rue Max-Jacob,
rue de la Poterne-des-Peupliers, rue Max-Jacob
M. Porte-d'Italie

D'une superficie de 4 ha, ce parc a été aménagé à l'emplacement d'une partie des anciennes fortifications ; sous terre coule encore la Bièvre. Il est très joliment dessiné, avec des pelouses bordées de haies taillées, de grands escaliers entourant une chute d'eau, une rivière

 a rue parallèle à la rue de la Glacière est la rue Broca, où se trouvait sûrement le placard de la sorcière des merveilleux *Contes de la rue Broca* de Pierre Gripari.

artificielle qui rejoint un large bassin, des platanes en rang, des arbres très rares comme des ormes de Sibérie, des pins de l'Himalaya, des robiniers… et une roseraie. Il existe une aire de jeux, un bassin, des terrains de foot et des courts de tennis.

Square René-Le Gall...... p.18 M13

Accès : rue Croulebarbe, rue Corvisart,
rue Émile-Deslandres, rue des Cordelières
Ouv. 24 h / 24
M. Corvisart, Gobelins

Situé à l'emplacement d'anciens potagers des artisans tanneurs de la manufacture des Gobelins, le square est bordé de grands peupliers dont les racines plongent dans la Bièvre aujourd'hui souterraine. La rivière formait autrefois des mares qui, en hiver, servaient de patinoires aux petits Parisiens. Les blocs de glace étaient aussi soigneusement recouverts de terre et gardés dans un lieu frais, d'où le nom de Glacière qu'a gardé une des rues. Sur les murs des escaliers on découvre d'étonnantes sculptures, composées de galets, de silex, d'ammonites ou de coquilles, à la façon d'Arcimboldo. L'ancien bac à sable d'origine a été transformé en une belle **aire de jeux** à sol souple et une **piste à patins** a été aménagée.

Chinatown

Entre l'avenue de Choisy et l'avenue d'Ivry se trouve le quartier asiatique de Paris.
Les restaurants y affichent des enseignes écrites en idéogrammes, les bric-à-brac de chinoiseries et boutiques d'alimentation asiatiques s'y succèdent, et le supermarché des frères Tang y regorge de riz, de thé, d'épices et de fruits exotiques. Parfois, des temples bouddhistes ont été aménagés dans les sous-sols des tours, et une pagode a ouvert dans le grand ensemble des Olympiades.
Les habitants sont pour la grande majorité des réfugiés d'Asie du Sud-Est (boat people) venus du Viêt-nam, du Laos et du Cambodge, ou bien sont d'origine chinoise.
La promenade dans le quartier sera encore plus dépaysante au moment du nouvel an chinois (en janvier ou février). Ce jour-là, les enfants ont le droit de faire tout ce qu'ils veulent sans risquer d'être grondés ; dans les rues se déplace un dragon qui roule des yeux et dévore les salades qui lui sont présentées, promesse de prospérité pour l'année à venir ; des acrobates et des danseurs se produisent un peu partout dans le quartier décoré de banderoles calligraphiées sur fond rouge, couleur porte-bonheur.
Amusez-vous à regarder les fenêtres, vous y verrez parfois des petits miroirs accrochés dehors : ils ont pour but d'attirer les bons esprits.

13ᵉ arrondissement

🌲 Square Héloïse-et-Abélard............

Accès : 22, rue Pierre-Gourdault
Ouvert 24 h/24
M. Chevaleret, Bibliothèque-François-Mitterrand

Dans ce petit jardin, les saules se balancent au vent autour d'une pelouse centrale et des **jeux** prévus pour les enfants. Un **terrain de sport** contigu permet de jouer au basket. Un jardin des cinq sens comprenant un potager et un verger a été planté autour de la maison bourgeoise, devenue la **maison des Cinq Sens**. Elle est réservée aux écoles et aux centres de loisirs. Les enfants participent là à des ateliers destinés à éveiller les sens : reconnaître le chant des oiseaux, identifier au toucher les écorces ou les plumes, préparer de savoureuses compotes, distinguer des végétaux à leur odeur, ou encore observer des insectes la loupe…

🔺 Piscine de la Butte-aux-Cailles.......

5, place Paul-Verlaine
Tél. : 01 45 89 60 05
Ouv. toute l'année, se rens. sur les horaires
M. Place d'Italie

Une belle piscine où chacun peut s'en donner à cœur joie : trois bassins de grandes dimensions, alimentés par un puits artésiens sont à la disposition des nageurs. Les grands font des longueurs, les petits pataugent dans le jardin aquatique, les plus courageux prennent des cours de natation ou apprennent à plonger, et ceux qui n'aiment pas l'eau jouent au tennis de table.

> **Q**uartier des Gobelins
> Le long de l'avenue des Gobelins est installée la manufacture des Gobelins, où sont exécutées des tapisseries selon les techniques du XVIIᵉ s. Jean Gobelin, qui a laissé son nom à la manufacture, était « teinturier en écarlate ». La légende racontait que seul un pacte avec Satan pouvait expliquer l'obtention de couleurs de teinture aussi subtiles.

Piscine du Château-des-Rentiers.... p.18 N4

184, rue du Château-des-Rentiers
Tél. : 01 45 85 18 26
Ouv. toute l'année, se rens. sur les horaires
M. Nationale

+8 ans

Au centre d'un complexe sportif avec des courts de tennis et un gymnase, se trouve un bassin de 25 m pour s'ébattre et apprendre à nager.

Piscine Dunois............... p.18 N13

70, rue Dunois
Tél. : 01 45 85 44 81
Ouv. toute l'année, se rens. sur les horaires
M. Chevaleret

+8 ans

En nageant dans cette belle piscine, les baigneurs admirent le jardin qui entoure le bassin, et ont ainsi un peu l'impression d'être à la campagne.

Quartier de la Butte-aux-Cailles
Rue du Moulin-des-Prés, rue des Terres-au-Curé, square des Peupliers, rue du Moulin-de-la-Pointe, rue de la Fontaine-à-Mulard, rue du Moulinet, rue de la Butte-aux-Cailles... les drôles de noms des rues rappellent que, il n'y a pas si longtemps encore, ce quartier n'était autre que la pleine campagne. Rue de la Butte-aux-Cailles, les noms champêtres des cafés et restaurants sont eux aussi amusants à relever : Le Temps des cerises, Le Merle moqueur...
Un peu plus loin s'étend la Cité florale, où les noms des rues sont à eux seuls un vrai jardin fleuri : rue des Orchidées, rue des Volubilis, square des Mimosas...
C'est sur la colline de la Butte-aux-Cailles que, le 21 novembre 1783, vint se poser la montgolfière de Pilâtre de Rozier et du marquis d'Arlandes : partis du parc du château de la Muette, les deux hommes venaient de parcourir, pour la première fois, 8,5 km dans les airs.
Le duc d'Orléans, lui, s'était amusé à suivre à cheval le trajet effectué par la montgolfière.

14e arrondissement

🏛 Fondation Cartier pour l'art contemporain............ p.18 J12

261, bd Raspail
Tél. : 01 42 18 65 50
Ouv. tlj sauf lundi, de 12 h à 20 h (22 h le jeudi)
M. Raspail - RER Denfert-Rochereau
Gratuit - 12 ans

Devant le joli bâtiment tout de verre et d'acier se dresse un beau cèdre, qui peut-être fut planté par Chateaubriand – qui habita une maison située à cet emplacement –, car l'écrivain nous confie dans ses *Mémoires d'outre-tombe* avoir planté « vingt-trois cèdres de Salomon ». Les expositions d'art moderne régulièrement montées donnent la possibilité de mieux admirer l'extraordinaire jardin d'herbes folles. À l'occasion de ces expositions, des **ateliers** sont organisés le mercredi.

👁 Catacombes................. p.18 J13

1, place Denfert-Rochereau
Tél. : 01 43 22 47 63
Ouv. du mardi au vend. de 14 h à 16 h et sam. et dim. de 9 h à 11 h et de 14 h à 16 h ; fermé jrs fér.
Gratuit pour les – de 18 ans
M. Denfert-Rochereau

Les catacombes, qui prirent leur nom par assimilation avec les souterrains de la Rome antique, ont été installées dans les galeries évi-

> **L**e Géodrome, situé le long de l'A 10 dans le Loiret, n'est pas le premier parc du genre. À la fin du XIXe siècle, il existait en effet dans le quartier de Plaisance dans le 14e arrondissement, un géorama. C'était un jardin aménagé en carte de géographie : les montagnes étaient représentées par des rocailles et un bassin dans lequel nageaient des poissons rouges symbolisait la mer Méditerranée. Les enfants des écoles alentour venaient y étudier la géographie et écoutaient les explications données par un grand lascar propriétaire des lieux, tout en contemplant le relief accidenté du jardin.

dées des anciennes carrières de calcaire. Elles furent créées pour permettre le transfert des ossements entassés dans le cimetière des Innocents (à l'emplacement actuel des Halles), puis ceux de plusieurs autres cimetières parisiens. Cet ossuaire est le plus gigantesque du monde, puisque quelque 6 millions de Parisiens y ont été transférés. Le parcours sous terre est balisé du nom des rues sous lesquelles il passe.

Certes, la visite est impressionnante et peu recommandable aux jeunes enfants ; en revanche, l'atmosphère mystérieuse et angoissante pourra séduire un certain nombre des plus grands.

Se munir d'une lampe électrique.

 ## Parc Montsouris.......... p.18 K15

Accès : bd Jourdan, av. Reille, rue Gazan, rue de la Cité-Universitaire, rue Nansouty, rue Émile-Deutsch-de-la-Meurthe
Ouv. de 9 h au coucher du soleil
M. Cité-Universitaire

Le site s'appelait à l'origine Moquesouris en raison des moulins abandonnés vides de tout grain, y compris pour les souris… Ce serait là que le géant Issoire aurait affronté Guillaume d'Aquitaine. Autrefois repaire de brigands, il fut aménagé en parc sous Napoléon III. Le jardin vallonné est harmonieusement ordonné de part et d'autre d'une voie ferrée habilement dissimulée dans des ravins bordés d'arbres. Des petits chemins en lacet serpentent à travers des pelouses vallonnées et des massifs de plantes et d'arbustes. On découvre dans le parc la mire de l'Observatoire, repère du méridien Paris. Les petits trouveront des **espaces de jeux** et riront de bon cœur aux malheurs de **Guignol** (marionnettes de Montsouris, entrée av. Reille, rue Gazan, tél. : 01 46 63 08 09 ; merc. et sam. à 15 h 30 et 16 h 30, dim. à 15 h 30, 16 h 30 et 17 h 30 ; salle couverte et chauffée).

Jusqu'au XIXe siècle, de nombreux moulins se dressaient encore sur le futur 14e arrondissement. Quelques-uns de ces moulins avaient été transformés en cabaret ou en restaurant où l'on venait prendre l'air de la campagne. Le nom de la rue du Moulin Vert et de la rue du Moulin de la Vierge évoque encore leur existence.

14e arrondissement

Piscine Aspirant-Dunant. p.18 J13

20, rue Saillard
Tél. : 01 42 76 78 13 et 01 45 45 50 37
Ouv. toute l'année, se rens. sur les horaires
M. Mouton-Duvernet

Le cadre de cette piscine est plaisant, avec ses larges baies vitrées. Les animations y sont nombreuses, allant de la natation pour les petits au sauvetage en passant par la nage avec palmes.

Centre sportif Elisabeth.. p.18 J15

7-15, av. Paul-Appell
Tél. : 01 45 40 78 39
Ouv. tte l'année, se rens. sur les horaires
M. Porte-d'Orléans

Situé près de la porte d'Orléans, le centre sportif Elisabeth propose un grand nombre d'activités. Il comprend un stade avec différents terrains de jeux et des cours de tennis, un boulodrome pour jouer à la pétanque et un bassin-école où les tout-petits sont les bienvenus.

Au XVIe s. existait sur la plaine de Montrouge une butte faite d'immondices et de gravats ; sous Louis XIV, les étudiants qui s'y retrouvaient pour lire de la poésie ou déclamer des vers l'avaient pompeusement appelée le mont Parnasse, par référence au Parnasse grec, où résidaient les Muses chargées d'inspirer les poètes. La colline fut rasée lors du percement du boulevard du Montparnasse et, au début du XXe s., le quartier devint le lieu de rendez-vous de la bohème. Peintres et sculpteurs y possédaient des ateliers ou se retrouvaient dans les cafés à la mode. De nos jours, Montparnasse évoque aussi la gare où arrivent les TGV de Bretagne. Les petites rues du quartier gardent une nostalgie des côtes bretonnes, et les crêperies aux enseignes des Cormorans, des Ajoncs-d'Or, des villes de Saint-Malo ou de Plougastel s'y succèdent.

15e arrondissement

🏛 Musée Bourdelle........... p.17 I11

18, rue Antoine-Bourdelle
Tél. : 01 49 54 73 73-Fax : 01 45 44 21 65
Ouv. tlj sauf lundi et jrs fér. de 10 h à 17 h 40
M. Falguière, Montparnasse-Bienvenüe

Une maison, un jardin envahi de statues, tel était le lieu où le sculpteur Bourdelle vécut presque toute sa vie. Le musée occupe suffisamment d'espace pour que les enfants se sentent bien.
Le mercredi à 14 h (durée : 1 heure), les sculptures d'Antoine Bourdelle sont l'occasion d'initier les enfants à la mythologie ; en famille, ils écoutent **contes et récits** fantastiques.
Il existe également un **cycle intermusées** (mercredi 10 h 30) : une conteuse entraîne les enfants de 6 à 8 ans dans une histoire dont les héros proviennent des collections exposées dans quatre musées (Bourdelle, Petit Palais, Cognacq-Jay et Cernuschi).
À l'occasion des expositions et autour des sculptures du musée, qui inspirent un travail de modelage ou de création de volumes, des **ateliers** sont organisés pour les enfants pendant les vacances scolaires (rens. et réserv. au 01 49 54 73 91 ; cycle de plusieurs séances).

🏛 Musée de la Poste........ p.17 I12

34, bd de Vaugirard
Tél. : 01 42 79 23 45
Ouv. du lundi au sam. de 10 h à 18 h
M. Montparnasse-Bienvenue

Après trois années de rénovation complète, le musée de la Poste a rouvert ses portes. Ses collections, réparties sur cinq étages, sont regroupées selon quatre grands thèmes : l'histoire de la poste, la phi-

> Dans une rue commerçante, la rue Lecourbe, au n° 91, au fond d'une arrière-cour, se tapit dans un petit jardin une église de poupée tout en bois surmontée d'un bulbe bleu : c'est Saint-Séraphin de Sarov, un petit sanctuaire russe orthodoxe. Elle a remplacé la plus petite église de Paris, construite autour d'un arbre dont on peut toujours voir le tronc à gauche du chœur.

15e arrondissement

latélie, l'art et la société et la poste contemporaine. On découvre avec intérêt la fabrication des timbres, on apprend qu'il existe un marché du faux timbre et on admire quelques trésors philatéliques. Avis aux jeunes collectionneurs.

 ## Tour Montparnasse........ p.17 I11

Rue de l'Arrivée
Tél. : 01 45 38 52 56
Ouv. du dim. au jeudi de 10 h à 22 h
en hiver et les vend., sam. et veilles de fêtes
de 10 h à 23 h ; tlj de 9 h 30 à 23 h 30 en été
M. Montparnasse-Bienvenüe

La tour, haute de 209 m, a remplacé la vieille gare Montparnasse, dont une locomotive avait un jour traversé la façade.
Les étages du sommet sont ouverts au public : du 56e étage, la vue sur la capitale est spectaculaire et vous pouvez y voir une exposition et un film sur Paris, et du 59e, une terrasse à ciel ouvert, le panorama est plus impressionnant encore.

Cinéma Saint-Lambert.... p.17 F11

6, rue Péclet
Tél. : 01 45 32 91 68
Se rens. sur programmation et horaires
au 08 36 68 06 99
M. Vaugirard

Voilà un cinéma de quartier qui s'est spécialisé dans les films pour jeunes spectateurs. Tous les jours il propose de grands classiques du cinéma pour enfants ou des films en exclusivité.

Le Grand Pavois............ p.16 E12

364, rue Lecourbe
Tél. : 01 45 54 46 85
Se rens. sur programmation et horaires
au 01 40 30 30 31
M. Balard

Des films et encore des films pour les enfants de tous les âges. Quatre salles proposent une programmation variée et à des horaires divers. Le jeune public n'aura que l'embarras du choix.

PARIS

 ## Loupi............................. p.17 G12

59, rue Blomet
Tél. : 01 43 06 16 73
Ouv. merc., sam. et dim. de 10 h à 19h
M. Blomet

Une sympathique garderie où les enfants peuvent sauter dans une piscine à boules, grimper sur un mur d'escalade (pour petits), franchir un pont suspendu et s'amuser à des jeux divers pendant que les parents font leurs courses dans le quartier. Ils sont les bienvenus de 2 ans à 9 ans et peuvent rester jouer pendant 2 heures. Une autre garderie aménagée selon le même principe est située **11, rue Linois**, à proximité de la galerie Beaugrenelle et des cinémas MK2 (tél. : 01 40 58 14 08).

 ## Jardin Atlantique............ p.17 I12

Accès : place des Cinq-Martyrs-du-Lycée-Buffon, rue du Commandant-Mouchotte, bd de Vaugirard et par la gare SNCF
Ouvert de 8 h ou 9 h à la nuit

Ce jardin sur dalle a été aménagé au-dessus des voies de TGV de la gare Montparnasse. L'océan, thème du jardin, est évoqué par les vagues ondulées de la pelouse, par le nom de salle des Rivages donné à l'espace de **jeux pour les enfants**, par les mâts de Bernard Vié et le ponton qui traverse le jardin. Des courts de tennis ont été également aménagés (Gymnase Club).

 ## Parc André-Citroën........ p.16 D12

Accès : angle rue Saint-Charles et rue Balard, rue Leblanc, rue de la Montagne-de-la-Fage, rue de la Montagne-de-l'Espérou
Tél. : 01 45 57 13 35 et 01 45 57 22 14
Ouv. merc., jeudi, vend., sam. de 8 h 30 à 21 h 30 h (en été) ou 19 h (en hiver), dim., lundi, mardi de 8 h 30 à 20 h 30 (18 h 30 en hiver)
M. Balard, Javel - RER Javel-André-Citroën

Autrefois, les champs qui s'étendaient là étaient couverts de fleurs et la rue des Cévennes s'appelait la rue des Marguerites ; plus tard, la poésie s'effaça au profit de la chimie : une manufacture fabriqua de l'hydrochlorite de potasse, plus connue sous le nom d'eau de Javel, et M. André Citroën installa ses usines de construction automobile.

Les usines Citroën furent rasées et à la place, en 1992, un grand parc ouvrit ses portes. De conception originale, il est composé de différents jardins – un jardin d'herbes folles, un jardin blanc, un jardin noir, sorte de labyrinthe très ombragé… –, de deux grandes serres, d'un grand bassin et d'une fontaine. En été, les enfants en maillot de bain courent sous la pluie qui jaillit au lieu de tomber, selon un programme fascinant à observer.
Toute l'année, ils joueront sur l'aire de jeux située à proximité de l'étonnant jardin noir, jardin blanc.

🌲 Île aux Cygnes...............  p.16 E9
Entre le pont de Grenelle et celui de Bir-Hakeim
Ouv. 24 h/24
M. Byr-Hakeim et Passy

L'île aux Cygnes relie le pont de Grenelle au pont de Bir-Hakeim. Il s'agit d'une île artificielle où autrefois les habitants venaient faire paître leurs vaches.
Son nom fait-il référence à l'élevage de cygnes de Louis XIV ? Ce n'est pas certain, car l'île où se trouvait la réserve du roi était plus en amont de la Seine ; mais, en dépit des précautions prises, les oiseaux furent très difficiles à garder captifs et ils ne tardèrent pas à se répandre le long de la Seine : peut-être se réunissaient-ils aux abords de cette île ?
Toujours est-il que les enfants pourront s'y promener en donnant la main à maman pour ne pas risquer de tomber dans l'eau.

 🌲 **Parc Georges-Brassens....** p.17 G13
Accès : rue des Morillons, rue Brancion,
rue des Périchaux
Tél. : 01 46 51 71 20
Ouv. tlj de 9 h au coucher du soleil
M. Convention, Porte-de-Vanves

Aménagé sur l'emplacement des anciens abattoirs de Vaugirard, dont il conserve certains éléments comme la halle aux chevaux, le beffroi de la criée et deux statues de taureau, ce parc a pris le nom du poète-chanteur qui proposait si tendrement « un petit coin de parapluie contre un coin de paradis ».

Les enfants aimeront caresser l'âne sculpté par Lalanne, grimper sur le **mur d'escalade**, jouer dans les **maisons en rondins** et franchir à gué la rivière (bonne occasion de patauger !) ou encore tranquillement jouer sur les aires de jeux ; les adultes apprécieront la roseraie, le jardin des senteurs et le petit arpent de vigne. Une séance de marionnettes (86, rue Brancion ; tél. : 01 48 42 51 80) achèvera la journée dans le rire.

♠ Piscine René-et-André-Mourlon...... p.16 E10

19, rue Gaston-de-Caillavet (accès par la dalle)
Tél. 01 45 75 40 02
Ouv. toute l'année, se rens. sur les horaires
M. Charles-Michel, Duplex, Bir-Hakeim

Située à proximité de courts de tennis et d'un bowling, cette piscine pas très grande est toujours pleine en semaine (lorsqu'elle est ouverte !).

♠ Piscine Blomet.............. p.17 G11

17, rue Blomet
Tél. 01 47 83 35 05
Ouv. toute l'année, se rens. sur les horaires
M. Volontaires

Cette grande piscine est devenue une institution dans le quartier, tous les enfants y vont s'en donner à cœur joie.

♠ Aquaboulevard.............. p.16 D13

Forest Hill, 4-6, rue Louis-Armand
Tél. : 01 40 60 10 00
Ouv. tlj de 9 h à 23 h (24 h vend. et dim.)
L'entrée est prévue pour 4 heures, ensuite, suppl. pour chaque nouvelle heure
M. Place-Balard, Porte-de-Versailles

Sous le ciel parisien, il existe un véritable paradis aquatique : l'eau des bassins intérieurs comme extérieurs est à 30 °C en hiver, des vagues apparaissent à intervalles réguliers, des geysers jaillissent, des toboggans géants dévalent dans l'eau, une rivière coule à contre-cou-

rant, des bains bouillonnent à haute température et une végétation tropicale pousse à l'abri de l'immense verrière.
En été, on profite de la plage et du bassin extérieur.
Initialement conçue par le commandant Cousteau, la baleine Jonas a rejoint les côtes de l'Aquaboulevard. Avec ses 30 m de long, sa taille réelle, elle accueille dans son ventre les enfants curieux. À l'intérieur, on découvre un baleineau, son cœur, etc., puis on se laisse glisser doucement en toboggan jusqu'au bassin.

Piscine de la Plaine....... p.17 F14

13, rue du Général-Guillaumat
Tél. : 01 42 76 78 17 et 01 45 32 34 00
Ouv. tte l'année, se rens. sur les horaires
M. Porte-de-Versailles ou Porte-de-Vanves

Un grand bassin aux baies vitrées accueille les nageurs qui peuvent aussi prendre des cours de natation. Dans le gymnase à côté, les sportifs joueront au volley et au handball ou au tennis de table à moins qu'ils ne préfèrent s'initier aux arts martiaux.
À l'extérieur, on trouve également un terrain de football, un terrain d'athlétisme et des tennis.

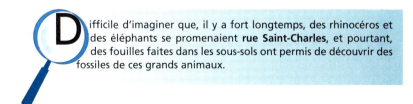

ifficile d'imaginer que, il y a fort longtemps, des rhinocéros et des éléphants se promenaient **rue Saint-Charles**, et pourtant, des fouilles faites dans les sous-sols ont permis de découvrir des fossiles de ces grands animaux.

PARIS

16ᵉ arrondissement

🏛 Musée national des Arts asiatiques............ p.13 F7

6, place d'Iéna
Tél. : 01 45 05 00 98
Fermé pour travaux
M. Iéna ou Boissière

Le musée consacré à l'art asiatique est en cours de travaux de rénovation. Seules étaient ouvertes, lors de la rédaction de ce guide, les salles du **Panthéon bouddhique**, situées 19, avenue d'Iéna, dans le splendide hôtel serti d'un jardin japonais (tél. : 01 40 73 88 11 ; ouv. tlj sauf mardi de 9 h 45 à 18 h).
Une jolie boutique propose des livres et des objets asiatiques.

🏛 Maison de Balzac.......... p.16 D9

47, rue Raynouard
Tél. : 01 55 74 41 80-Fax : 01 45 25 19 22
Ouv. tlj sauf lundi et jrs fér. de 10 h à 17 h 40
M. Passy, La Muette

Située au cœur du village de Passy, la maison de Balzac que l'on visite aujourd'hui fut un refuge pour l'écrivain alors traqué par ses créanciers. Pendant 7 ans il se cacha dans cet « abri provisoire » sous le nom de M. de Brugnol, et travailla sur la petite table que l'on peut toujours y voir : « Mon bras l'a presque usée à force de s'y promener quand j'écris », confia-t-il à Mme Hanska. Il écrivit là quelques-uns de ses plus grands chefs-d'œuvre : *Splendeurs et Misères des courtisanes, la Cousine Bette, le Cousin Pons*…, et y corrigea l'ensemble de la *Comédie humaine*. En regardant les objets ayant appartenu à Balzac, les élèves de lycée seront sensibles à ce moment d'intimité avec le grand écrivain dont ils découvrent l'œuvre en classe.

16e arrondissement

♦ Musée d'Art moderne de la Ville de Paris.................. p.13 F8

11, av. du Président-Wilson
Tél. : 01 53 67 40 00
Ouv. tlj sauf lundi et jrs fér. de 10 h à 18 h ;
sam. et dim. de 10 h à 18 h 45
Gratuit pour les – de 18 ans, pour la collection permanente
M. Alma-Marceau, Iéna

Le musée contient des collections illustrant les principaux courants de l'art moderne du début du siècle à nos jours (fauvisme, cubisme, dadaïsme, abstraction, nouveau réalisme…) – dont plusieurs peintures monumentales comme les grandes décorations de Sonia et Robert Delaunay et *la Fée Électricité* de Raoul Dufy – et organise de fréquentes expositions.

Les expositions temporaires et les collections du musée donnent prétexte à des **visites-animations** et à des **ateliers** pour les 6-8 ans et 12-15 ans (merc. et sam. et vac. scol. ; rens. au 01 40 70 11 10 et réserv. au 01 53 67 40 80).

♦ Musée national des Arts et Traditions populaires....... p.12 B6

6, av. du Mahatma-Gandhi
Tél. : 01 44 17 60 00-Fax : 01 44 17 60 60
Ouv. tlj sauf mardi de 9 h 30 à 17 h 15
M. Sablons - RER Porte-Maillot

Le musée des Arts et Traditions populaires est consacré à la vie quotidienne des Français de l'an 1000 à nos jours. Il présente au public les témoins matériels (habitat, mobiliers, outillages, coutumes, jeux, etc.) et immatériels (enregistrements audiovisuels de contes et légendes, chants, musique) de la culture populaire des Français. Des tableaux recréent des espaces ou des moments de la vie quotidienne : une salle commune bretonne, un bateau de pêche échoué sur une plage, un chalet d'alpage, une fromagerie du Cantal, l'atelier d'un tourneur de bois… Une visite au musée est aussi l'occasion de comprendre des savoir-faire révolus : comment cultivait-on la terre, construisait-on une maison, tournait-on un pot ? etc.
Des expositions temporaires sont régulièrement organisées, donnant parfois lieu à des animations particulières.

Paris

 Musée Galliera............. p.13 F7

Palais Galliera
10, av. Pierre-Ier-de-Serbie
Tél. : 01 47 20 85 23-Fax : 01 47 20 11 56
Ouv. tlj sauf lundi et jrs fér. de 10 h à 18 h
(pendant les expos)
M. Iéna, Alma-Marceau

Installé dans le palais Galliera, construit à la fin du XIXe s. à la demande de la duchesse de Galliera pour y réunir ses collections personnelles, le **musée de la Mode de la ville de Paris** accueille des expositions temporaires.

Au palais Galliera, mode, contes et travaux pratiques se mêlent : des **contes** sont racontés aux 5-12 ans le mercredi et pendant les vacances scolaires, et des **ateliers** sont proposés pour les jeunes en individuel ou en famille.

Ces **ateliers** sont réservés soit aux adolescents de 12-16 ans, auxquels ils donnent l'occasion de confectionner un accessoire de mode inspiré par l'exposition en cours (merc. ou sam. en 2 séances) ou de trouver leur chemin dans les « zigzags de la mode » ; soit aux 8-12 ans, qui réalisent une coiffure à l'imitation des catherinettes (pendant les vac. scol.) ou un bijou symbole d'une mode (merc. et sam. et certaines vac. scol.), ou encore un costume inspiré d'un personnage célèbre (le sam., 5 séances de 2 heures, et pendant les vac. scol. d'hiver et de printemps) ; soit aux familles : parents et enfants réalisent une pochette en soie (vac. de Noël).

Les **anniversaires** peuvent être fêtés au cours d'un après-midi de contes ou d'un atelier de couture (rens. et réserv. au 01 47 20 85 23).

Chaillot

La colline de Chaillot était dominée par un couvent fondé en 1650, qui fut rasé sur ordre de Napoléon Ier : l'Empereur voulait édifier en ce lieu un palais pour son fils, le roi de Rome, « cent fois plus beau que le Kremlin » et « aussi étendu que celui de Louis XIV ». Ce palais ne vit jamais le jour. À la place on construisit, à l'occasion de l'Exposition universelle de 1878, le Trocadéro, un pavillon de style hispano-mauresque que l'écrivain Marcel Proust qualifia d'« assez moche ».

16e arrondissement

🏛 Musée en herbe............ p.12 C5

Jardin d'acclimatation, bois de Boulogne
Tél. : 01 40 67 97 66-Fax : 01 40 67 97 92 13
Ouv. en sem. de 10 h à 18 h ; sam. de 14 h à 18 h ;
tlj vac. scol.
L'entrée comprend la visite du musée et du jardin
M. Sablons

Le Musée en herbe accueille les enfants de 4 à 12 ans (parfois dès 3 ans) en tant que visiteurs individuels (ou en groupe, scolaire ou non). Il propose des **expositions-jeux** aux thèmes variés (artistiques, scientifiques, civiques, ethnologiques...) où l'on apprend en s'amusant grâce à de nombreuses manipulations. Il est possible de prolonger la visite d'une exposition par un **atelier** de peinture, de modelage, d'assemblage... à l'issue duquel chaque enfant repart avec son œuvre. **Animations spéciales**, **mini-stages**, **baby-ateliers** sont également au rendez-vous.
Les ateliers pour les 4-12 ans ont lieu les merc., sam. et dim. de 14 h à 16 h en période scolaire et tlj aux mêmes horaires pendant les vac. scol. Les baby-ateliers (2 ans 1/2 à 4 ans) ont lieu le merc. à 11 h.

🏛 Musée de l'Homme....... p.12 E8

Palais de Chaillot
17, place du Trocadéro
Tél. : 01 44 05 72 72 rép.
Fax : 01 44 05 72 92
Ouv. tlj sauf mardi et jrs fér.
de 9 h 45 à 17 h 15
M. Trocadéro

La vocation du musée de l'Homme est de réunir en un seul lieu tout ce qui concourt à la définition de l'être humain en suivant son évolution dans le temps et dans le monde : l'homme biologique (anthropologie biologique), l'homme dans sa chaîne évolutive (paléoanthropologie et préhistoire), l'homme culturel et social (ethnologie). Le musée est sérieux et d'une présentation pas toujours très attractive, mais certaines salles, comme celle de la « nuit des temps », consacrée à la paléontologie humaine et à la préhistoire, ou l'espace consacré à la population esquimaude ou encore la galerie d'Amérique, retraçant la découverte du Nouveau Monde, et les expositions temporaires, sont remarquablement bien mis en scène.
Le musée de l'Homme prévoit des **ateliers** pour les enfants de 4 à 16 ans. Avant ou après la visite en famille, ils pourront participer à

une animation de 1 heure sur des thèmes autour de l'ethnologie ou de l'anthropologie (séance à 14 h 30 ; insc. le jour même à la caisse ; rens. au 01 44 05 72 72).

Musée de la Marine....... p.12 E8

Palais de Chaillot
17, place du Trocadéro
Tél. : 01 53 65 69 69
Ouv. tlj sauf mardi de 10 h à 18 h
M. Trocadéro

Le musée de la Marine fut créé au XIXe s. par une ordonnance de Charles X qui avait décidé de rassembler en un seul lieu la collection exceptionnelle de modèles du XVIIIe s. dispersée dans les arsenaux royaux de navires et de machines d'arsenaux, offerte en 1748 par Henri Louis Duhamel du Monceau, inspecteur général de la Marine, au roi Louis XV. Modèles, tableaux, sculptures, instruments de navigation racontent 3 siècles d'aventures, de science et de techniques nautiques. On admire, entre autres, la maquette de la *Santa Maria* de Christophe Colomb et de la *Belle Poule* qui ramena les cendres de Napoléon de Sainte-Hélène.

Le musée propose des activités pour les enfants à partir de 5 ans.

Les **visites-ateliers** permettent de comprendre le fonctionnement des bateaux à voile ou à moteur et de s'initier au modélisme ou à l'art des nœuds marins...

Les **visites-découvertes** : des parcours sur différents sujets tels que la construction des bateaux, l'évocation des grands marins et aventuriers...

Les **animation théâtrales**, une observation des collections en entrant dans l'imaginaire des auteurs de romans d'aventures, tels que Stevenson (auteur de *l'Île au trésor*), Jules Verne, etc.

Ces animations sont prévues chaque mercredi à 14 h 30 et pendant les vacances scolaires.

Il est également possible de **fêter son anniversaire** au musée : les enfants visitent le musée déguisés en pirates ou en corsaires.

Un **livret-jeu,** « Quand la loupe remplace la longue-vue ! », est remis à l'entrée du musée pour une première découverte des collections en famille.

🏰 Musée de la Contrefaçon........... p.12 D7

16, rue de la Faisanderie
Tél. : 01 56 26 14 00
Ouv. du mardi au dim. de 14 h à 17 h 30
M. Pte Dauphine
Gratuit pour les - 12 ans

+8 ans

Le musée expose plus de 300 produits authentiques et leurs contrefaçons dans tous les secteurs d'activité (alimentation, jeux et sports, vêtements, parfums, etc.). On pourra s'amuser à reconnaître le vrai du faux. Où est le vrai crocodile de Lacoste, l'authentique petit cheval de Ralph Lauren, la vraie bouteille de Martine parmi les 15 000 contrefaçons existantes… ?!

👁 Atelier Lenôtre............ p.12 E7

48, av. Victor-Hugo
Tél. : 01 45 02 21 19
Ouv. merc. a.-m.
M. Victor-Hugo

+8 ans

Le célèbre pâtissier organise des cours de cuisine pour les amateurs gastronomes et n'a pas oublié les enfants, lesquels peuvent le mercredi après-midi venir apprendre à faire de bons gâteaux. Ils emportent ensuite leurs chefs-d'œuvre à la maison pour le déguster en famille (brownies, sablées à la confiture, rochers coco, crêpes, œufs de Pâques etc.). Ces ateliers sont très courus et nécessitent une réservation longtemps à l'avance.

👁 Nature et Découvertes… p.16 D9

61, rue de Passy
Tél. : 01 42 30 53 87
Se rens. sur les horaires
M. Muette

+8 ans

La célèbre chaîne de magasins d'objets, de livres, de jouets, CD, etc., autour de la nature proposent le mercredi (sauf pendant le mois de décembre) des ateliers de 1 heure sur des thèmes toujours en rapport avec la nature et l'environnement (recyclage du papier, reconnaître les constellations, reconnaître les arbres au toucher, pister les animaux, etc.). Collage, peinture, dessin… contribuent à rendre l'atelier amusant pour les enfants à partir de 7 ans.

Autres adresses de magasin Nature et Découvertes où sont organisés des ateliers : Le Carrousel du Louvre, tél. : 01 47 03 47 43, et Les Quatre Temps Paris-La-Défense, tél. : 01 47 75 02 69.

Jardin d'acclimatation.... p.12 B5

Bois de Boulogne
Tél. : 01 40 67 90 82
Ouv. tlj de 10 h à 19 h de juin à sept. et de 10 h à 18 h le reste de l'année
Petit train, départ Porte-Maillot, merc., sam., dim., jrs fér. et vac. scol. de 13 h 30 à 18 h toutes les 10 min
L'entrée comprend la visite du jardin, les attractions sont payantes
M. Porte-Maillot, Sablons

Depuis près de 140 ans – il fut inauguré par l'empereur Napoléon III et l'impératrice Eugénie, mais aussi en présence de personnalités artistiques comme Jacques Offenbach, Hector Berlioz, Alexandre Dumas et Théophile Gautier –, le Jardin d'acclimatation accueille les petits Parisiens et leurs copains de passage. Il se modernise de mois en mois et les enfants y ont le choix entre de multiples distractions.

Les jeux dans le jardin
À chaque âge ses attractions : manèges, tacots 1900, circuit automobile où l'on pilote tout seul une mini-voiture, circuit pour vélos géré par la Prévention routière (rens. au 01 45 01 20 92), bateaux téléguidés, maison enchantée pour petits et grands (anniversaire et baby-atelier à partir de 18 mois ; rens. au 01 40 67 92 87), rivière enchantée, train panoramique pour faire le tour du jardin, aires de jeux...

La Maison Enchantée (tél. : 01 40 67 92 87)
Cet espace de 300 m^2 de jeux est réservé aux enfants à partir de 9 mois accompagnés d'un adulte. Les tout-petits trouveront là une piscine à balles, un espace mousse et des baby-ateliers.

Les animaux
Dans une mini ferme constituée de vraies chaumières normandes circulent des poules, des pintades, des canards, un cochon et une vache...
Une famille ours se baigne en été dans une grande fosse conçue exprès pour elle et des oiseaux de toutes les contrées exhibent leurs belles couleurs dans la grande volière.

16ᵉ arrondissement

Les promenades à dos de poney

Les ateliers du Jardin
Les ateliers accueillent les enfants de 3 à 12 ans les merc. et sam. et tlj pendant les vac. scol. (rens. et insc. au 01 40 67 90 82) ; là, ils vont apprendre à jouer aux vrais jardiniers, cuisiniers, parfumeurs, apothicaires ou coloristes.... Un potager leur est spécialement destiné pour qu'ils puissent planter, biner et récolter. Un vrai mini-laboratoire a été aménagé au sein d'anciennes cuisines afin de pratiquer toutes sortes d'expériences pratiques ou culinaires. Les activités sont conçues pour favoriser une démarche active des enfants. Ils manipulent, testent, tâtonnent comme le font les scientifiques professionnels, et connaissent ainsi le plaisir d'une découverte ou celui d'une expérience réussie. On peut aussi fêter son anniversaire dans les **ateliers du jardin.**
Un **petit théâtre des Enchanteurs** vient d'être créé, où les enfants interprètent les héros des contes, jouent aux acteurs en herbe, inventent des histoires avec Valentin l'enchanteur...

Le golf miniature (tél. : 01 40 67 15 17), et bientôt une école de golf avec son practice et son putting green, le **bowling de Paris** (tél. : 01 53 64 93 14), le **poney club** (tél. : 01 45 01 97 97), le **trampoline,** l'**école de vélo** tout terrain – qui propose, outre les cours d'initiation, des sorties en forêt et des chasses au trésor « spécial anniversaire » (tél. : 06 07 35 40 17).

L'Exploradrome
Un espace interactif d'initiation à la science, à l'art et aux multimédias destiné à guider les enfants vers la conquête et la connaissance des lois physiques universelles.

Le cirque (tél. : 01 45 00 23 01 et 01 45 01 51 23)
Des numéros drôles ou à frémir et des animaux dans la plus grande tradition du genre (merc. et dim. à 15 h et sam. à 14 h 30 et 17 h, et tlj pendant les vac. scol.).
Les artistes du cirque accueillent les enfants dans des **ateliers** aux cours desquels ils les initient à leurs spécialités : jonglage, équilibrisme, funambulisme, trapèze, maquillage... Puis ils leur font découvrir les coulisses du spectacle et visiter la ménagerie. Après le déjeuner, les enfants assistent au spectacle.

Théâtre de Guignol (tél. : 01 45 01 53 52)
Trente minutes de rires et de cris tous les merc., w.-e., jrs fér. et vac. scol., à 15 h et 16 h.

Théâtre du jardin (tél. : 01 40 67 97 86)
Des spectacles de théâtre, chanson, poésie, danse et musique se succèdent sur le plateau du théâtre.

🌲 Jardin Sainte-Périne......... p.16 C11

Accès : rue Mirabeau, av. de Versailles
Ouv. 24 h/24
M. Chardon-Lagache, Mirabeau

Un belvédère domine ce beau jardin à l'anglaise avec une grande pelouse et une esplanade propice aux jeux de ballon. La végétation est spectaculaire et les arbres en fleur valent le coup d'œil au printemps. Les enfants ont une **aire de jeux** et une **piste à patins** à leur disposition.

🌲 Bois de Boulogne.......... p.12 A7

Ouv. 24 h / 24
M. Porte-d'Auteuil, Porte-Dauphine,
Porte-de la Muette, Porte-de Passy

Le bois de Boulogne est, comme le bois de Vincennes, un reste de la ceinture de forêts qui entourait Lutèce. Il fut d'abord appelé bois Rouvray car il était planté presque essentiellement de chênes rouvres et servait alors de terrain de chasse aux rois de France : Louis XIII y chassait le loup et Charles X encore participa sous ses frondaisons à des chasses à courre. Sous le second Empire furent créés le lac Supérieur et le lac Inférieur, avec son île accessible en bateau.

Lieu de promenade à pied ou à bicyclette, le bois de Boulogne offre de nombreuses distractions : canotage sur le lac Inférieur, possibilité de faire naviguer son **bateau téléguidé** sur le lac Supérieur, **location de vélos** (à l'entrée du Jardin d'acclimatation et à l'embarcadère du lac Inférieur) avec des pistes cyclables aménagées, une piste de patins, des manèges équestres (leçons à l'année), un parc d'attractions, le **Jardin d'acclimatation**, et deux musées, le **musée des Arts et Traditions populaires** et le **Musée en herbe**.

Une **réserve ornithologique** a été créée à proximité de la grande cascade. Sur 3 ha tout a été étudié pour le bien-être de fauvettes, pouillots et autres passereaux. Des arbustes leur permettent de manger, de se cacher dans les buissons et les fourrés, et ils utilisent la rivière qui coule tout près pour boire et se baigner. Un observatoire installé en lisière permet d'étudier les oiseaux en silence.

Les enfants sages peuvent admirer les champs de jonquilles et de tulipes ou les magnifiques roses du **parc de Bagatelle** (entrée payante - ouv. tlj de 8 h à 17 h 30 ou 20 h selon la saison).

16ᵉ arrondissement

🌲 Jardin du Ranelagh.........  p.16 C9

Av. Raphaël, av. Prudhon
Ouv. 24 h / 24
M. Muette

Le château de la Muette, détruit en 1920, possédait un magnifique parc, et la place de Colombie était autrefois un des ronds-points de la propriété dont l'actuel jardin du Ranelagh occupe une des extrémités. Aujourd'hui, les enfants viennent jouer dans ce jardin et ont le choix entre plusieurs aires de jeux, un manège mécanique fonctionnant à la main, des promenades à dos d'âne ou des représentations de **Guignol** (tél. : 01 45 83 51 75).

🌲 Jardins du Trocadéro......  p.12 E8

Accès : place du Trocadéro, rue Benjamin-Franklin,
av. Albert-de-Mun, av. de New-York,
av. des Nations-Unies
Ouv. 24 h / 24
M. Trocadéro

Occupant l'emplacement du couvent démoli, ces jardins furent aménagés à l'occasion de l'Exposition universelle de 1878 et redessinés après celle de 1937 autour de la plus grande pièce d'eau de Paris. Le Trocadéro est particulièrement séduisant au printemps, lorsque tous les arbustes sont en fleur, et en été lorsqu'il fait bon se rafraîchir autour du grand bassin ; en toute saison, les jeux d'eau particulièrement spectaculaires font l'admiration de tous.

Des **espaces de jeux** ont été aménagés pour les petits et l'esplanade, avant sa fermeture pour travaux, était le grand rendez-vous des fans de rollers et de skateboard qui dévalaient à vive allure les pentes du jardin.

🌲 Le Pré-Catelan..............  p.12 A8

Entrée par la route de Suresnes
Ouv. de 8 h 30 à 20 h 30 (été)
et de 9 h à 17 h 30 (hiver)
M. Porte-Maillot et Porte-Dauphine

Véritable jardin au milieu du bois, il possède de grandes étendues de pelouse et de très beaux arbres. Une légende attribue son nom à celui d'un jeune troubadour chargé par la comtesse de Provence de porter des essences et des liqueurs provençales au roi Philippe le Bel. Le jeune musicien ayant été assassiné au beau milieu de la forêt par l'escorte du roi venue au-devant de lui, ses assassins furent démasqués par l'odeur des parfums dont ils s'étaient aspergés. Une pyramide surmontée d'une croix fut élevée sur le lieu du crime. En été, des pièces de théâtre, dont certaines accessibles aux enfants, sont données dans le théâtre de verdure du **jardin Shakespeare,** où les plantations évoquent les célèbres pièces du grand dramaturge. Des **aires de jeux** pour les petits sont prévues en plusieurs points du parc.

Serres d'Auteuil............ p.16 A10

3, av. de la Porte-d'Auteuil
Tél. : 01 40 71 74 00
Ouv. tlj de 10 h à 18 h en été et de 10 h à 17 h en hiver
M. Porte-d'Auteuil

C'est dans cet ancien jardin botanique de Louis XV que les jardiniers de la Ville de Paris cultivent les plantes destinées à la décoration des bâtiments officiels de la capitale.
La grande serre est un lieu de promenade tout à fait extraordinaire, où l'atmosphère moite et chaude en hiver, la végétation tropicale et les chants des oiseaux exotiques créent l'illusion du voyage lointain.

♣ Piscine municipale d'Auteuil...................... p.16 B9

Route des Lacs
Tél. : 01 42 24 07 59
Ouv. toute l'année, se rens. sur les horaires
M. Muette

Située sous l'hippodrome d'Auteuil, cette belle piscine à deux bassins s'ouvre l'été sur les frondaisons du bois de Boulogne. Les grands nagent et les petits pataugent.

16e arrondissement

🔷 Piscine Henry-de-Montherlant......... p.12 C7

32, bd Lannes
Tél. : 01 45 03 28 30
Ouv. toute l'année, se rens. sur les horaires
M. Muette

À proximité des tennis de la Ville de Paris, la piscine Henry-de-Montherlant possède deux vastes bassins dont l'un est équipé d'un toboggan.

> **e pont Mirabeau**
> Devant le jardin coulent « la Seine et nos amours », comme l'écrivait si joliment le poète Apollinaire, qui immortalisa le pont Mirabeau dans un de ses plus beaux poèmes :
>
> *[...] Passent les jours et passent les semaines*
> *Ni temps passé*
> *Ni les amours reviennent*
> *Sous le pont Mirabeau coule la Seine*
> *Vienne la nuit sonne l'heure*
> *Les jours s'en vont je demeure*

17ᵉ arrondissement

🏯 Musée Cernuschi......... p.13 H5

7, rue Velasquez
Tél. : 01 45 63 50 75
Ouv. tlj sauf lundi et jrs fér. de 10 h à 17 h 40
M. Monceau

Grand voyageur et collectionneur, un riche financier d'origine italien, Henri Cernuschi, a légué à la Ville de Paris à la fin du XIXᵉ s. son hôtel particulier et ses collections d'art oriental. Enrichi au fil des années grâce au dynamisme et au talent des conservateurs qui se sont succédé, ce musée offre aujourd'hui un choix exceptionnel sur la Chine ancienne, et organise à l'intention de ses jeunes visiteurs des visites-animations et des visites-contes.

Les **visites-animations** se déroulent dans les salles : après avoir observé les œuvres, les enfants réalisent une maquette, un pliage, un dessin qu'ils emporteront chez eux (de 5 à 12 ans selon les thèmes abordés : symboles animaliers, le costume, la calligraphie… ; le merc. à 14 h 30).

Les **visites-contes** constituent une première approche de la civilisation et de l'art chinois et une première découverte des mythes et légendes de la Chine ancienne (le merc. à 14 h 30 pour les 4-7 ans et à 15 h 30 pour les 8-10 ans, et le sam. à 14 h pour familles et enfants à partir de 5 ans).

Des **anniversaires** (sans goûter au musée) peuvent être organisés le mercredi ou le samedi.

Square des Batignolles... p.13 H4

Accès : place Charles-Fillon, rue Cardinet
Ouv. 24 h/24
M. Brochant

Ce joli square, le plus grand espace vert du quartier, fut dessiné par Alphand en 1862. Il est agrémenté d'un petit ruisseau qui prend naissance dans une cascade rocailleuse. Le relief est vallonné et planté de beaux arbres. Une aire de jeu et un manège attendent les petits Parisiens

18e arrondissement

🏰 Halle Saint-Pierre.......... p.14 L4

2, rue Ronsard
Tél. : 01 42 58 72 89
M. Anvers
Ouv. tlj de 10 h à 18 h

Au pied des jardins du Sacré-Cœur qui dévalent la Butte se trouve la Halle Saint-Pierre aménagée dans un ancien marché couvert réalisé par Baltard. La Halle a longtemps accueilli à la grande joie des enfants le sympathique musée en Herbe ; aujourd'hui elle propose un espace d'exposition au rez-de-chaussée et un petit café et un **musée d'Art Naïf** au premier étage (collection rassemblée par le libraire Max Fourny dans les années 1970). Les expositions donnent lieu à des ateliers (à partir de 6 ans).
Toute l'année, les enfants peuvent participer à des **ateliers** autour de la danse et de la musique (merc. et vac. scol. – inscription à l'avance). Dans l'auditorium de la Halle sont proposés des **spectacles de marionnettes** ou des petites pièces de théâtre (merc., sam., et dim. à 15 h 30 et 16 h 30).

🏰 Espace Montmartre-Salvador-Dali.................. p.14 K4

11, rue Poulbot
Tél. : 01 42 64 40 10
Ouv. tlj de 10 h à 18 h 30
Gratuit pour les – de 8 ans
M. Anvers, Abesses

L'ambiance de ces caves aménagées en musée est pour le moins surréaliste : les jeunes visiteurs y découvrent avec stupeur l'univers fantasmagorique de Salvador Dali. L'espace est occupé par une collection de sculptures – réalisations tridimensionnelles des œuvres les plus célèbres du maître catalan – et une collection de gravures originales et de lithographies illustrant les principaux thèmes de la littérature, de la mythologie, de l'histoire et de la religion. Tout au long de leur parcours, les visiteurs sont accompagnés par la voix inimitable du maître. Le spectacle insolite des *montres molles* ou celui du *buste tronqué de la Vénus spatiale* choque plus les parents que les enfants qui entrent de plain-pied dans l'univers extravagant de Dali. Ils riront de bon cœur devant la sculpture de l'éléphant spatial ou devant la représentation des *songes drolatiques de Pantagruel*.

🏠 Musée de Montmartre... p.14 K3

12, rue Cortot
Tél. : 01 46 06 61 11
Ouv. tlj sauf lundi de 11 h à 18 h
M. Lamarck-Caulaincourt - Abbesses

Cette charmante maison du XVIIe s. fut habitée par un des acteurs de la troupe de Molière, Roze de Rosimond ; comme l'illustre auteur des pièces qu'il interprétait, il mourut sur scène en jouant *le Malade imaginaire*. Plus tard, le peintre Utrillo y installa son atelier.

> Les places du village de la butte Montmartre sont pittoresques et riches en souvenirs.
>
> **La place du Tertre** est la plus élevée de Paris. Bordée de restaurants et de cafés, elle est fréquentée par des peintres qui poursuivent les touristes pour leur croquer le portrait. Garçons et filles resteront fascinés par le travail des caricaturistes et rêveront de voir à leur tour leur binette déformée de la sorte. Au numéro 6, La Mère Catherine est le plus vieux restaurant du village (ouvert en 1793). Lorsque les cosaques russes occupèrent la Butte en 1814, ils fréquentèrent le lieu et, impatients d'être servis, ils frappaient sur la table en criant : *Bistro !* (Vite !) Le mot est resté pour désigner familièrement un café.
> **La place Émile-Goudeau** s'appelait autrefois place du Poirier à cause d'un vieux poirier qui en ornait le centre. On raconte que Napoléon aurait accroché son cheval à l'arbre fruitier lorsqu'il monta sur la Butte voir le télégraphe Chappe (la première ligne télégraphique installée entre Paris et Lille). L'Empereur songeait aussi à élever, à l'emplacement actuel du Sacré-Cœur, un temple de la Renommée. L'arbre était également l'annexe d'une guinguette, Le Poirier sans pareil : une table et des sièges avaient été aménagés dans les branches. Ladite guinguette s'effondra un beau matin de 1830 dans les carrières du sous-sol. Plus tard (en 1889), on vit s'élever à sa place une étrange bâtisse que l'on appelait à l'époque la « maison du Trappeur » ; elle était destinée à n'héberger que des artistes et comprenait plusieurs ateliers pour peintres et sculpteurs. Les écrivains Max Jacob et André Salmon donnèrent à ce curieux bâtiment le nom de **Bateau-Lavoir**. Juan Gris, Van Dongen, Modigliani... travaillèrent là et Picasso y peignit *les Demoiselles d'Avignon*, exposé maintenant au musée d'art moderne de New York. Hélas ! en 1970, les flammes ravagèrent cet insolite « bateau ».
> **La place Jean-Baptiste-Clément**, autrefois place principale du village de Montmartre, a en son centre un square planté de cerisiers, en mémoire du maire du XVIIIe, auteur de la célèbre chanson *le Temps des cerises*.

18e arrondissement

Aujourd'hui, ce petit musée retrace l'histoire de Montmartre ; un des célèbres « bistrots » du quartier, celui de l'Abreuvoir, y a été reconstitué tel qu'il était et une belle maquette permet d'avoir un bon aperçu de Montmartre.

Au numéro 6 de la rue Cortot existe le plus petit musée du monde, c'est le **musée-placard,** où vécut le compositeur Erik Satie (ouv. sur rendez-vous au 01 42 78 15 18).

Sacré-Cœur  p.14 L4

Parvis du Sacré-Cœur
Tél. : 01 53 41 89 00
Ouv. tlj de 7 h à 23 h
M. Abbesses, Anvers (+ funiculaire), Château-Rouge, Lamarck-Caulaincourt

 +8 ans

Le Sacré-Cœur est le résultat du vœu de faire édifier une église si Paris était épargné par les Allemands au cours de la guerre de 1870. Une souscription nationale fut levée et la basilique dédiée au Sacré Cœur de Jésus fut achevée avant la Première Guerre mondiale et consacrée en 1919, après la victoire de la France sur l'Allemagne.

Cette curieuse « pâtisserie » recouverte de « crème Chantilly » est le monument préféré de la plupart des touristes américains, et sa photo est la carte postale des monuments parisiens la plus vendue.

Soyons francs, seule la montée dans le **dôme** intéressera les enfants. 237 marches permettent d'atteindre le sommet, d'où la vue est magnifique (accès par le bas-côté gauche de la basilique, ouv. tlj de 9 h à 18 h ou 19 h).

De la terrasse au pied de la basilique, le panorama sur Paris et sur 50 km à la ronde est spectaculaire. La terrasse est accessible par un

---

Mont de Mars ou mont des Martyrs ? L'étymologie du nom de Montmartre reste un sujet de controverse.

L'histoire de la Butte remonte à l'Antiquité. Dans ses carrières de gypse, déjà exploitées par les Romains, se réfugiaient les premiers chrétiens.

Plus tard et jusqu'à la Révolution, les religieuses – les « dames de Montmartre » – cultivèrent la vigne et exploitèrent les terres et, en 1854, Gérard de Nerval décrivait la Butte ainsi : « Il y a des moulins, des cabarets et des tonnelles, des élysées champêtres et des ruelles silencieuses bordées de chaumières, de granges et de jardins touffus...»

Ce site charmant séduisit les peintres comme Renoir, Van Gogh ou Toulouse-Lautrec, qui s'y installèrent quelque temps.

funiculaire ultramoderne qui gravit la colline, épargnant ainsi la rude montée aux petites jambes.

Mur d'escalade Poissonniers.................... p.14 M1

2, rue Jean-Cocteau
Tél. : 01 42 51 24 68
Accessible aux individuels de 12 h à 14 h en sem.
et de 12 h à 16 h w.-e.
M. Porte-de-Clignancourt

Les jeunes Parisiens peuvent s'initier à l'escalade dans la capitale avant d'affronter la vraie montagne. Cette discipline est passionnante mais exige une bonne forme physique et une connaissance de la technique. Le mur d'escalade Poissonniers à 21,50 m de haut et 570 m^2 de superficie. Comme de vrais rochers, cette paroi présente des trous et des fissures et est munie de prises installées en permanence. S'il existe des surplombs, dévers et cheminées pour les grimpeurs chevronnés, on y trouve aussi des zones rassurantes pour les enfants et les débutants.

L'initiation est gratuite pour les enfants, avec les centres d'initiation sportive de la mairie de Paris (merc. et vac. scol.).

Cinq autres murs sont accessible aux individuels, en dehors des créneaux horaires occupés par les scolaires et les associations sportives : **mur d'escalade Jules-Noël,** 3, av. Maurice-d'Ocagne, 75014 (tél. : 01 45 39 54 37) ; **mur d'escalade Mourlon,** 19, rue Gaston-Caillavet, 75015 (tél. : 01 45 75 40 43) ; **mur d'escalade Biancotto,** 6-8, av. de la Porte-de-Clichy, 75017 (tél. : 01 42 28 04 50) ; **mur d'escalade Lilas,** 5, rue des Lilas, 75019 (tél. : 02 42 06 42 13) ; **mur d'escalade Choisy-Masséna,** 4 *bis*, av. de Choisy, 75013 (tél. : 01 45 86 77 30).

> En remontant par l'avenue Junot, percée dans une zone appelée alors le « maquis » où couraient lapins et gamins, vous passerez devant l'immeuble où vécut Francisque Poulbot, le dessinateur qui laissa son nom à la petite silhouette du gavroche parisien coiffé d'une casquette ; une fresque évoque ces « pierrots gourmands ». Au bout de l'avenue habita Marcel Aymé, et devant chez lui l'acteur Jean Marais a sculpté sur le mur la moitié du héros du célèbre roman *le Passe-Muraille*.

18e arrondissement

Piscine Bertrand-Dauvin. p.14 L1

12, rue René-Binet
Tél. : 01 44 92 73 32
Ouv. tte l'année, se rens. sur les horaires
M. Porte-de-Clignancourt

Deux bassins éclairés par des baies vitrées, l'un de 25 m et l'autre de 12,50 m sont à la disposition de nageurs petits et grands. Les bébés nageurs y sont aussi les bienvenus.
Le centre sportif contigu est composé de deux gymnases, un terrain de football, un d'athlétisme et trois courts de tennis.

Piscine Hébert............... p.14 N2

2, rue des Fillettes
Tél. 01 42 76 78 24
Ouv. tte l'année, se rens. sur les horaires
M. Marx-Dormoy

Lorsque les beaux jours arrivent, on nage sous le beau ciel bleu dans l'un des bassins de la piscine municipale Hébert. Les enfants peuvent y apprendre à nager et à plonger et les bébés nageurs à patauger avec leurs parents.

🌲 Jardin Sauvage Saint-Vincent.................. p.14 K3

Rue Saint-Vincent
Tél. : 01 43 28 47 63 (Paris-Nature)
Ouv. sam. de 14 h à 18 h d'avril à oct.
et le lundi de 16 h à 18 h en période scol.
M. Lamark-Caulaincourt

Le jardin Saint-Vincent, situé sur la butte Montmartre, est un jardin où pousse une végétation spontanée véritable paradis pour la petite faune parisienne. Des plantes assez inattendues à Paris comme l'armoise, l'ortie blanche, l'épilobe ou encore la menthe aquatique s'y épanouissent. Dans la mare se cachent des crevettes d'eau douce et des araignées d'eau. Dans ce lieu étonnant, les petits citadins comprennent le rôle des insectes, du vent, des oiseaux dans la colonisation spontanée d'un milieu.
Grâce aux explications des animateurs toujours présents, les visiteurs apprennent à connaître les plantes et leurs usages et s'initient à l'écologie.

Petit train de Montmartre p.14 K4

Départ : place Blanche (Moulin-Rouge) et place du Tertre (église Saint-Pierre)
Circule tlj de 10 h à 19 h, nocturne les w.-e. de mai à oct. et tlj en juill. et août
M. Pigalle

Un petit train grimpe sur la Butte et sillonne le long des rues le village de Montmartre, racontant en plusieurs langues l'histoire du site. Il part du Moulin-Rouge, le cabaret rendu célèbre par Toulouse-Lautrec, dont on peut toujours voir les affiches le long du hall d'entrée ; il grimpe ensuite la rue Lepic, passe devant les deux derniers moulins de Montmartre – dont l'un, le moulin de la Galette, est immortalisé par un tableau de Renoir (aujourd'hui au musée d'Orsay).

Dans la rue d'à côté se trouve le Studio 28 (10 rue Tholozé ; tél. : 46 06 36 07), un cinéma connu dans le monde entier, décoré par Jean Cocteau, qui fut le cadre d'un grand nombre d'avant-premières en présence de réalisateurs de renom comme Orson Welles, Fellini, François Truffaut. Le train passe devant le musée de Montmartre, s'arrête au Sacré-Cœur et termine son circuit place du Tertre.

Rue des Saules

Le long de cette petite rue en pente poussent toujours quelques plants de vigne. Le clos de Montmartre donne lieu le premier samedi d'octobre à une folklorique fête des vendanges. Au numéro 4, la charmante maison d'aspect campagnard est le cabaret Le Lapin Agile. D'abord connu comme le « rendez-vous des voleurs » puis comme le « cabaret des assassins », le café prit le nom de Lapin Agile lorsqu'il fut orné d'une enseigne représentant un lapin bondissant hors d'une casserole peint par André Gill (lapin A. Gill).

19e arrondissement

 Cité des sciences et de l'industrie................. p.15 Q2

30, av. Corentin-Cariou
Tél. : 01 40 05 80 00 (rép.)
et 01 40 05 12 12 (réserv.)
Minitel : 3615 Villette
Ouv. tlj sauf lundi de 10 h à 18 h (19 h le dim.)
M. Porte-de-la-Villette

Situé dans le parc de la Villette, le lieu porte bien son nom : une cité. Il faut donc tout d'abord se repérer et planifier sa journée.
Il existe des espaces d'exposition, des salles de spectacle et des espaces de service.

Explora
Cœur de la Cité, il s'agit là d'un gigantesque espace de 30 000 m² consacré aux expositions permanentes. Organisées en trois grands secteurs de visite (galerie sud, galerie nord, balcon nord et les mezzanines), ces expositions mettent en évidence les liaisons entre les différentes approches du savoir et les multiples domaines de la science et des techniques. Les visiteurs suivent leur propre chemin selon leurs centres d'intérêt.
La galerie sud propose un parcours à travers sept pôles d'activité et de réflexion sur la société industrielle contemporaine : aéronautique (avec deux simulateurs de vol pour s'initier à la pratique du pilotage), espace, océan, énergie, environnement, automobile, jardin du futur (la serre).
La galerie nord est consacrée aux outils sensoriels, conceptuels et techniques qui permettent à l'homme d'appréhender le monde et de communiquer (techniques de l'image, représentation de l'espace, informatique, expressions et comportements, sons, mathématiques).
Le balcon nord et les mezzanines, secteur réparti sur deux étages, mettent en scène quelques-unes des questions fondamentales que se pose l'homme sur lui-même, sur la Terre et sur l'Univers (roches et volcans, étoiles et galaxies, vie et santé, biologie, médecine, jeux et lumière).

La Cité des enfants

La Cité des enfants propose 4 000 m² d'activités et de découvertes des sciences et techniques pour les 3-12 ans. Elle est constituée de deux espaces permanents – l'un pour les enfants de 3 à 5 ans et l'autre pour ceux de 5 à 12 ans – et d'un troisième dévolu aux expositions temporaires. Ici, il faut non seulement regarder et entendre, mais aussi toucher et goûter, sentir, manipuler, expérimenter, etc. Les enfants déambulent à leur rythme avec leurs parents.

L'espace « Premières découvertes » (3-5 ans) s'inspire directement de la manière dont les enfants de cette tranche d'âge appréhendent le monde et le découvrent : par l'action, l'expérience sensorielle, l'imitation, la comparaison. La Cité des enfants se visite par séances de 1 h 30.

Techno cité

Cet espace veut contribuer à changer le regard des visiteurs sur la technologie en proposant une approche de ses différentes dimensions : technique, économique, sociale et culturelle. Réservé aux élèves en semaine, il est ouvert à tous, à partir de 11 ans, les merc. a.-m, les dim. et durant les vac. scol. (séances de 1 h 30).

Une grande exposition pour tous et **des expositions temporaires pour les enfants** sont organisés chaque année.

Les aquariums

Trois aquariums abritent des poissons, crustacés, mollusques et végétaux propres aux fonds marins de la Méditerranée. Les deux premiers bassins reconstituent des milieux plus ou moins profonds et le troisième permet de découvrir l'univers des poissons prédateurs vivant à près de 60 m de profondeur.

L'*Argonaute*

> Ouv. de 10 h 30 à 17 h 30 et de 11 h à 18 h 30 le w.-e.
> Interdit aux – de 3 ans
> Gratuit pour les – de 7 ans

Désarmé en 1982 après plus de 210 000 milles en mer et 32 700 heures de plongée, ce véritable sous-marin a échoué au parc de la Villette.

Audioguidés par un baladeur, les visiteurs parcourent la coursive, du poste d'équipage au tube lance-torpilles, découvrant au passage la salle des diesels et le poste central d'opérations.

Un lieu d'exposition présentant l'univers des sous-marins accompagne la visite de l'*Argonaute*.

19e arrondissement

Le Planétarium (niveau 2 d'Explora)
>   5 ou 6 séances par jour
>   Interdit aux – de 3 ans

Une salle de spectacle pour découvrir les nébuleuses, les comètes, la Voie lactée, les galaxies ou les planètes (trois spectacles en alternance). Prendre ses billets tout de suite en arrivant car le Planétarium a beaucoup de succès.

La Géode
>   Réserv. par tél. : 01 40 05 12 12 (tlj de 9 h 15 à 17 h 45) et Minitel : 3615 VILLETTE
>   Ouv. tlj sauf lundi de 10 h à 21 h
>   Interdit aux – de 3 ans
>   Entrée pour les enfants à partir de 3 ans

La Géode est la construction la plus spectaculaire de la Cité : c'est une jolie sphère dans laquelle le ciel, l'eau et les lumières se reflètent.
À l'intérieur, assis sur des sièges inclinés, vous contemplez l'écran hémisphérique de 1 000 m^2 sur lequel, grâce au système de projection Omnimax, vous êtes entouré d'images.

Le cinéma Louis-Lumière
>   Env. 10 séances par jour
>   Sans réserv.

Le cinéma Louis-Lumière est la seule salle parisienne spécialisée dans la programmation de films en relief. Il diffuse par l'image des connaissances scientifiques et techniques pour tous les publics.

Le Cinaxe
>   Le long de la galerie de la Villette
>   Tél. : 01 42 09 34 00 - Minitel : 3615 VILLETTE
>   Séances toutes les 20 minutes de 14 h à 18 h du mardi au dim.
>   Interdit aux – de 4 ans

Le Cinaxe est une salle mobile dite de simulation. Les amateurs de sensations fortes vont vivre le parcours mouvementé d'un promeneur dans un parc d'attractions, s'embarquer dans une aventure intergalactique ou encore se retrouver à toute vitesse sur un circuit automobile.

La **Villette** fut longtemps un village situé sur la route des Flandres, dont les habitants virent passer au cours des siècles nombre de cortèges fameux : celui de Louis XV, triomphateur de Fontenoy ; de Louis XVI et Marie-Antoinette, ramenés de Varennes après leur fuite manquée ; de la garde impériale revenant de la campagne de Russie en 1807 ; du tsar Alexandre et du roi de Prusse avec leurs troupes en 1814 ; du roi Charles X de retour des cérémonies de son sacre à Reims...

Les espaces de services sont principalement une **médiathèque** pour les adultes et une **médiathèque** pour les enfants de 3 à 14 ans (ouv. de 12 h à 20 h) où, outre les ateliers du merc. (14 h et 16 h), sont projetés des films dans la salle des Shadocks à 16 h et 17 h le w.-e. et durant les vac. scol., une **bibliothèque** de prêt, un centre de recherche en histoire des sciences et des techniques et la **Cité des métiers,** un espace d'information et de conseil sur les métiers et la vie professionnelle pour jeunes et adultes (ouv. du mardi au vend. de 10 h à 18 h et de 12 h à 18 h le sam.).

Musée de la Musique..... p.15 Q3

221, av. Jean-Jaurès
Tél. : 01 44 84 44 84 ou 01 44 84 45 45 (rép.)
Minitel : 3615 CITÉMUSIQUE
Ouv. du mardi au jeudi de 12 h à 18 h, vend. et sam. de 12 h à 19 h 30, dim. de 10 h à 18 h
Gratuit pour les – de 6 ans
M. Porte-de-Pantin

+12 ans

Le musée de la Musique fait partie de la Cité de la musique, qui comprend également des salles de concert. Le musée présente une exceptionnelle collection d'instruments de musique joliment mise en scène. Munis d'un audiocasque à infrarouges remis à l'entrée, les visiteurs progressent dans le musée à leur rythme en découvrant le son exact de l'instrument présenté dans l'environnement de l'orchestre.

Des bornes interactives donnent des informations sur les rapports entre musique et société ainsi que sur les genres musicaux.

Un **livret** « **Expédition au pays des instruments** » peut être remis à chaque jeune visiteur âgé de 6 à 12 ans.

Tous les jours des musiciens jouent en *live* avec des instruments différents.

Des **visites animées** sont proposées au jeune public.

Le sam. à 14 h 30, un parcours historique mettant en évidence les rapports entre la musique et la société est proposé aux visiteurs à partir de 12 ans (durée : 1 h 30).

Le merc. à 14 h 30 (sauf jrs fér.), une visite-atelier permet aux enfants à partir de 8 ans de découvrir les différentes familles instrumentales et leurs principes acoustiques. Un temps d'observation et d'expérimentation, à l'aide d'instruments, de maquettes et de documents audiovisuels, précède la découverte des collections du musée (durée : 2 heures).

Le dim. à 11 h, une visite contée se déroule autour d'histoires où la musique tient une part importante, et évolue dans le musée avec la découverte des instruments d'ici ou d'ailleurs (à partir de 4 ans ; durée : 1 heure ; gratuit pour les – de 6 ans).
Enfin, le dim. à 15 h, une visite-jeu donne l'occasion de découvrir une sélection d'œuvres du musée sous forme d'un parcours (à partir de 7 ans).
Des **ateliers** pour les enfants seuls ou en famille sont organisés durant les week-ends.
Les ateliers « éveil musical » permettent de découvrir 150 instruments de différentes régions du monde. Chacun explore, improvise et participe aux jeux musicaux : séance en famille, pour les petits de 3 à 5 ans, le dim. à 14 h (durée : 1 h 15) ; cycle de 4 séances pour les enfants de 3 à 5 ans le sam. à 14 h et à 16 h pour les 9-12 ans (durée : 1 h 15 à 2 heures).
Le ateliers « percussions du monde » permettent de jouer des percussions issues de différentes traditions et de s'initier aux techniques de jeu : une séance en famille le dim. à 16 h 30 (enfants à partir de 6 ans ; durée : 2 heures), un voyage musical à travers le monde le sam. à 14 h ou 16 h (à partir de 12 ans ; durée 2 heures).
Enfin, des **ateliers de gamelan,** l'orchestre traditionnel des îles indonésiennes de Java et de Bali, sont proposés le dim. à 13 h 30 ou à 16 h (en famille, enfants à partir de 6 ans ; sur réservation).

 ## Parc de la Villette......... p.15 Q2

Accès : 211, av. Jean-Jaurès,
30, av. Corentin-Cariou,
Quai de la Marne
Tél. : 01 40 03 75 00
Infos au 01 40 03 75 03-Minitel : 3615 VILLETTE
Ouv. 24 h/24
Point d'accueil : Maison de la Villette (tlj de 10 h à 19 h)
M. Corentin-Cariou, Porte-de-Pantin, Porte-de-la-Villette

À la place d'un marché aux bestiaux et d'immenses abattoirs fermés en 1974 s'est installé 10 ans plus tard le parc de la Villette.
Ce parc est un peu comme une ville dans la ville. Les bâtiments principaux en sont la **Cité des sciences et de l'industrie**, la **Géode**, la **Grande Halle**, le **Zénith** et la **Cité de la musique**.
Deux artères principales le traversent ; une promenade conçue comme une bande de film y serpente ; des ponts enjambent le canal, des bateaux accostent, des jardins et de grandes prairies lui donnent

des bouffées d'air pur, une piste cyclable le traverse ; et les **folies**, kiosques d'informations et ateliers pour les jeunes, donnent une note de gaieté au paysage. Grands et petits se retrouvent, se promènent, assistent à des spectacles, participent à des ateliers, s'initient aux sciences et aux techniques.

Parc des Buttes-Chaumont p.15 P5

Accès : rue Botzaris, rue de Crimée, rue Manin
Tél. : 01 42 41 66 60
Ouv. tlj de 7 h à 21 h en hiver et de 7 h à 23 h en été
M. Botzaris, Buttes-Chaumont, Laumière

Sur le terrain escarpé et chaotique du mont Chauve, d'où viendrait le nom des Buttes-Chaumont, fut aménagé sous l'empereur Napoléon III le parc des Buttes-Chaumont. Inauguré lors de l'Exposition universelle de 1867, au terme de 4 ans de travaux titanesques, il devint un grand parc populaire, plein d'attractions, un lieu féerique et bon marché capable de concurrencer le parc Monceau.

Une colline, des falaises, un lac et son île, une cascade de plus de 30 m de haut furent créés. L'île fut reliée à la terre ferme par un grand pont suspendu de 63 m et le parc fut parsemé de rochers et planté de cèdres de l'Himalaya.

Des **aires de jeux**, une **piste de patins**, des **promenades à dos d'âne** sont réservés aux petits, et **Guignol et Polichinelle** ont de nombreuses histoires à leur raconter (Guignol de Paris, angle av. Simon-Bolivar et rue Botzaris ; tél. : 01 43 24 29 ; à 15 h mrc., sam. et dim., sous réserve de beau temps).

st-ce le géant Gargantua qui a enterré son vélo dans le parc de la Villette ? Non, c'est plutôt au talent du sculpteur Claes Oldenburg que l'on doit cette drôle de sculpture.

19ᵉ arrondissement

♠ Base nautique de la Villette............ p.15 O4

15-17, quai de la Loire
Tél. : 01 42 40 29 90
Ouv. merc. et sam.
M. Jaurès

+12 ans

Ramer en plein Paris est désormais possible grâce à la base nautique de la Villette, où des cours d'initiation au canoë-kayak sont ouverts aux enfants comme aux adultes. Ils ont lieu sur un bassin de 600 m de long, entre la place de Stalingrad et le parc de la Villette ; un ancien entrepôt a été entièrement rénové afin d'accueillir les embarcations. Les petits Parisiens peuvent s'initier là en toute sécurité aux disciplines des embarcations. Une seule obligation : savoir nager !

♠ Piscine Georges-Hermant............ p.15 Q4

4, rue David-d'Angers
Tél. : 01 42 02 45 10
Ouv. toute l'année, se rens. sur les horaires
M. Danube

pour tous

Un grand bassin de 50 m de long, qui se découvre complètement aux beaux jours et fait alors vraiment croire aux vacances. On s'y baigne, on y nage, on s'y amuse pendant que maman bronze.

∴ Canauxrama............ p.15 O4

Bassin de la Villette
5, quai de la Loire
Tél. : 01 42 39 15 00
Départ tlj à 9 h 15 et 14 h 45 (haute saison) du bassin de la Villette, et à 9 h 45 (haute saison) et 14 h 30 du port de l'Arsenal (face au 50, bd de la Bastille, 75012)
M. Bastille

pour tous

Creusé au début du XIXᵉ s., le canal de l'Ourcq et le bassin de la Villette sont inaugurés en grande pompe en 1808, le jour anniversaire du sacre de Napoléon Iᵉʳ. Par la suite, l'ouverture du canal Saint-Denis et du canal Saint-Martin en fera le centre d'un très important trafic fluvial. C'est par là qu'arrivait vers la capitale le charbon du Nord.

Le canal eut des usages plus frivoles et servit de patinoire durant les hivers particulièrement rigoureux. En 1827, pour 15 sous on promenait les dames sur des traîneaux provenant des montagnes russes. L'été, le bassin fut plusieurs fois le cadre de joutes navales.

Une insolite promenade de 3 heures environ conduit du parc de la Villette au port de plaisance de Paris-Arsenal et inversement. L'histoire des quartiers traversés est racontée au fil de l'eau.

Avant de grimper sur les anciennes carrières d'Amérique, un petit passage en Russie ne fera pas faire un grand détour. Rue Meynadier (mais donnant sur le 93, rue de Crimée) se blottit Saint-Serge, petite église orthodoxe accessible par un double escalier de bois qui évoque les datchas de Sibérie, et dont l'intérieur est recouvert de fresques et d'icônes.

20ᵉ arrondissement

 👁 **Maison de l'Air**............. p.15 Q6

Parc de Belleville
27, rue Piat
Tél. : 01 43 28 47 63 (Paris-Nature)
Ouv. tlj sauf lundi de 13 h 30 à 17 h d'oct. à mars, et
de 13 h 30 à 17 h 30 (w.-e. 18 h 30) d'avril à sept.
M. Pyrénées, Couronnes

Tout en haut du parc de Belleville, sur un des points culminants de la capitale, s'est installée la maison de l'Air.

Chaque jour, l'actualité de l'atmosphère est donnée grâce à la diffusion en direct d'images satellite et à une station météo. On comprend le pourquoi de la pluie et du beau temps. Le climat livre ses secrets. Mais que respire-t-on ?

C'est dans l'air que se mélangent les différents souffles, le nôtre, celui des animaux et des végétaux, mais aussi les fumées des usines et les gaz d'échappement des automobiles. Un relais du réseau de stations de mesure des polluants affiche les données fournies par les organismes de contrôle sur la pollution de l'air à Paris.

Cette visite permet de se rendre compte de tout ce qui se joue autour de nous, au-dessus de notre tête.

 Parc de Belleville............ p.15 Q6

Accès : rue des Couronnes (bas du parc),
rue Piat (haut du parc), rue Julien-Lacroix,
rue Jouye-Rouve
Ouv. tlj de 7 h à 21 h en hiver et de 7 h à 23 h en été
M. Couronnes, Pyrénées

Belvédère exceptionnel dominant Paris, situé à l'emplacement d'anciennes guinguettes, c'est un jardin paysager remarquablement aménagé à flanc de colline. Des **aires de jeux** et un **village de bois** (toboggans) sont prévus pour les petits.

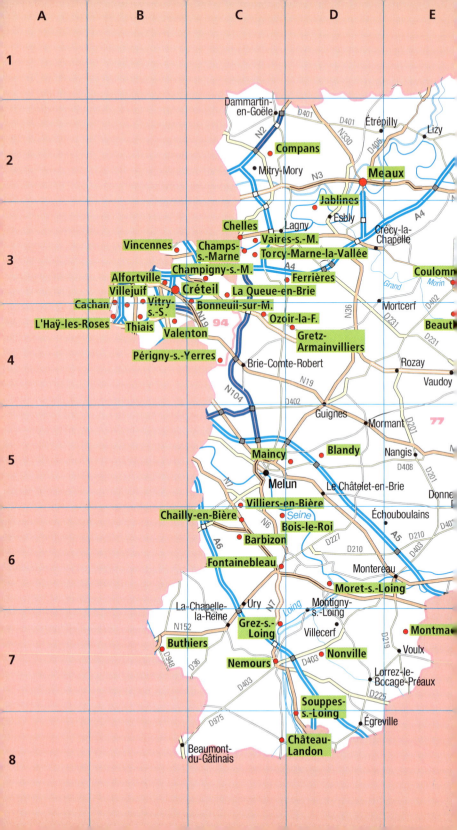

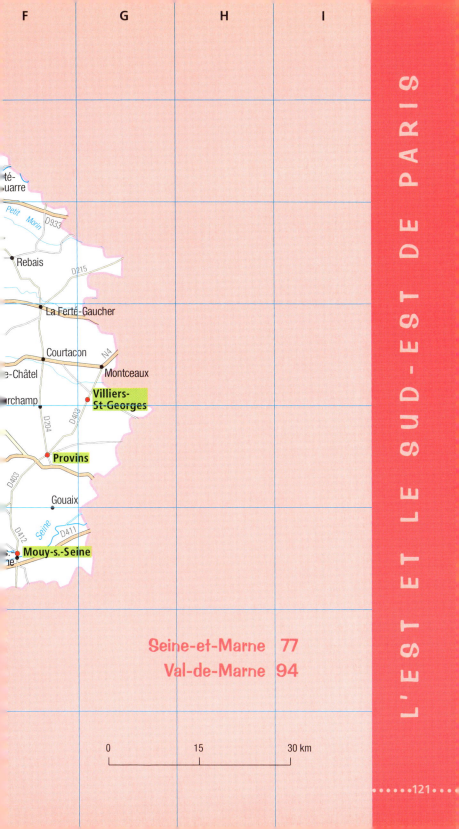

L'EST ET LE SUD-EST DE PARIS

SEINE-ET-MARNE

Auberge Ganne........ Barbizon C6

Auberge Ganne
92, Grande-Rue
77630 - Barbizon
Tél. : 01 60 66 22 27 Fax : 01 60 66 22 96
Ouv. tlj sauf mardi de 10 h à 12 h 30 et de 14 h à 18 h
du 1er avril au 30 septembre (17 h du 1er oct. au 30 mars) ;
journée continue les sam., dim. et jrs fér.
Gratuit pour les – de 8 ans
A 6 sortie Fontainebleau, à 58 km S. de Paris

+8 ans

Le village de Barbizon garde le souvenir des peintres qui firent sa notoriété. Corot et Sisley allaient ouvrir la route à une longue succession d'artistes, de musiciens et d'écrivains.
L'auberge Ganne, où grands et petits maîtres aimaient à se retrouver, a été transformée en musée, tout comme les maisons des peintres Théodore Rousseau et Jean-François Millet.
Les enfants disposent d'un questionnaire d'enquête pour visiter ce musée où sont rassemblés meubles et objets décorés par les artistes qui l'ont fréquenté.
Un spectacle de magicien et un spectacle audiovisuel très vivant sur la vie des peintres à Barbizon (dès 3 ans) sont donnés le merc. et vend. à 10 h 30 et tlj pendant les vacances scolaires.

Musée de l'Abeille.... Beautheil E4

Route d'Amillis
77120 - Beautheil
Tél. : 01 64 04 68 45 et 01 64 03 09 26
Ouv. du lundi au vend. de 9 h à 12 h
et de 14 h à 18 h, et le sam. de 14 h à 18 h
RN 34 vers Coulommiers, puis dir. Chailly-en-Brie et Beautheil,
à 68 km S. de Paris

pour tous

Ici l'abeille est reine ! Au rez-de-chaussée du bâtiment principal, vous découvrez tous les aspects de la vie de la butineuse. Trois ruches vitrées permettent d'observer la vie des abeilles et de suivre leurs évolutions et leurs travaux. Au premier étage, vous apprenez l'histoire de l'apiculture, puis, dans le jardin, vous rencontrez des modèles de ruches provenant des différentes régions françaises. Un musée vivant qui intéressera petits et grands.

Seine-et-Marne - Blandy

♦ Base de plein air et de loisirs............... Bois-le-Roi C6

Route de Tournezy
77590 - Bois-le-Roi
Tél. : 01 64 87 83 00-
Fax : 01 60 69 62 02
Ouv. toute l'année
Activités payantes
A 6, sortie St-Fargeau/Ponthierry, RN 472, RD 142, puis suivre fléchage,
à 50 km S. de Paris

Dans un joli cadre, entre bords de Seine et forêt de Fontainebleau, la base de Bois-le-Roi est un havre de verdure de 75 ha. Vous pourrez vous y baigner, faire de la planche à voile ou de l'optimiste, du cheval, du golf, du VTT..., ou simplement vous promener à pied ou à bicyclette. Les petits ont une pataugeoire et des aires de jeux à leur disposition.

⌂ Château.................. Blandy D5

77115 - Sivry-Coutry
Tél. : 01 60 69 96 89-Fax : 01 60 66 93 14
Animations de 14 h à 19 h le dim. de juill. à fin août
A 6, sortie Corbeil-Essonnes, RN 104 et A 5,
à 50 km de Paris

Bâtie sur les fondations du palais mérovingien du comte Aurélien, compagnon de Clovis, la forteresse fut achevé au XVe s. Devenu une simple ferme fortifiée, le château est en cours de restauration. L'été venu, les enfants vont pouvoir s'y prendre pour de véritables chevaliers.

Les chevaliers en herbe suivront trois ateliers dans le but de s'initier aux trois disciplines indispensables pour être adoubés devant les seigneurs du château. Le premier enseigne l'interprétation des signes héraldiques, le deuxième permet de confectionner sa propre cotte de mailles, et le troisième apprend à manier avec adresse et courage canne et bâton.

Pour parfaire leur connaissance de l'univers du Moyen Âge, deux autres ateliers leur offrent la possibilité de découvrir des artisanats qui ont occupé des places de choix dans la vie de la société médiévale : l'orfèvrerie et le travail du forgeron. C'est par la magie du feu opérant sur les métaux que naissaient les joyaux des gentes dames et les armes des preux chevaliers...

♣ Base de plein air et de loisirs.................. Buthiers B7

77760 - Buthiers
Tél. : 01 64 24 12 87-Fax : 01 64 24 15 79
Ouv. toute l'année (base de plein air) et
de la Pentecôte au 1er w.-e. de sept.
de 10 h à 20 h (piscine)
A 6 sortie Ury, dir. Orléans jusqu'à Malesherbes, ou RN jusqu'à Étampes puis Malesherbes, à 75 km S. de Paris

Escalade et randonnée en forêt sont les principaux atouts de cette base installée sur 135 ha. Il y existe également un centre de détente avec piscine, toboggans nautiques, pataugeoires, etc. On peut encore y pratiquer le tennis, jouer au basket ou au volley, et tirer à l'arc.

⌂ Musée du Père Noël............... Chailly-en-Bière C6

17, rue de la Fromagerie
77930 - Chailly-en-Bière
Tél. : 01 60 69 22 16
Ouv. du mardi au dim. de 10 h à 13 h
et de 15 h à 18 h ; fermé du 15 janv. au 15 mars
A 6 sortie Fontainebleau, à 60 km S. de Paris

À la sortie d'un village, une belle ferme a été transformée en musée. Une famille finlandaise a mis ses connaissances, son goût et son talent dans l'aménagement de deux musées originaux et inattendus. Le premier, le **musée du Père Noël**, est consacré à ce célèbre héros des enfants que la Finlande revendique comme l'un des siens. Une scénographie étudiée et attrayante évoque son histoire depuis l'époque des dieux vikings jusqu'au Santa Claus américain, en passant par saint Nicolas et la Befana. Sur les murs d'une des salles, ont été punaisés des lettres et dessins d'enfants du monde entier. La visite s'achève par un film sur la Laponie, le pays des rennes et... du Père Noël.

Le second musée est le **Médiamusée,** qui a pour ambition d'évoquer l'histoire des moyens de communication du phonographe au lecteur CD et de la lanterne magique à la caméra vidéo. À nouveau, la présentation est attractive et le musée, aussi sérieux soit-il, peut intéresser des jeunes visiteurs (de + de 12 ans) curieux de l'évolution des techniques audiovisuelles.

Seine-et-Marne - Château-Landon

🏰 Château et domaine national de Champs.......... Champs-sur-Marne C3

77420 - Champs-sur-Marne
Tél. : 01 60 05 24 43
Ouv. tlj sauf mardi de 10 h à 12 h et de 13 h 30
à 17 h 30 du 1er avr. au 30 sept. (18 h les sam., dim.
et jrs fér.) et 16 h 30 du 1er oct. au 30 mars
Gratuit pour les – de 12 ans
A 4 sortie Noisy-le-Grand, à 20 km E. de Paris

Le château de Champs fait partie de ces petites maisons ou folies que faisaient construire certains aristocrates ou riches financiers à la fin du règne de Louis XIV pour échapper aux pesanteurs de la cour ; les hôtes de marque s'y succédèrent au cours des siècles.
Celui de Champs est merveilleusement mis en valeur par des jardins à la française qui descendent en terrasses jusqu'à la Marne. Dessinés par le neveu du jardinier-paysagiste Le Nôtre, ces jardins sont magnifiques, avec leurs massifs de buis taillés selon des motifs géométriques, et parents et grands-parents seront enchantés de s'y promener avec des enfants sages.
Si toutefois la pluie se met à tomber et que toute la famille décide de visiter l'intérieur du château, les enfants devront prendre leur mal en patience en traversant de grands salons magnifiquement meublés où plane le souvenir de Mme de Pompadour, qui fut un temps locataire des lieux ; pour se distraire, ils pourront tenter de retrouver les titres des fables de La Fontaine représentés sur les dossiers des fauteuils du salon chinois.

🦌 Ferme Saint-André...........

37, rue Charles-de-Gaulle
77570 - Château-Landon
Tél. : 01 64 29 37 41-Fax : 01 64 29 47 28
Ouv. jeudi, vend. et sam. de 10 h à 19 h
Visite guidée sur demande
A 6 sortie Nemours, à 94 km S. de Paris

Ils sont trop mignons, ces myocastors ! Vraiment, ils méritent qu'on leur rende une petite visite. Leurs habitudes quotidiennes sont si particulières que chacun prendra plaisir à écouter le récit des éleveurs. Les myocastors sont les cousins germains des castors d'Europe, mais eux viennent du Chili. Les enfants riront de bon cœur en les regardant se dresser sur leur pattes postérieures pour attraper la nourriture et la porter à leur bouche à l'aide de leurs membres antérieurs, et ils seront bien admiratifs en apprenant que ces animaux se lavent dents, moustaches et oreilles... une centaine de fois par jour. Quel bel exemple !

En revanche, les myocastors n'ont pas une belle queue en raquette et ne se livrent pas à des travaux de construction comme leurs cousins castors. Hélas, on mange ces charmants petits rongeurs, et vous pourrez en emporter en conserve !

Musée municipal Alfred-Bonno................... Chelles C3

Place de la République
77500 - Chelles
Tél. : 01 64 21 27 85
Ouv. merc. de 10 h à 12 h et de 14 h à 18 h
et dim. de 14 h à 18 h ; fermé au mois d'août
A 4 sortie Champs-sur-Marne, et A 104 sortie Chelles, à 23 km E. de Paris

+12 ans

Un musée, un peu sérieux mais bien présenté, qui regroupe des vestiges datant de la préhistoire et de l'époque gallo-romaine. On y verra entre autres des moulages d'hommes fossilisés.
Une salle est réservée aux tissus médiévaux, dont certains sont identifiés comme ayant été ceux des vêtements de la reine mérovingienne Bathilde, épouse de Clovis II.
Les enfants peuvent suivre l'exposition avec l'aide d'un questionnaire.

Cueillette de Compans................ Compans C2

Rue de l'Église
77290 - Compans
Tél. : 01 60 26 88 39 (rép.) et 01 60 26 16 94
Ouv. lundi et mardi de 14 h à 18 h et du merc.
au dim. de 10 h à 13 h et de 14 h 30 à 18 h
RN 3 ou RN 2 et RD 212, à 50 km N.-E. de Paris
L'entrée est gratuite, on paie en fonction du poids de sa cueillette

pour tous

Une jardinerie où l'on vient cueillir des fruits et des légumes. Les enfants se régalent et mettent plus de framboises ou de fraises dans leur bouche que dans les paniers... Lorsqu'ils en ont assez d'« aider », ils vont dire bonjour aux animaux de la mini-ferme.

Promenade en barque.................. Coulommiers E3

77120 - Coulommiers
Départ au pied de l'ancienne prison,
face au parking de l'île
Rens. au 01 64 03 88 09
Sam. et dim. de mai à sept., de 15 h à 18 h
A 4 sortie Crécy-la-Chapelle, et RN 34, à 62 km E. de Paris

Les week-ends de la belle saison, vous pourrez faire une agréable promenade en barque sur le Grand Morin ; un guide vous fera remarquer les principaux centres d'intérêt de la cité briarde, et notamment le jardin des Capucins et la commanderie des Templiers. Vous pourrez ensuite poursuivre votre découverte de la ville à pied, en suivant le circuit indiqué dans la petite brochure très bien faite éditée par l'office de tourisme. Des questions amusantes rendent la visite plus vivante pour les jeunes touristes.

Parc du château....... Ferrières D3

77164 - Ferrières-en-Brie
Tél. : 01 64 66 31 25 - Fax : 01 64 66 03 15
Ouv. de 14 h à 19 h du merc. au dim.
du 1er mai au 30 sept., et les merc. et w.-e.
de 14 h à 17 h du 1er oct. au 30 avril
A 4 sortie Lagny, à 38 km E. de Paris

Le musée de l'Imaginaire, consacré à la peinture et installé à l'intérieur de la résidence légendaire de la famille des Rothschild, n'intéressera guère les enfants ; en revanche, le superbe parc à l'anglaise planté de conifères, de cèdres du Liban et de cyprès chauves sera

> Durant le mois de mai, des ateliers « jardin d'enfants » sont proposés aux jardiniers en herbe dans le parc du château de Ferrières, à Fontainebleau-Avon, et dans les jardins du château de Champs-sur-Marne. Les 4-6 ans peuvent découvrir les joies de la culture, l'importance de l'eau, de la lumière et de la terre. Les 6-12 ans créent un jardin gourmand. Chaque atelier, encadré par deux jardiniers, dure 45 minutes.
> À Pâques, le dimanche et le lundi, des milliers d'œufs sont cachés à Fontainebleau, Ferrières, Champs-sur-Marne, etc., et les espaces de recherches sont organisés par tranche d'âge. (Rens. maison dép. du Tourisme de Seine-et-Marne, tél. : 01 60 39 60 39.)

pour eux un agréable lieu de promenade. Les jeunes visiteurs passeront respectueusement devant l'immense séquoia planté par Napoléon III lors de sa visite au château, et ils marcheront à pas de loup devant les lions de pierre qui dorment le long d'une allée en bordure du parc.

Château............ Fontainebleau C6

77300 - Fontainebleau
Tél. : 01 60 71 50 70-Fax : 01 60 71 50 71
Ouv. tlj sauf mardi et 1er janv., 1er mai et 25 déc.,
de 9 h 30 à 18 h en juill. et août ; de 9 h 30 à 17 h
en juin ; de 9 h 30 à 12 h 30 et de 14 h à 17 h de mai à nov. ;
de 9 h 30 à 17 h en sept. et oct.
Le parc est ouvert tlj de 9 h à 17 h les mois d'hiver
et 20 h 30 les mois d'été
Gratuit pour les – de 18 ans
A 6 sortie Fontainebleau, à 65 km S. de Paris

+8 ans

Ce château peut s'enorgueillir d'avoir accueilli 34 souverains, de Louis VI le Gros à Napoléon III.
Il vaudra mieux éviter de mentionner devant les enfants qu'il contient 1 900 pièces, l'idée de le visiter les découragerait ! Or, ils ne traverseront en fait que la galerie François-Ier, la salle de bal, la chapelle de la Trinité, le grand cabinet et le boudoir de la reine Marie-Antoinette, la salle du conseil, la salle du trône et les appartements privés de Napoléon Ier. Ils pourront également visiter le musée

Carnet du jour du château de Fontainebleau

1262 Naissance de Philippe le Bel
1314 Mort de Philippe le Bel des suites d'une chute de cheval
1601 Naissance du futur Louis XIII, fils d'Henri IV et de Marie de Médicis
1606 Baptême du petit dauphin dans la cour Ovale
1661 Naissance du Grand Dauphin, fils de Louis XIV
1679 Mariage des nièces du Roi-Soleil
1686 Mort du Grand Condé
1725 Mariage de Louis XV et de Marie Leszczynska
1765 Mort du dauphin Louis, fils de Louis XV
1810 Baptême de Louis Napoléon, fils de Louis Bonaparte (frère de Napoléon) et d'Hortense de Beauharnais (fille de l'impératrice Joséphine)
1814 Cérémonie des adieux de Napoléon Ier à sa garde dans la cour du Cheval-Blanc (dite aujourd'hui cour des Adieux)
1837 Mariage du duc d'Orléans, fils aîné de Louis-Philippe

Seine-et-Marne - Fontainebleau

Napoléon-Ier, qui contient des objets et souvenirs évoquant la vie de l'Empereur et de sa famille, et le Musée chinois, où sont réunies les collections de chinoiseries rassemblées par l'impératrice Eugénie.

Des **livrets-jeux** sont remis gratuitement aux enfants à l'entrée et permettent aux jeunes visiteurs de découvrir le château en s'amusant.

Trois livrets sur des thèmes de visite différents sont disponibles : la chasse aux animaux pour les plus jeunes (6-10 ans), la maison des souverains pour les 10-12 ans, Napoléon à Fontainebleau pour les plus grands (à partir de 11 ans).

Un livret-découverte est disponible à l'office de tourisme ; il propose un circuit, raconte l'histoire de la ville et pose quelques questions afin de rendre la visite plus vivante et intéressante pour les jeunes.

Du 23 au 26 août a lieu la **fête de la Saint-Louis.** Cette fête royale, dont l'origine remonte sans aucun doute aux premiers des Louis qui se succédèrent pendant 9 siècles, réunissait la Cour et la Ville le temps des réjouissances... En souvenir, un grand feu d'artifice est tiré le long du canal dans le parc du château et une fête foraine est organisée parallèlement.

🏰 Musée napoléonien d'Art et d'Histoire militaires.... Fontainebleau C6

88, rue Saint-Honoré
77300 - Fontainebleau
Tél. : 01 64 22 49 80
Ouv. tlj sauf dim. et lundi de 14 h à 17 h
A 6 sortie Fontainebleau puis RN 37, à 65 km S. de Paris

+8 ans

Ce musée évoque l'histoire militaire du premier et du second Empire, la conquête de l'Algérie et l'histoire de l'armée d'Afrique.

Près de 100 mannequins ont endossé de prestigieux uniformes authentiques des armées impériales et des vitrines renferment une importante collection d'armes de poing et d'armes à feu. Dans le vestibule, on admire un gigantesque diorama mettant en scène les adieux de la Vieille Garde à Napoléon Ier et une maquette du château de Fontainebleau. Le célèbre chapeau de Napoléon et l'épée qu'il portait à Fontainebleau complètent l'évocation de l'Empereur.

L'EST ET LE SUD-EST DE PARIS

🌲 Forêt de Fontainebleau....... Fontainebleau C6

Rens. : OT, 4, rue Royale
77300 - Fontainebleau
Tél. : 01 60 74 99 99-
Fax : 01 60 74 80 22
A 6 sortie Fontainebleau, puis RN 37, à 65 km S. de Paris

Limitée au nord et à l'est par la Seine et au sud par le Loing, cette forêt s'étend sur 17 ha autour de la ville de Fontainebleau.
Elle est traversée par de nombreuses routes forestières, et vous pouvez en parcourir une partie en voiture, à bicyclette (location à la gare ou à « La Petite Reine », 32, rue des Sablons ; tél. : 01 60 74 57 57) ou à pied. Les promenades les plus spectaculaires sont balisées. Vous trouverez aussi des circuits d'escalade, mais attention : ils sont réservés aux grimpeurs ; les rochers de Fontainebleau ne sont pas tous, comme le disait un célèbre guide chamoniard, « des cailloux à récurer les casseroles » !
Nous vous suggérons trois promenades magnifiques et pas trop longues pour les petites jambes.

Les gorges de Franchard
Arrivant de Fontainebleau par la RN 7, prenez sur votre droite la route dite ronde (RD 301) et garez-vous au carrefour de la **Croix-Franchard**. De la maison forestière qui se trouve là, vous pourrez admirer le beau point de vue sur les gorges (1/2 heure).
Les enfants bons marcheurs accompagneront leurs parents sur le circuit des Druides, qui descend dans les gorges, passe par la route de la **Roche-qui-Pleure** et conduit par un dédale de rochers au belvédère des Druides (compter 2 heures à 2 h 30 pour le tour complet).

Les gorges d'Apremont
Partant de Barbizon, allez en voiture jusqu'au carrefour de Bas-Bréau, marchez en contournant le chalet-buvette par la gauche, puis montez à travers un amoncellement de rochers : au sommet, une magnifique vue récompense les jeunes marcheurs. De là, vous pouvez continuer jusqu'à la **caverne des Brigands**.
Vous pouvez aussi, du carrefour de Bas-Bréau, poursuivre le circuit en voiture par la route de Sully aux Néfliers. Laissez la voiture au carrefour de la route du Cul-de-Chaudron, et empruntez le sentier qui, à travers un chaos de pierres, vous mènera au **Grand Belvédère d'Apremont** (20 minutes).

Le rocher des Demoiselles
Au carrefour de l'Obélisque de Fontainebleau, prenez la RN 7 et,

après être passé sous l'aqueduc, prenez à droite la route de Recloses (RD 63 E). Peu après le carrefour du Rendez-Vous, garez votre voiture et suivez le sentier balisé qui longe le cirque des Demoiselles et revient par le carrefour des Soupirs (1 h 30).

Promenade en barque............ Fontainebleau C6

Parc du château
77300 - Fontainebleau
Tél. : 01 60 66 43 21 (OT)
Tlj d'avril à fin sept. de 11 h à 19 h
A 6 sortie Fontainebleau puis RN 37, à 65 km S. de Paris

Des promenades en barque permettent de se détendre en ramant tranquillement sur l'étang des Carpes, cet ancien marécage que François Ier fit transformer en pièce décorative et où l'on élevait des carpes réservées à la table du roi.

Le petit train........ Fontainebleau C6

77300 - Fontainebleau
Tél. : 01 60 67 30 67
Circule tlj de 10 h à 18 h de mai à fin oct.
Départ à l'entrée du château
A 6 sortie Fontainebleau puis RN 37, à 65 km S. de Paris

Un petit train parcourt les rues de la ville et les jardins du château. La promenade est commentée et permet de faire un peu de tourisme sans se fatiguer.

Le fontainebleau est une spécialité locale composée de 50 % de fromage frais battu et de 50 % de crème fouettée. On mélange le tout avec précaution et on ajoute un peu de vanille. Le résultat forme une mousse délicate et fragile qui est présentée dans son pot enveloppé de gaze (spécialiste : Berthelemy, fromager affineur, 92, rue Grande ; tél. : 01 64 22 21 64).
Le rocher d'Avon et le petit caporal sont deux confiseries à base de chocolat, spécialités du Rocher d'Avon (29 bis, rue Franklin-Roosevelt, Avon ; tél. : 01 64 22 13 75).

🚃 Attelages de la forêt de Fontainebleau....... `Fontainebleau C6`

Le Grand Parquet, route d'Orléans
77300 - Fontainebleau
Tél. : 01 64 22 92 61-Fax : 01 64 22 92 64
Circulent de 11 h à 18 h de Pâques à la Toussaint
et sur rendez-vous
Prix en fonction de la durée et du nombre de personnes
A 6 sortie Fontainebleau, puis RN 37, à 65 km S. de Paris

Voici une manière originale de parcourir le parc du château de Fontainebleau ou de découvrir la forêt. Dans une calèche attelée, vous pourrez vous promener 1 heure ou la journée ou encore suivre la chasse à courre (sur rendez-vous d'oct. à fév.).

🌙 Uranoscope.... `Gretz-Armainvilliers D4`

7, av. Carnot
77220 - Gretz-Armainvilliers
Tél. : 01 64 42 00 02-Fax : 01 64 07 86 04
RN 4, 35 km S.E. de Paris

L'Uranoscope, présidé par Hubert Reeves et Jean-Loup Chretien, a l'ambition de mettre à la portée de tous l'astronomie et les sciences de l'univers. L'Observatoire astronomique, équipé de téléscopes, est ouvert au public le sam. de 21 h à 23 h. Chacun peut venir découvrir le spectacle céleste (lune, planètes, comètes, amas d'étoiles, galaxies etc.). Parallèlement des conférences, présentées par des astrophysiciens, sont organisées sur des sujets intéressant les sciences de l'univers.
Autour de l'observatoire, un arboretum de 16 ha donne l'occasion de voir plus d'une centaine d'arbres rares.

🚃 Tacot des lacs..... `Grez-sur-Loing C7`

77880 - Grez-sur-Loing
Tél. : 01 64 28 67 67-
Fax : 01 64 78 30 78
Circule le sam. de mai à sept. ; les dim. et jrs fér.
d'avril à nov. ; le merc. de juin à sept.; et tlj en juill. et août
A 6 sortie Nemours, à 72 km S. de Paris

De la petite gare de Grez, vous partirez pour un charmant voyage à bord d'un train 1900.
Le Tacot est un des rares témoins des petits trains Decauville qui

sillonnaient autrefois la campagne. Une véritable locomotive à vapeur du début du siècle balade les voyageurs à la vitesse folle de 15 km/h à travers un séduisant paysage d'eau et de forêts et le long des étangs de Grez-sur-Loing.

♦ Base de plein air et de loisirs de Jablines-Annet............

77450 - Jablines
Tél. : 01 60 26 04 31-
Fax. : 01 60 26 52 43
Minitel : 3615 INFOBASE
Ouv. tte l'année à partir de 8 h 30 en semaine et 8 h le w.-e., jusqu'à 19 h
L'accès de la base est payant les w.-e. et jrs fér. d'avril, mai, sept. et oct., et tlj de juin à fin août. Il est gratuit le reste de l'année. Activités payantes
RN 3, à 6 km de Claye-Souilly et 45 km E. de Paris

Quelle joie, lorsqu'il fait beau, de se baigner sur cette belle plage aménagée dans la boucle de la Marne et équipée d'un toboggan aquatique ! Les enfants peuvent s'initier à la planche à voile, au ski nautique, ou au dériveur, faire des parties de tennis et de mini-golf, ou encore monter à cheval ou louer des VTT. Les plus jeunes joueront tranquillement sur l'aire de jeux.

Château de Vaux-le-Vicomte............. Maincy D5

77950 - Maincy
Tél. : 01 64 14 41 90-Fax : 01 60 69 90 85
Ouv. tlj de 10 h à 18 h de mars à la mi-nov.
Visites aux chandelles : les jeudi et sam. soir
de juill. à oct., de 20 h à minuit.
Jeux d'eau : 2e et dernier sam. d'avr. à oct. de 15 h à 18 h
Gratuit pour les – de 6 ans
A 6 sortie Melun, suivre fléchage, à 48 km S. de Paris

Nicolas Fouquet était le surintendant des Finances de Louis XIV. L'homme était ambitieux et, pour célébrer sa propre gloire, il fit édifier un château avec le concours de l'architecte Louis Le Vau, du paysagiste André Le Nôtre et du décorateur Charles Le Brun.
Pour célébrer son inauguration, il donna le 17 août 1661 une très grande fête où fut convié le jeune roi. Ballets, concerts, représentations théâtrales se succédèrent – Molière avait composé tout exprès, en moins de quinze jours, une pièce intitulée *les Fâcheux* ; les mets

étaient raffinés et délicieux ; jets d'eau et cascades se répandaient en pluie et un somptueux feu d'artifice embrasa le parc. Cependant, un tel déploiement de faste et de luxe et la somptuosité du lieu n'eurent pas l'effet souhaité mais provoquèrent au contraire la jalousie du roi et la déchéance du ministre. Environ 3 semaines après cette fête, Fouquet fut arrêté et emprisonné, et tous ses biens lui furent confisqués. Par ailleurs, Louis XIV pria Le Vau et Le Brun de lui aménager à Versailles un château cent fois plus beau.

Si la visite traditionnelle du château ne passionne pas forcément les jeunes visiteurs, ils apprécieront en revanche infiniment les **visites aux chandelles**, lorsque le château et le parc sont éclairés avec plus de 2 000 chandelles. Un concert de musique classique donné dans le parc fait revivre l'ambiance enchanteresse du XVIIe s.

De même, le **musée des Équipages,** aménagé dans les grandes écuries, sera l'objet d'une visite fascinante pour les enfants, qui pourront y admirer carrosses, calèches et phaétons, et même un char romain remarquablement mis en scène.

En été, après s'être promenée dans le magnifique parc à la française dessiné par Le Nôtre et avoir admiré les jeux d'eau (d'avril à fin oct., 2e et dernier sam. du mois de 15 h à 18 h), toute la famille pourra participer aux **Nautils**, des promenades en Pédalo sur le grand canal (tlj du 1er mai au 30 sept. de 10 h à 18 h).

Disneyland Paris.................... Marne-la-Vallée C3

77 777- Marne-la-Vallée
Tél. : 08 03 30 60 30 et 01 60 30 60 30
Minitel : 3615 DISNEYLAND
Ouv. tlj de 10 h à 18 h du lundi au

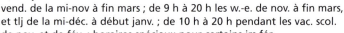

vend. de la mi-nov à fin mars ; de 9 h à 20 h les w.-e. de nov. à fin mars, et tlj de la mi-déc. à début janv. ; de 10 h à 20 h pendant les vac. scol. de nov. et de fév. ; horaires spéciaux pour certains jrs fér.
Les passeports 1, 2 ou 3 jours sont en vente sur place, à la Fnac, chez Virgin, dans les grands magasins Disney, dans les boutiques Disney Store, à l'OT de Paris et dans les aéroports parisiens. L'accès aux attractions et aux différents spectacles est illimité
A 4 sortie Disneyland Paris, à 32 km E. de Paris
RER A Marne-la-Vallée/Chessy gare TGV

Disneyland Paris a trouvé son inspiration dans les films de Walt Disney et se fonde sur le succès des parcs à thèmes Disney déjà réalisés en Californie, en Floride et au Japon.
Accueillis par Mickey, Minnie, Donald et le reste de la bande à

Picsou, les visiteurs commencent leur journée soit en embarquant à bord d'un train à vapeur qui, de Main Street Station, part pour faire le tour du parc avec arrêt dans chacun des pays, soit en arpentant Main Street, la grand-rue d'une petite ville mythique américaine du début du siècle. Des omnibus tirés par des chevaux circulent sur la chaussée et la rue est bordée de boutiques et de restaurants.

Au bout de la rue se dresse le château de la Belle au bois dormant : il est magnifique comme dans les contes de fées. Mais attention ! il est gardé par un terrible dragon qui se tapit dans le sous-sol.

Le château est le centre du parc et le point de départ pour l'un des quatre pays : Fantasyland, Adventureland, Frontierland et Discoveryland.

Fantasyland est le pays qui ravira le plus les petits. Ils trouveront là des attractions inspirées des films de Walt Disney : *Blanche-Neige et les sept nains, Pinocchio, Peter Pan, Dumbo l'éléphant*, mais aussi des légendes et contes européens. Ils embarqueront pour une des attractions les plus célèbres de l'univers Disney, It's a small world, un hymne féerique aux enfants du monde entier.

Adventureland est le rendez-vous avec les aventures fantastiques : l'attaque des pirogues par de redoutables flibustiers, les Pirates of the Caribbean, l'escalade du rocher tête de mort Skull Rock, la recherche du trésor caché sur Adventure Isle, la folle aventure d'Indiana Jones et le temple du péril…

Frontierland est le pays de la vitesse et de la peur : un voyage à bord d'un train fou, Big Thunder Mountain Railroad, une descente de rivière, Rivers of the Far West, une rencontre avec les fantômes de la maison hantée Phantom Manor.

Discoveryland est le pays de l'invention et des émotions fortes : une incroyable mission intergalactique, Star Tours, un voyage interplanétaire à bord de *Starspeeder 3 000*, un départ vers les montagnes de l'espace, Space Mountains, une descente au fond de la mer pour découvrir les Mystères du *Nautilus*… On peut aussi assister à la projection d'un film sur un écran à 360°, le Visionarium, sans oublier la dernière attraction en date : Chérie, j'ai rétréci le public… Il faudra plus d'une journée pour participer à toutes les attractions, flâner à loisir dans les boutiques et goûter à quelques-unes des spécialités des nombreux restaurants. Enfin, les enfants ne rateront sous aucun prétexte l'heure du passage de la parade des héros de Disney le long de Main Street et devant le château de la Belle au bois dormant.

Aux portes du parc, le Disney Village est un centre de divertissements, de restaurants, de boutiques, extérieur au parc d'attractions ; on pourra y dîner, assister au dîner-spectacle du Buffalo Bill Wild West

Show (tlj à 18 h et 21 h 30 ; tél. : 01 60 45 71 00), et aussi y dormir dans des hôtels représentant chacun une région ou une époque américaine : Disneyland Hotel, NewYork Hotel, Newport Bay Club, Sequoia Lodge, l'hôtel Cheyenne, l'hôtel Santa Fe et les Davy Crockett Camp (bungalows et emplacements de camping-caravaning).

EuroDisney annonce le lancement de son deuxième parc, les **Studios Disney**, sur le site de Disneyland Paris (ouverture prévue pour le printemps 2002).

Y seront déclinés les thèmes du cinéma, des dessins animés, de la télévision et des nouvelles technologies de l'audiovisuel, en s'inspirant des cinémas français, européen et hollywoodien. À la fois parcs à thème et studios de production, ils auront un aspect ludique et pédagogique : ils permettront en effet aux visiteurs de découvrir et de mieux connaître les coulisses du septième art et de l'audiovisuel. D'un spectacle de cascades de voitures à l'hommage interactif rendu au cinéma et à la découverte des coulisses du dessin animé, en passant par le Canyon Catastrophe et le Rock'n' Roller, nouvelles attractions spectaculaires, les Studios Disney offriront une diversité d'animations et de sensations pour petits et grands.

 ## Féerie historique de nuit............... Meaux D2

Parvis de la cathédrale
77100 - Meaux
Tél. : 01 60 23 40 00 ou
01 64 33 95 15 (OT)
Représentations les vend. et sam. à 22 h 30 de la mi-juin à la mi-juillet, et à 21 h 30 de la fin août à la mi-sept.
A 4, à 84 km E. de Paris

Un spectacle grandiose est donné l'été devant cette cathédrale : 13 siècles d'histoire de la ville sont représentés en 20 tableaux vivants, animés par 500 figurants en costume d'époque, et qu'une débauche de lumières, de sons, de jeux scéniques, d'artifices et de laser contribue à rendre magiques.

Par ailleurs, comme les villes de Fontainebleau, Melun, Vaux-le-Vicomte ou Provins, Meaux invite ses visiteurs à découvrir ses trésors munis d'un livret-découverte proposant un circuit et des questions aussi instructives qu'amusantes (disponible à l'OT, 2, rue Saint-Rémy ; tél. : 01 64 33 02 26).

L'Autruche rieuse

Montmachoux E7

Grande-Rue
77940 - Voulx
Tél. : 01 60 96 29 49-Fax : 01 64 32 05 54
Ouv. sur rendez-vous de Pâques à oct.
A 6, RN 7 (Fontainebleau) et RN6, puis à droite
au Grand-Fossard, à 82 km S. de Paris

Voilà une occasion de tout savoir sur ces bizarres animaux, insolites chez nous mais banals en Afrique du Sud, qui portent le nom d'oiseaux alors qu'ils ne volent pas mais courent à une vitesse surprenante. On apprendra ici que les autruches sont des mères admirables et vivent jusqu'à 70 ans, on apprendra aussi à ne pas les confondre avec leurs cousins germains les nandous. On peut aussi goûter au steak d'autruche et acheter un œuf géant, ou simplement rapporter une plume...

Musée du Sucre d'orge des religieuses........

Moret-sur-Loing D6

5, rue du Puits-du-Four
77250 - Moret-sur-Loing
Tél. : 01 60 70 35 63   Fax : 01 60 70 51 55
Ouv. de 15 h à 19 h les dim. et jrs fér. de Pâques à la
Toussaint, et les w.-e. et a.-m. de mai à sept. de 14 h 30 à 17 h
A 6, RN 6 et RN 7, à 83 km S. de Paris

Au XVIIe s., les religieuses d'un couvent de Moret s'étaient créé une notoriété à la cour du roi grâce à des bonbons faits avec du sucre d'orge. Pour des raisons restées mystérieuses, la reine Marie-Thérèse, épouse de Louis XIV, et les dames de sa suite se rendaient fréquemment dans ce couvent et en rapportaient à chaque visite des friandises en forme de cœur qui avaient, disait-on, la propriété d'adoucir la gorge. Ces sucreries furent très vite célèbres à Versailles.
La Révolution fit disparaître la recette, mais l'Empire la redécouvrit. Aujourd'hui, par sagesse, le secret des religieuses de Moret est précieusement déposé dans une enveloppe scellée.
Une vidéo raconte cette histoire et explique la fabrication de cette célèbre friandise.
Dégustation en sortant pour les gourmands.
Outre la visite, les gourmands auront le plaisir de goûter les douces friandises.

👁 Chasse aux mystères............... Moret-sur-Loing D6

77250 - Moret-sur-Loing
Rens. : 01 60 70 41 66 et 01 60 70 82 52
Départ : OT, place de Samois
A 6, RN 6 et RN 7, à 83 km S. de Paris

L'office de tourisme de Moret-sur-Loing a eu la bonne idée d'éditer un petit livret réservé aux enfants de 8 à 12 ans, afin de leur permettre de visiter la ville en famille et ainsi d'en découvrir les charmes tout en s'amusant. Questions, jeux, énigmes les distrairont tout au long d'un parcours dans le centre ; ils pourront aller au retour vérifier leurs bonnes réponses au dit office.
De la mi-juin à début septembre, la nuit venue, les berges du Loing s'embrasent de mille feux, et Moret raconte son passé dans une débauche **de sons et de lumières**.

🚃 Aux Nautiles bleus.................. Mouy-sur-Seine F6

Place de l'Église
77480 - Mouy-sur-Seine
Tél. : 01 60 58 05 46
Circulent de Pâques à oct. le vend. à 10 h 30,
et les sam., dim. et jrs fér. à 15 h et 17 h
A 5 et D 411, à 95 km S. de Paris

À bord du *Sisley* ou de la *Belle Gabrielle*, vous embarquez à Bray-sur-Seine pour la découverte d'une partie de la vallée de la Seine. La promenade est agréable et pas trop longue pour les enfants (durée : 1 h 30).

Les coquelicots de Nemours
Les bonbons au coquelicot sont nés en 1872 à Nemours : le cœur de cette fleur permet l'extraction d'un puissant colorant alimentaire qui sert à l'élaboration de bonbons et pâtes de fruits.
Les niflettes sont des tartelettes en pâte feuilletée garnie de crème pâtissière qui étaient jadis offertes aux orphelins à la Toussaint. Cette spécialité se trouve dans toutes les pâtisseries de Nemours à l'approche du 1er novembre.

Seine-et-Marne - Nonville

🏛 Musée de la Préhistoire..................... Nemours C7

48, av. Etienne-Dailly
77140 - Nemours
Tél. : 01 64 78 54 80-Fax : 01 64 28 49 58
Ouv. tlj sauf merc. de 10 h à 12 h et de 14 h à 17 h 30
Gratuit pour les – de 13 ans
A 6, à 79 km S. de Paris

Les visiteurs accèdent aux salles d'exposition par une rampe jalonnée de silhouettes évoquant l'évolution humaine. De là partent deux circuits : le premier, vivement recommandé au jeune public, comprend quatre salles qui restituent les aspects de la préhistoire régionale avec de grands tableaux peints sur les murs reconstituant différentes scènes de la vie des lointains ancêtres ; le second s'adresse plus aux visiteurs déjà informés et soucieux d'approfondir leurs connaissances.

Un chantier de fouilles est reconstitué et quatre jardins intérieurs évoquent le milieu naturel de quatre phases climatiques du quaternaire. La mise en valeur des objets et des sites est très réussie et les explications sont claires et bien formulées. Ne manquez pas le document audiovisuel sur écran panoramique qui fait revivre les derniers chasseurs du paléolithique supérieur.

🎢 Fami-Parc.................. Nonville D7

Château de Nonville
6, rue Grande
77140 - Nonville
Tél. : 01 64 29 02 02-Fax : 01 64 29 06 01
Ouv. de 11 h à 18 h les merc., w.-e. et jrs fér. en mai, juin et sept.,
de 10 h 30 à 19 h, et tlj en juill. et août
A 6 sortie Nemours sud, puis RD 403 dir. Montereau, à 85 km S. de Paris

Un tout nouveau parc familial de détente et de loisirs vient de s'implanter dans le cadre magnifique du château de Nonville. Petits et un

---

Non loin de Champs, à Noisiel, se dresse un curieux bâtiment à cheval sur un bras de la Marne. Tout en briques, décoré de fleurs de cacaoyer et orné d'un médaillon contenant un grand *M*, ce moulin était autrefois l'usine de chocolats Menier. Combien de tablettes et de bouchées n'y ont pas été fabriquées avant que vienne s'installer là le lait Nestlé !

peu plus grands vont découvrir au fil de leur visite les différentes aires aménagées à leur intention : l'espace attractions, avec son bateau pirate, sa mini-roue, son circuit champignon... ; l'espace récréation, composé de trampolines, de toboggans, de châteaux gonflables ; et un espace rural, où coqs, dindons et oies vagabondent en toute liberté autour des bâtiments de la ferme.

Par ailleurs, un circuit de tacots s'enfonce lentement dans le sous-bois ombragé, un carrousel 1900 tourne gentiment en rond, et une rivière sauvage entraîne dans une descente infernale.

Les enfants pourront également faire des tours à dos de poney et des parties de golf miniature.

Parc zoologique du bois d'Attilly..................  Ozoir-la-Ferrière C4

77330 - Ozoir-la-Ferrière
Tél. : 01 60 02 70 80
Ouv. tlj de l'année de 9 h 30 à 17 h les mois d'hiver, et de 9 h 30 à 18 h en été
RN 4, à 23 km E. de Paris

Tout en se promenant sur 16 ha de parc boisé, parcourus d'allées, au milieu d'arbres pour certains centenaires, et agrémenté de nombreux plans d'eau, on rencontre hippopotames, girafes, zèbres, chimpanzés, lamas, etc.

Dans des volières on admire les oiseaux exotiques au plumage multicolore et des rapaces à la mine peu engageante.

> Le département de la Seine-et-Marne aime à faire la fête : Provins, la cité médiévale, revit le temps d'un week-end la grande époque des foires de Champagne (fin juin) ; Brie-Comte-Robert organise une « rose parade » et la reine de la journée défile sur un char orné de 70 000 roses en papier ; la ville de Moret retourne à la Belle Époque le dernier week-end de septembre ; à Rosay-en-Brie, les épouvantails sortent des champs et des vergers pour faire la fête (oct.) ; Montereau se met à l'heure de l'Empire pour ses journées Napoléon (février) : reconstitutions de batailles, démonstrations de tir et de cascades, défilés historiques...

Seine-et-Marne - Provins

Les grandes heures du Moyen Âge...............

  Provins F5

Cité médiévale
77180 - Provins
Tél. : 01 64 60 26 26 (OT)-
Fax : 01 64 60 11 97 (OT)
D'avril à nov. se rens. sur les horaires
Prix en fonction des spectacles ; se rens. sur les horaires précis
A 4, sortie n° 13 et dir. Provins, à 85 km de Paris

D'avril à novembre, la ville de Provins entraîne ses visiteurs dans un réel voyage dans le temps pour découvrir à quoi ressemblait la vie quotidienne aux temps des fameuses foires de Champagne du Moyen Âge.
Des spectacles sont montés de Pâques à la Toussaint.
« **À l'assaut des remparts** » propose une revue des machines de guerre médiévales (trébuchet, couillard, mangonneau à roues de carrier, cerbatane). Après une présentation des différents engins, les spectateurs assistent à l'attaque de murailles avec tirs réels.
« **Le Jugement de Dieu** » est un tournoi de chevalerie avec d'impressionnantes cascades qui évoque le duel qui opposa le comte Thibaud de Champagne au comte de Picardie au XIIIe s. (de la mi-juin à la mi-sept., se rens.).
« **Les Aigles des remparts** » est un spectacle de rapaces en vol libre présenté par des fauconniers vêtus de costumes médiévaux (d'avril à la mi-oct. ; se rens. sur les horaires précis).
Le son et lumière évoque la ville de Provins à l'époque de Thibaud de Champagne (rens. au 01 64 00 57 00).
Par ailleurs, l'office de tourisme propose « **l'Apprentie Famille** », une série d'ateliers de découverte des métiers d'autrefois : réalisation de vitraux, calligraphie, blason. Les séances se déroulent dans la somptueuse demeure des marchands du XIIIe s., la Grange aux dîmes (w.-e., jrs fér. et a.-m. pendant les vac. scol. zone C, à 14 h, 15 h et 16 h ; durée : 45 minutes).
Enfin, comme les villes de Fontainebleau, Meaux, Melun, Vaux-le-Vicomte, Provins invite ses visiteurs à découvrir ses trésors munis d'un livret-découverte qui propose circuit et questions aussi instructives qu'amusantes (disponible à l'OT, chemin de Villecran ; tél. : 01 64 60 26 26).

Petit Train Provins F5

77180 - Provins
Départ dès l'entrée de la cité médiévale
Tél. : 01 60 67 30 67-Fax : 01 60 67 48 13
Circule w.-e. et jrs fér. en avril, sept. et nov.,
et tlj de mai à fin août
A 4, sortie n° 13, et dir. Provins, à 85 km de Paris

Pour découvrir la cité médiévale sans fatiguer les petites jambes, rien ne vaut une promenade à bord du petit train. Vous sillonnez les ruelles pittoresques et descendez pour vous rendre sur les principaux lieux touristiques : remparts, tour César, collégiale Saint-Quiriace, place du Châtel, etc. Le circuit total dure 35 minutes.

Parc animalier de l'Emprunt .... Souppes-sur-Loing D8

Rue Hoche
77460 - Souppes-sur-Loing
Tél. : 01 64 29 76 55
Ouv. de 10 h à 19 h de juin à sept.
et de 14 h à 17 h 30 en hiver
A 6 sortie Nemours et RN 7, à 89 km S. de Paris

Au cœur de la ville, sur 6 ha de bois, prairies et étang, ce parc accueille les animaux de la faune européenne qui vivent là en totale ou semi-liberté. Les enfants viennent les voir et caresser un grand nombre d'entre eux.

Base de loisirs ....  Souppes-sur-Loing D8

40, route des Varennes
77460 - Souppes-sur-Loing
Tél. : 01 64 78 50 30-
Fax : 01 64 78 50 31
Ouv. tlj de 11 h à 19 h en semaine
et de 10 h à 19 h w.-e. et jrs fér., de début juin à fin août (baignade)
A 6 sortie Nemours et RN 7, à 89 km S. de Paris

Voici une belle journée en perspective, où chacun profitera de la plage aménagée au bord de l'étang et de la piscine découverte et chauffée ! Les enfants se laisseront glisser sur le toboggan nautique ou feront de la planche à voile et du Pédalo. Les petits ont une aire de jeux conçue à leur intention.

Et les férus de navigation pourront en toute sécurité embarquer à bord de ferries, chalutiers, vapeurs du Mississippi et remorqueurs au **port miniature** (mêmes horaires que la baignade + w.-e. de sept.). Outre les sports nautiques et les jeux au bord de l'eau, les amateurs pourront aller faire du volley-ball, jouer au tennis, faire un parcours en VTT, découvrir les sensations fortes du karting, etc.

♣ Base de plein air et de loisirs...... Torcy-Marne-la-Vallée C3

Route de Lagny
77200 - Torcy-Marne-la-Vallée
Tél. : 01 64 80 58 75-
Fax : 01 60 17 42 39
Ouv. tte l'année - Activités payantes
A 4 sortie Lagny-sur-Marne (n° 10), à 25 km N.-E. de Paris

Le parc de Torcy offre un plan d'eau bien agréable pour profiter des sports nautiques. Les enfants peuvent s'initier ou se perfectionner à la planche à voile.
En été, chacun peut profiter de la belle plage aménagée, et faire des parties de mini-golf ou du VTT sur des circuits aménagés.

♣ Base de plein air et de loisirs de l'île de Vaires..... Vaires-sur-Marne C3

route de Torcy
77360 - Vaires-sur-Marne
Tél. : 01 60 08 44 11 (centre nautique)
et 01 60 20 02 04 (tennis)
Ouv. tte l'année
Activités payantes
A 4, A 104 et sortie n° 10 Noisiel, puis fléchage, à 25 km de Paris

La base est avant tout un centre de haut niveau d'aviron et de canoë-kayak, mais on peut également y apprendre à faire de la voile ou jouer au tennis, au squash, au badminton, etc., ou encore simplement profiter des espaces verts.

🌲 Âne-nature-évasion

 Villiers-en-Bière C5

Villiers-en-Bière
Tél. : 01 64 09 91 37-Fax : 01 64 09 95 00
Réservation pour 1 journée ou 1 w.-e.
Prix en fonction de la durée
A 6 sortie Saint-Fargeau-Ponthierry, puis RN 7, à 45 km S. de Paris

Voici l'occasion de passer un dimanche original et de découvrir autrement les sentiers et chemins de la forêt de Fontainebleau : accompagnés d'un âne bâté, d'une carte IGN et d'un bon pique-nique, vous partez pour une belle aventure dans les grands bois. Les promenades peuvent durer la journée ou le week-end.

Élevage d'autruches...... Villiers-Saint-Georges G4

21, rue de Rupereux
77560 - Villiers-Saint-Georges
Tél. : 01 64 01 20 46-Fax : 01 64 01 23 47
Visite à 16 h 30 en semaine et à 15 h et 16 h 30
le dim. du 1er avril au 1er nov.
A 7, sortie n° 13 et dir. Provins et RD 403, à 100 km S.-E. de Paris

Autruches d'Afrique, nandous d'Amérique, émeus d'Australie se sont bien habitués à l'air de l'Île-de-France ; ils nous regardent de leur hauteur et s'en vont en trottinant, faute de partir en courant comme ils le feraient dans les grands espaces de leur pays d'origine. À moins qu'ils ne se mettent à danser, car ces drôles d'oiseaux ont le sens du rythme.
Une boutique vend de la viande d'autruche, en terrines et pâtés, et quelques souvenirs liés à l'oiseau marcheur.

VAL-DE-MARNE

👁 Chinagora

1, place du Confluent-France-Chine
94140 - Alfortville
Tél. : 01 45 18 33 03 (palais des Expositions)
Fax : 01 43 53 08 00
Ouv. du mardi au dim. de 10 h 30 à la fermeture du rest.
M. École-Vétérinaire-de-Maison-Alfort

Ces étranges bâtiments aux allures de pagodes construits au confluent de la Seine et de la Marne constituent un véritable village chinois.
Recouverts de 400 000 tuiles vernies, ces bâtiments ont une architecture inspirée de celle de la Cité interdite de Pékin, et ils comprennent un palais consacré aux expositions culturelles, un grand magasin de produits asiatiques, un hôtel, un restaurant chinois, un jardin chinois aux neuf dragons avec des jets d'eau et des petits ponts arqués, et une maison de thé pour s'initier à cet art millénaire.

🌲 Parc départemental du Rancy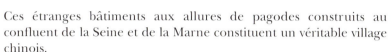

RN 19, route de Paris
94380 - Bonneuil-sur-Marne
Rens. : 01 43 99 82 80 (Dir. des espaces verts)
Ouv. en permanence
RN 19, à 10 km S. de Paris
RER Sucy-Bonneuil

Le parc, d'une superficie de près de 7 ha, s'étend sur les coteaux de la Marne. De larges espaces boisés abritent de nombreux équipements : parcours sportif, aires de jeux pour petits et grands, aires de repos et de pique-niques. De vastes pelouses longeant en partie l'allée cavalière offrent des espaces appropriés aux jeux de ballon. Un jardin de plantes médicinales et aromatiques a été créé, qui permet de découvrir des végétaux aux noms évocateurs, tels l'herbe à la femme battue ou le gant de Notre-Dame.

L'EST ET LE SUD-EST DE PARIS

🌲 Parc départemental Raspail.......................... Cachan B3

Rue Gallieni, rue Marx-Dormoy
94230 - Cachan
Rens. : 01 43 99 82 80 (Dir. des espaces verts)
Ouv. en permanence
A 6 ou RN 20, à 4 km S. de Paris

L'ancienne propriété de François Vincent Raspail, homme politique et chimiste mort en 1878, est devenue un petit parc très boisé de près de 3 ha. Il offre de beaux circuits de promenade, un parcours sportif et deux grandes aires de jeux. Un jardin panoramique surplombe la vallée de la Bièvre, qui doit son nom aux castors (*bebros* en gaulois) qui l'habitaient autrefois.

🏟 Parc interdépartemental des sports du Tremblay
.... Champigny-sur-Marne C3

11, bd des Alliés
94500 - Champigny-sur-Marne
Tél. : 01 48 81 11 22
Ouv. de 9 h à 21 h les mois d'hiver et de 8 h à 22 h le reste de l'année
A 4 sortie Champigny, à 5 km E. de Paris

Voilà un parc idéal pour faire du sport, où vous trouverez des terrains de foot, de rugby, de basket, de tennis, etc. Les passionnés de voitures télécommandées y ont une piste d'entraînement à leur disposition et les petits ont des aires de jeux pour s'amuser en attendant les grands frères sportifs.
Une **patinoire** (rue Jules-Guesde ; tél. : 01 48 81 82 82) attend les rois de la glisse.

> **S**ur le parc Vercors à Champigny existe un musée passionnant pour les élèves férus d'histoire, il s'agit du **musée de la Résistance nationale** qui met en valeur le rôle considérable joué par les résistants pendant la guerre de 40. Des animations audiovisuelles contribuent à rendre la visite passionnante (88, av. Marx-Dormoy - Tél. : 01 48 81 00 80).

Val-de-Marne - Créteil

🌲 Parc départemental du Val-de-Marne............ Créteil B3

Av. Jean-Gabin
94000 - Créteil
Rens. : 01 43 99 82 80 (Dir. des espaces verts)
Ouv. en permanence
Métro : ligne Balard-Créteil
RN 6 et RN 186, ou A 4, ou A 86, à 10 km S. de Paris

Un vaste parc de 11,5 ha borde un joli lac. Un parcours avec des obstacles à franchir est prévu pour les sportifs, des aires de jeux attendent les petits, et des tables sont réparties dans le parc pour accueillir le pique-nique de toute la famille.

🍀 Base de plein air et de loisirs .... Créteil B3

Rue Jean-Gabin
94000 - Créteil
Tél. : 01 48 98 44 56-Fax : 01 42 07 55 26
Ouv. de mars à sept. (piscine), mars à déc.
(école de voile), et de 9 h à 12 h 30 et
de 14 h à 17 h 30 du lundi au vend. (maison de la Nature)
Prix en fonction des activités
Métro : ligne Balard-Créteil
RN 6 et RN 186, puis suivre fléchage, ou A 4 ou A 86, à 10 km S. de Paris

La nature et les loisirs sont aux portes de la ville de Créteil. Vous trouverez là : une piscine à vagues de plein air avec un toboggan de 70 m et une pataugeoire (ouv. de juin à début sept., se rens. sur les horaires), une école de voile (ouv. de mars à déc.), des aires de jeux pour les petits, une piste cyclable, des Pédalos, un manège et une maison de la Nature.

La **maison de la Nature** propose des animations autour de la nature et des ateliers scientifiques (tél. : 01 48 98 98 03). Le thème des ateliers du mercredi ouverts aux 6-10 ans (10 h 30 à 12 h ; payants) varie selon les mois ; les enfants peuvent, par exemple, faire des expériences sur l'air, le vent et les odeurs, ou apprendre à ouvrir les yeux et observer couleurs et lumières, ou encore à ouvrir les oreilles aux sons de la nature.

🌲 La Roseraie du Val-de-Marne.......... 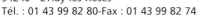 L'Haÿ-les-Roses B4

Rue Albert-Watel
94240 - L'Haÿ-les-Roses
Tél. : 01 43 99 82 80-Fax : 01 43 99 82 74
Ouv. tlj de 10 h à 20 h du 15 mai au 15 sept.
RN 7 et RN 20, ou A 86 puis RD 126, à 6 km S. de Paris

N'imagine-t-on pas le paradis comme un beau jardin rempli de fleurs et merveilleusement parfumé ? La roseraie de L'Haÿ en donne probablement une bonne idée, avec ses 3 500 roses différentes qui y fleurissent et qui embaument.

On doit ce beau parc à un grand voyageur, Jules Gravereaux, qui rapportait des pieds de rose de chacun des pays qu'il visitait et qui en 1892 fit l'acquisition du domaine de l'Haÿ pour y planter sa prestigieuse collection. Il aimait tellement les roses qu'il imagina même un théâtre de verdure en forme de lyre avec une scène plantée de pelouse et un décor composé de bouquets de roses dominés par une statue d'Aphrodite, la déesse des fleurs.

Dans ce « théâtre de la rose » n'étaient montés que des opéras ou des pièces de théâtre où la rose était évoquée !

En bordure des deux grandes pelouses, des bacs à sable et des jeux à ressorts ont été installés pour les petits, et le village viking, tout en rondins, est un espace de jeu idéal pour les enfants un peu plus grands.

🌲 Domaine des Marmousets.... La Queue-en-Brie C3

Chemin des Marmousets
94150 - La Queue-en-Brie
Rens. : 01 43 99 82 80 (Dir. des espaces verts)
Ouv. en permanence
RN 4, à 16 km S. de Paris

Situé dans le bois Notre-Dame, le domaine des Marmousets, un ancien rendez-vous de chasse, donne accès à un massif forestier de près de 2 000 ha. Outre un parcours sportif, une aire de jeux et une aire de pique-niques, on peut se promener dans un charmant jardin de plantes aquatiques, et les passionnés de modélisme peuvent se rendre au centre de modélisme départemental.

Val-de-Marne - Thiais

🏛 Fondation Dubuffet............ Périgny-sur-Yerres C4

Sentier des Vaux, ruelle aux Chevaux
94520 - Mandres-les-Roses
Tél. : 01 45 98 88 16
Ouv. sur rendez-vous (tél. : 01 47 34 12 63)
RN 19, à 15 km S. de Paris

Créé par l'artiste lui-même, ce musée n'est pas comme les autres musées de peinture : les tableaux y éclatent de couleurs et les sculptures sont un peu folles. Les jeunes visiteurs aimeront la « closerie Falbala », une étonnante construction en polystyrène et en béton. Des murs sinueux blancs zébrés de noir entourent la villa de « retraite intérieure », contenant vingt-deux panneaux ornés de curieuses formes et de lignes aux méandres incertains... Une œuvre d'art d'une joyeuse cocasserie !

 ## ⛰ Centre européen d'escalade..................... Thiais B4

3, rue des Alouettes
94320 - Sénia-Thiais
Tél. : 01 46 86 38 44
Ouv. du lundi au vend. de 12 à 23 h,
le sam. de 9 h 30 à 23 h, et le dim. de 9 h 30 à 19 h
RN 7, à 4 km S. de Paris

Des murs à escalader avec des voies à emprunter, une grotte où l'on grimpe à l'intérieur comme à l'extérieur... Les futurs alpinistes peuvent aussi bien s'initier à l'escalade que s'entraîner à loisir. Il est possible de louer le matériel sur place.

Juste à côté se trouve un incroyable labyrinthe de 500 m², le **Cosmic Laser,** dans lequel, équipé d'un laser et d'un gilet électronique, il va falloir désactiver ses adversaires sous les conseils d'un maître de jeu (tél. 01 46 86 84 86 ; ouv. tlj de 14 h à 24 h).

🌲 Parc départemental de la Plage-Bleue.......... `Valenton B4`

Rue du 11-Novembre
94460 - Valenton
Rens. : 01 43 99 82 80
Ouv. en permanence
RN 6, à 10 km S. de Paris

À la place des cultures maraîchères qui s'épanouissaient ici au début du siècle, un plan d'eau a été aménagé. Grâce à des passerelles et des digues, un jardin d'eau permet d'approcher une intéressante collection de végétaux aquatiques. Si malheureusement le plan d'eau est interdit à la baignade, une plage a été aménagée et propose des activités sportives pour tous : pistes cyclables, terrain de foot, beach-volley, tables de ping-pong, modélisme à voile, etc.

🌲 Parc des Hautes-Bruyères............ `Villejuif B4`

Rue Édouard-Vaillant, av. de la République
94800 - Villejuif
Rens. : 01 43 99 82 80 (Dir. des espaces verts)
Ouv. jour et nuit
A 6, à 4 km S. de Paris

Ce parc, toujours en cours d'aménagement, atteindra bientôt une superficie de 21,2 ha. Des jardins familiaux et des potagers éducatifs permettent aux enfants des écoles de s'initier au jardinage. Un jardin d'eau au sein d'une vaste pelouse côtoie des aires de jeux, dont une grande araignée en corde et des tables de ping-pong, et une promenade plantée longe un canal sur deux niveaux.

🏰 Château.................. `Vincennes B3`

Avenue de Paris
94300 - Vincennes
Tél. : 01 43 08 31 20
Ouv. tlj sauf 1er janv., 1er mai, 1er nov., 11 nov.
et 25 déc. de 10 h à 18 h d'avril à sept. et 17 h le reste de l'année.
Gratuit pour les – de 12 ans
M. Château-de-Vincennes

À la fin du XIIe siècle, Philippe Auguste fit construire sur le site de l'actuel château un pavillon de chasse que Saint Louis agrandit par

Val-de-Marne - Vitry-sur-Seine

la suite pour en faire un véritable manoir. Au XIVᵉ siècle, Philippe VI, inquiet des mouvements de la capitale et des prétentions anglaises sur le royaume de France, entreprit la construction du puissant donjon qui se dresse encore de nos jours. Puis le château fut résidence royale avant de devenir au XVᵉ siècle une prison d'État où furent enfermés un grand nombre de prisonniers célèbres. C'est notamment dans les fossés de la forteresse que, le 20 mars 1804, fut exécuté le duc d'Enghien. En 1814, le général unijambiste Daumesnil défendit le fort de Vincennes. L'homme ne manquait ni d'esprit ni de courage ; il rétorqua aux Russes et Prussiens qui l'exhortaient à se rendre : « Je vous rendrai Vincennes quand vous me rendrez ma jambe. »

La visite fait le tour du château : des douves on passe au chemin de ronde, puis on entre dans la chapelle et les deux petits musées militaires. Les enfants seront particulièrement intéressés par le donjon (en cours de travaux de restauration lors de la rédaction de ce guide), dont la réouverture est prévue pour le printemps 2000.

Rollerparc Avenue .... Vitry-sur-Seine B3

100, rue Léon-Geoffroy
ZI Les Ardoines
94400 - Vitry-sur-Seine
Tél. : 01 47 18 19 19
Ouv. le lundi de 14 h à 21 h, du mardi au vend. de 14 h à minuit, les merc. et dim. de 10 h à 21 h, et le sam. de 10 h à minuit ; fermé le jeudi
RN 305, à 5 km S. de Paris, et RER ligne C

Les passionnés de rollers vont s'éclater sur deux aires de street de 1 500 et 500 m² et sur l'incroyable piste avec obstacles de 13 m de large, la *big*, ou encore sur la piste de vitesse ou dans l'*half pipe*. Les différentes pistes ont été spécialement conçues pour des pratiquants de niveaux différents.
Possibilité de louer des rollers sur place et de prendre des cours.

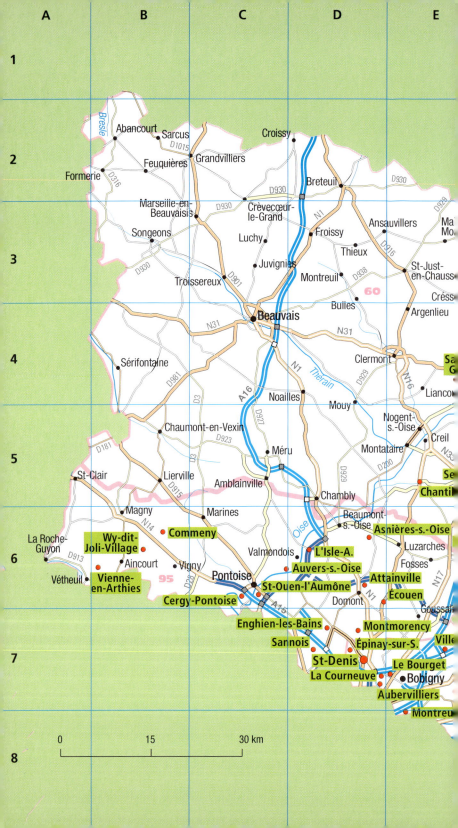

Oise 60
Seine-Saint-Denis 93
Val d'Oise 95

OISE

🏰 Musée vivant du Cheval .... Chantilly E5

Grandes Écuries
60600 - Chantilly
Tél. : 03 44 57 40 40-Fax : 03 44 57 29 92
Ouv. tlj sauf mardi matin de 10 h 30 à 17 h 30
en semaine et de 10 h 30 à 18 h d'avril à fin oct., tlj sauf mardi
de 14 h à 17 h en semaine et de 10 h 30 à 17 h 30 les w.-e. et jrs fér.
Les présentations équestres ont lieu à 11 h 30, 15 h
et 17 h 15 le 1er dim. du mois de février à nov.
L'entrée du musée comprend la présentation équestre
Le prix d'entrée des spectacles se règle indépendamment
de la visite du musée
A 1 sortie St-Witz et RD 924 ou RN 16, à 50 km N. de Paris

+8 ans

Nous devons ces magnifiques écuries à Louis-Henri de Bourbon, septième prince de Condé, qui, d'après la légende, croyait en la métempsycose et pensait se réincarner en cheval après sa mort ; il fit donc construire, en 1719, des écuries à la gloire du cheval. Ces grandes écuries abritaient les 240 chevaux du prince et ses meutes. Elles servaient aussi de cadre à de somptueuses fêtes.
Depuis 1982, grâce à l'écuyer-professeur Yves Bienaimé et à sa famille, un musée y a été installé – tous les amoureux du cheval ne pourront qu'être en admiration devant l'exceptionnel contenu des 31 salles si joliment aménagées – et des présentations équestres et des spectacles sont montés tout au long de l'année.

La présentation équestre
Il ne s'agit pas à proprement parler d'un spectacle, mais d'une présentation pédagogique : l'écuyer fait exécuter des airs à son cheval en les commentant à l'intention des visiteurs, expliquant ainsi en termes clairs les moyens dont dispose le cavalier pour se faire comprendre et obéir de son cheval.

Le cheval en fête
À 15 h 15 le 1er dim. du mois de fév. à nov.
Pendant plus de 1 heure, sous le dôme (ou dans le jardin à la française si le temps le permet), les spectateurs peuvent apprécier une quinzaine de numéros équestres issus du répertoire du musée, qui

Oise - Chantilly

en compte plus de 200. Certains sont devenus célèbres, comme *la Statue de la Renommée, le Cheval et la danse, le Dîner du cheval chez Maxim's,* etc.

Le cheval à travers les âges
Spect. à 15 h 15 le dim., d'avril à mai et en nov., et à 15 h 15 et 16 h 45 les dim. de juin, juill., août, sept. et oct.

Cette réalisation retrace l'histoire de l'équitation au fil des siècles, en alliant la culture équestre à la féerie du spectacle.

Noël, le cheval et l'enfant
Spect. tlj à 14 h 30 et 16 h pendant les vac. scol. et les w.-e. de déc., sauf Noël et 1er janv.

Pendant les vacances de Noël, les enfants sont accueillis sous le dôme par le Père Noël et son baudet. Après une distribution de friandises, les jeunes spectateurs (et leurs parents) applaudissent les figures des chevaux, qui, en liberté ou montés, viennent s'agenouiller, s'asseoir, se cabrer ou se coucher sur l'ordre de clowns, d'arlequins et de héros de contes traditionnels.

👁 Vol en aérophile....... Chantilly E5

Esplanade du Château
60600 - Chantilly
Tél. : 03 44 57 35 35-Fax : 03 44 57 29 62
Ouv. tlj de 10 h à 19 h de Pâques à la Toussaint
L'entrée comprend la visite du parc
A 1 sortie St-Witz et RD 924 ou RN 16, à 50 km N. de Paris

+8 ans

Voici une occasion incroyable de voir de haut le château et le parc de Chantilly.
Un grand ballon captif relié au sol par un solide câble en acier et gonflé à l'hélium monte silencieusement 25 personnes à 150 m d'altitude.
Pendant une quinzaine de minutes, vous survolez le domaine de Chantilly, rêvant de partir pour un voyage de 80 jours...
En redescendant sur le plancher des vaches, on peut se promener dans le magnifique parc créé par Le Nôtre qui entoure le château, ou encore naviguer sur le grand canal (ouv. tte l'année de 10 h à 18 h ; tél. : 03 44 62 62 62). Enfin, au cœur du parc dans le hameau, on ira se régaler de gâteaux ou de glaces recouverts de crème Chantilly (Aux Goûters Champêtres, tél. : 03 44 57 46 21).

LE NORD DE PARIS

 ## 🖌️ Les Nuits du feu.......

Parc du château de Chantilly
Rens. et réserv. au 03 44 45 18 18
Spect. 1 w.-e. de juin (se rens. sur la date exacte, qui varie chaque année) à 23 h 30
A 1 sortie St-Witz et RD 924 ou RN 16, à 50 km N. de Paris

En l'an de grâce 1672, Louis II de Bourbon, le Grand Condé, reçoit en son domaine de Chantilly Son Altesse Royale le Grand Dauphin de France. Le cadre est magnifique et la fête est somptueuse. Soudain, alors que les derniers rayons du soleil ont disparu et que les tourelles du château découpent leur silhouette crénelée dans la nuit, éclate comme un coup de tonnerre et le ciel s'embrase de couleurs en cascade.
« Et brusquement, écrit la chronique, le jour succéda à la nuit...»
La tradition des fêtes pyrotechniques de Chantilly était née. Plus de 2 siècles après, le domaine de Chantilly a renoué avec la tradition en célébrant chaque mois de juin la magie d'un spectacle grandiose.
Les « Nuits du feu » réunissent les meilleurs spécialistes mondiaux de la pyrotechnie ; pendant 1 h 15 le ciel s'embrase de mille lumières. À la féerie des feux d'artifice s'ajoute un accompagnement musical tout aussi spectaculaire.

🌲 Forêt de Chantilly.....

Rens. : OT, 60, av. du Maréchal-Joffre
60500 - Chantilly
Tél. : 03 44 57 08 58
et 03 44 57 74 64

Le massif forestier de Chantilly couvre 6 300 ha. Il offre de belles promenades, notamment autour de la table de Mongrésin, du château de la Reine Blanche et de l'étang de Commelles.
Des aires de pique-nique ont été prévues au carrefour de Senlis et tout au long de la route qui mène au carrefour de la Table. Les petits

> **B**écassine, une des premières héroïnes de la bande dessinée, est née à Clairoix, près de Compiègne, du crayon de Joseph Porphyre Pinchon, un personnage hors du commun qui s'est illustré comme créateur de costumes puis comme directeur artistique de l'Opéra, avant de devenir instructeur militaire pour le camouflage pendant la Grande Guerre.

auront la bonne surprise de trouver de temps à autre des aires de jeux où s'amuser tranquillement. Les plus grands regarderont avec admiration les chevaux de course à l'entraînement.

🏰 Musée national de la Voiture et du Tourisme............ Compiègne F4

60200 - Compiègne
Tél. : 03 44 38 47 00
Ouv. tlj sauf mardi de 9 h 15 à 18 h 15 du 1er avr. au 30 sept. et de 9 h 15 à 16 h 30 du 1er oct. au 31 mars
Gratuit pour les – de 18 ans
A 1, à 82 km N. de Paris

Dans les écuries du château de Compiègne, construit sous Louis XV et restauré par Napoléon III, a été aménagé un musée de la Voiture. Une bonne occasion de prendre un cours d'histoire de la locomotion routière, depuis les origines de l'attelage jusqu'aux débuts de l'aventure automobile.

On remarquera particulièrement le char à bancs du roi Louis-Philippe, la berline de Napoléon III, la Jamais-Contente, première voiture à avoir dépassé les 100 km/h en 1899, un omnibus du début du siècle, l'autochenille Citroën de la Croisière noire, la voiture d'un dentiste ambulant... et les drôles d'ancêtres de la bicyclette (un grand bi, un tandem à deux guidons et des vélos pliants utilisés au cours de la Première Guerre mondiale).

🏰 Musée de la Figurine historique.................. Compiègne F4

28, place de l'Hôtel-de-Ville
60200 - Compiègne
Tél. : 03 44 40 72 55
Ouv. tlj sauf lundi et dim. matin, 1er janv., 1er mai, 14 juill., 1er nov. et 25 déc., de 9 h à 12 h et de 14 h à 17 h de nov. à fév. inclus ; de 9 h à 12 h et de 14 h à 18 h de mars à sept.
Gratuit le merc. pour tous et tlj pour les – de 18 ans
A 1, à 82 km N. de Paris

Des reconstitutions de batailles, des revues militaires, des scènes de la vie d'autrefois, des événements historiques représentés par près de 100 000 figurines en étain, en plomb, en bois et en matière plastique. Au centre de la salle, la maquette sonorisée de la bataille de Waterloo retient toute l'attention des enfants.

🌲 Forêt de Compiègne............. Compiègne F4

Rens. : OT, hôtel de ville
60200 - Compiègne
Tél. : 03 44 40 01 00-Fax : 03 44 40 23 28
A 1, à 82 km N. de Paris

La forêt domaniale n'est qu'une partie de l'ancienne forêt de Cuise, terre de chasse des rois francs. De magnifiques futaies aménagées par François Ier, Louis XIV et Louis XV contribuent à la beauté des bois.

Une piste cyclable a été aménagée, qui relie Compiègne et Pierrefonds (locations de vélos à AB Cyclette, 24, rue d'Ulm, à Compiègne ; tél. : 06 85 08 12 80, et Compiègne location vélos, à 50 m de la gare SNCF ; tél. : 06 07 54 99 26 ou 03 44 90 05 05).

Un rond-point porte le nom de clairière de l'Armistice : ce fut dans un wagon transformé pour l'occasion en bureau que fut signé, le 11 novembre 1918, l'armistice entre la France et l'Allemagne. Des rails indiquent encore le chemin qu'avaient suivi les trains amenant d'une part le maréchal Foch et d'autre part les représentants allemands. Un **musée** retrace le déroulement de cet événement historique.

À partir du mois d'avril et jusqu'au début de novembre, vous pourrez faire des balades en bateau sur l'Oise et sur l'Aisne (rens. : OT).

Carnet sentimental de Compiègne
- Le 13 mai 1770, soit 3 jours avant son mariage, le Dauphin (futur Louis XVI) rencontre pour la première fois dans la forêt de Compiègne la jeune archiduchesse d'Autriche, Marie-Antoinette, alors âgée de 15 ans.
- Quarante ans plus tard, en 1810, Napoléon Ier choisit Compiègne pour accueillir la nièce de Marie-Antoinette, Marie-Louise de Habsbourg, venue elle aussi d'Autriche pour se marier.
- Le 9 août 1832 est célébré dans la chapelle du château le mariage de la princesse Louise d'Orléans, fille du roi Louis-Philippe, avec Léopold Ier, roi des Belges. Le mariage ne sera pas très gai car la jeune fiancée accepte mal d'épouser un homme beaucoup plus âgé qu'elle.
- En 1852, Napoléon III rencontre au cours d'un séjour à Compiègne Eugénie de Montijo. Ébloui par la jeune fille, l'empereur la demande peu après en mariage.

Oise - Ermenonville

🏰 Musée de l'Archerie............ Crépy-en-Valois G5

Donjon du château royal
Rue Gustave-Chopinet
60800 - Crépy-en-Valois
Tél. : 03 44 59 21 97

Ouv. tlj sauf mardi de 10 h à 12 h et de 14 h à 18 h de fin mars au 11 nov., et dim. et jrs fér. de 10 h à 12 h et de 15 h à 19 h
A 1 jusqu'à Senlis et RN 924, à 70 km N. de Paris

Le château des ducs de Valois abrite deux musées, mais seul celui consacré à l'archerie intéressera les jeunes visiteurs. Cette région, que l'on appelle parfois le pays d'Arc, était le lieu propice pour installer un musée consacré à l'art de tirer à l'arc. En regardant toutes ces armes de trait, on fait un voyage dans le monde et le temps.

 ## ⛰ Mer de sable......... Ermenonville F6

60950 - Ermenonville
Tél. : 03 44 54 00 96
Fax : 03 44 54 01 75
Minitel : 3615 MER DE SABLE

Ouv. de début avril à fin sept. : de 10 h 30 à 18 h 30 tlj de juin, juill. et août, et les w.-e. et vac. scol. d'avril, mai et sept. (les horaires varient quelque peu selon le mois)
A 1, à 45 km N. de Paris

La mer de sable, l'ancêtre des parcs d'attractions de la région parisienne, a su innover tout en restant un parc familial sympathique.
Son site exceptionnel vaut déjà le déplacement : il s'agit d'un désert de sable de 20 ha avec des dunes comme au Sahara ! Les enfants vont partager leur temps entre les attractions et les spectacles.
Les attractions sont suffisamment variées pour plaire à chacun : circuit de petites voitures, motos des sables, roue panoramique, toboggans géants, labyrinthe chinois, carrousel vénitien, pirogues du Tchad, rivière sauvage, piste de poneys, monde féerique des marionnettes Chikapas…
Après le succès de **Cheyenne River**, une promenade en bateau au milieu de rondins de bois, avec une descente en chute libre d'une hauteur de 18 m aboutissant au creux d'un bassin dans un panache de gerbes d'eau, le **Train du Colorado**, la toute dernière attraction, entraîne au travers de la montagne en gravissant des montées abruptes et dévalant des pentes à vous couper le souffle.

Les petits ne sont pas oubliés pour autant, car après avoir traversé la mer de sable dans le train du désert, ils arrivent au village de Babagatteaux, habité uniquement par des marionnettes et des automates.

Les spectacles, à dominance western, sont très bien montés et renouvelés chaque année : aventure devant le ranch, attaque du train par les Indiens sur la mer de sable, show équestre avec des numéros de dressage et de voltige très spectaculaires, des tours de magie et des numéros de clowns…

🌲 Parc Jean-Jacques Rousseau.................. Ermenonville F6

60950 - Ermenonville
Tél. : 03 44 54 01 58
Ouv. tlj sauf mardi de 9 h à 18 h
A 1, à 45 km N. de Paris

L'histoire de ce parc vaut la peine d'être contée. En 1766, le marquis René de Girardin hérite des terres d'Ermenonville et décide de les transformer totalement. Admirateur de l'œuvre de Rousseau, il a été séduit par le jardin merveilleux décrit dans *la Nouvelle Héloïse*. Selon son expression, il « compose des paysages » ce livre à la main et la bêche de l'autre. C'est de cette rencontre de l'homme d'action et du poète que sont nés les merveilleux jardins d'Ermenonville, qui émerveilleront Jean-Jacques Rousseau lorsqu'il viendra s'installer là sur l'invitation du marquis.

Ce retour à la nature qu'il préconisait va bientôt se transformer en mode. La reine Marie-Antoinette, par exemple, fera aménager le Petit Trianon « à la Rousseau », et écrivains et artistes prendront l'habitude de se retrouver pour des déjeuners sur l'herbe.

Jean-Jacques Rousseau sera enterré dans le parc, sur l'île des Peupliers.

Une belle promenade, particulièrement émouvante pour les lycéens. La **forêt domaniale d'Ermenonville**, contiguë aux forêts de Chantilly et d'Halatte est parcourue par un réseau de chemins en étoile créés pour les chasses des princes de Condé. Ces petites routes, interdites aux voitures, sont idéales pour rouler à bicyclette.

Oise - Pierrefonds

👁 Les chocolats de Lachelle...................

41, rue de Monelieu
60190 - Estrées-St-Denis
Tél. : 03 44 42 31 38-Fax : 03 44 42 31 37
Ouv. du lundi au sam. de 9 h à 12 h 30
et de 14 h à 19 h ; visite lundi à 17 h
10 km N.-O. de Compiègne par la RD 80

Installés dans une ferme centenaire, les chocolatiers initient les gourmands à la fabrication du chocolat, aux techniques de tempérage, au moulage et à l'enrobage.
Ensuite une dégustation s'impose afin de devenir croqueur de chocolat émérite, et quelques achats dans le magasin permettront de garder un très bon souvenir de la visite.

Château................ Pierrefonds G4

60350 - Pierrefonds
Tél. : 03 44 42 80 77
Ouv. tlj, sauf 1er janv. 1er mai, 1er et 11 nov.
et 25 déc., de 10 h à 12 h 30 et de 14 h à 18 h (10 h à
18 h le dim.) en mars, avril, sept. et oct. ; de 10 h à 18 h en mai, juin,
juill. et août (19 h dim. et jrs fér.) ; de 10 h à 12 h 30 et de 14 h à 17 h
(10 h à 17 h 30 le dim.) de nov. à fév.
A 1 sortie et RD 973, à 96 km N. de Paris

Le château de Louis d'Orléans, démantelé par Louis XIII, fut restauré au cours du second Empire suivant les conseils de l'écrivain Prosper Mérimée, alors inspecteur en chef des Monuments historiques. Napoléon III confia les travaux à Viollet-le-Duc, que l'impératrice surnommait « ma bonne Violette ». L'empereur souhaitait transformer les ruines de la forteresse en une folie médiévale dont il ferait sa demeure. Le château est aujourd'hui très spectaculaire, avec ses huit tours portant chacune le nom d'un héros de l'histoire : Hector, Alexandre, Charlemagne, Jules César, Godefroi de Bouillon…, sa triple rangée de mâchicoulis, son donjon, ses douves franchies par un double pont-levis…
Inutile de dire que les enfants seront ravis de découvrir un vrai château fort, et la visite des appartements du couple impérial est suffisamment spectaculaire pour ne pas les ennuyer non plus.
Le château est animé l'été avec le festival de Pierrefonds.

LE NORD DE PARIS

🚂 Petit train touristique............... Pierrefonds G4

60350 - Pierrefonds
Tél. : 03 44 42 08 79
Circule tlj du 15 juin au 15 sept. et w.-e.
du 15 mars au 15 nov.
A 1 sortie et RD 973, à 96 km N. de Paris

Un petit train touristique parcourt 4 km, longeant le lac dominé par la puissante silhouette du château de conte de fées, passant par le parc Rainette, où les bambins pourront faire du manège et les plus grands du mini-golf, avant d'arriver au château.

🏰 Musée Vincent..... Sacy-le-Grand E4

270, rue du Sergent-Grévin
60700 - Sacy-le-Grand
Tél. : 03 44 29 94 88
A 1 sortie Senlis et RN 17, à 65 km N. de Paris

Le musée abrite sur une surface de 1 000 m² une collection de colliers de chevaux de trait, une quarantaine de voitures hippomobiles – telles celles du boulanger, du boucher, de l'épicier –, ainsi que du matériel agricole.
Des promenades en calèches attelées à des chevaux de trait peuvent être organisées.

⛰ Parc Astérix............... Plailly E6

60128 - Plailly
Tél. : 03 36 68 30 10
Minitel : 36 15 ASTÉRIX
Ouv. d'avril à fin oct. : tlj jusqu'en
sept., puis les merc. et w.-e. jusqu'à fin oct., de 10 h à 19 h ou
9 h 30 à 20 h selon la période de l'année
A 1 sortie directe parc Astérix (entre sortie n° 7 et sortie n°8),
à 35 km N. de Paris

Au cœur de la forêt d'Ermenonville, rendez-vous est pris avec les irréductibles Gaulois, et ils sont tous là : Astérix, Obélix, Falbala, Bonemine... et même Assurancetourix le barde !
Que de choses à faire dans ce pays merveilleux : s'envoler sur un tapis volant, descendre le Styx, embarquer pour le Grand Splatch, se retrouver sept fois la tête en bas sur le plus grand huit d'Europe,

monter à bord de menhirs flottants et volants, visiter le village gaulois, virevolter sur les chevaux du roi, assister au merveilleux spectacle des dauphins, applaudir les stars de l'Empire romain, etc.
Chacun trouvera son bonheur, les grands en quête de sensations fortes mais les petits aussi, qui pourront se défouler au camp de Petibonum ou participer au carnaval des petits Gaulois et défiler fièrement dans le parc au côté de leurs héros.
Tout le monde ira admirer les troubadours et regarder les artisans du vieux Paris exercer leurs talents : tailleurs de pierre, sculpteurs sur bois, verriers, ferronniers ; et avec un peu de chance on apercevra d'Artagnan se battant sur les toits pour les beaux yeux de Mme Bonacieux.
Une nouvelle salle de spectacle propose le « casse du siècle », l'incroyable tentative du vol de *la Joconde* sur les quais du Havre. Sur une scène de plus de 1 500 m², un paquebot est à quai, un train entre en gare, voitures et motos se succèdent dans une folle poursuite, une des motos prend feu tandis que le navire fait naufrage. Fort heureusement, un héros inattendu interviendra à temps pour sauver l'inestimable trésor.
Après toutes ces émotions et aventures que procurent les 22 attractions, petits et grands apprécieront la pause au Fastfoodus antique (Les Fastes de Rome) ou au Selfservix (Le Relais Gaulois) ou encore au Cirque pour déguster le célèbre pâté de sanglier... Plus de 40 haltes gourmandes seront là pour satisfaire petites et grandes faims.

Attelage prestige......... Senlis E5

60300 - Senlis
Tél. : 03 44 53 10 26 et 03 44 53 06 40
Fax : 03 44 53 03 06
Circule d'avril à sept.
Rendez-vous devant la cathédrale - Durée : 40 minutes
A 1, à 51 km N. de Paris

Rien de tel qu'une promenade en calèche dans les vieilles rues pour s'imprégner du charme de la ville de Senlis. Grâce à la voix de Jean-Claude Brialy, on apprend l'histoire de la cité des rois francs et des abbés bâtisseurs et quelques anecdotes sur les illustres habitants de la ville.

SEINE-SAINT-DENIS

Théâtre équestre Zingaro .... Aubervilliers D7

176, av. Jean-Jaurès
93300 - Aubervilliers
Rés. tél. : 0 803 808 803 et 01 48 39 18 03
M. : Fort d'Aubervilliers

Dans un bâtiment tout en bois où se succèdent écuries et salle de spectacle, Bartabas et sa troupe donnent des spectacles mythiques et fantastiques dans lesquels les chevaux sont les acteurs principaux. Les mises en scène et la musique sont toujours exceptionnelles et les futures productions seront, gageons-le, aussi enthousiasmantes. Se renseigner sur les spectacles.

Parc de l'Île-Saint-Denis..... Épinay-sur-Seine D7

93800 - Épinay-sur-Seine
Ouv. de 9 h à la tombée de la nuit (l'hiver) et jusqu'à 20 h 45 (l'été)
RER ligne C, A 86, à 5 km N. de Paris

Ce parc longiligne de 23 ha, bordé par la Seine, offre au promeneur d'agréables clairières gazonnées et le point de vue des peintres impressionnistes qui le fréquentèrent jadis. Une piste cyclable le traverse, et une belle aire de jeux avec un bateau pirate attend les jeunes corsaires.

Une fois par an, début décembre, a lieu à Montreuil un **salon du Livre Jeunesse**. Il réunit pendant 5 jours tous les éditeurs de livres de jeunesse français. Les auteurs viennent y dédicacer leurs livres et les animations autour du livre y sont nombreuses. Rens. au Centre de Promotion du Livre de Jeunesse : 3, rue François-Debergue à Montreuil - Tél. : 01 55 86 86 55 et Fax : 01 48 57 04 62.

Seine-Saint-Denis - La Courneuve

🏰 Musée de l'Air et de l'Espace............ Le Bourget E7

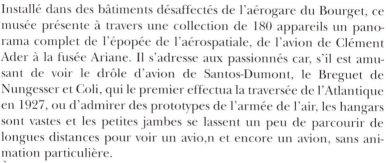

Aéroport du Bourget
93300 - Le Bourget
Tél. : 01 49 92 70 22 et 01 49 92 71 71 (rép.)
Fax : 01 49 92 70 95
Ouv. tlj sauf lundi de 10 h à 17 h
(18 h du 1er mai au 31 oct.)
RER B dir. Roissy-Charles-de-Gaulle, Le Bourget
A 1 sortie Le Bourget

Installé dans des bâtiments désaffectés de l'aérogare du Bourget, ce musée présente à travers une collection de 180 appareils un panorama complet de l'épopée de l'aérospatiale, de l'avion de Clément Ader à la fusée Ariane. Il s'adresse aux passionnés car, s'il est amusant de voir le drôle d'avion de Santos-Dumont, le Breguet de Nungesser et Coli, qui le premier effectua la traversée de l'Atlantique en 1927, ou d'admirer des prototypes de l'armée de l'air, les hangars sont vastes et les petites jambes se lassent un peu de parcourir de longues distances pour voir un avio,n et encore un avion, sans animation particulière.

À l'extérieur se dressent les fusées Ariane 1 et Ariane 5 grandeur nature et, dans le hall Concorde, on peut monter à bord du prototype Concorde 001 et voir un Mirage IV ainsi que les plus beaux avions de la Seconde Guerre mondiale (Spitfire, Mustang…).

Le hall de l'Espace, où sont exposés entre autres Soyouz T6 et une fusée Diamant, est en cours de rénovation.

Un **planétarium** donne l'occasion de découvrir le ciel étoilé de la saison et permet de voyager dans le système solaire.

🌲 Parc départemental.......... La Courneuve D7

93120 - La Courneuve
Tél. : 01 48 95 60 60
Ouv. de 7 h l'été (7 h 30 l'hiver) à la tombée de la nuit.
A 1 sortie n° 4, A 3 sortie Bobigny, et RN 186
RER B dir. Roissy-Charles-de-Gaulle, La Courneuve-Aubervilliers

Dans cette cité du Nord industriel de Paris, une ancienne carrière comblée par les gravats a été transformée en un remarquable espace vert de 350 ha. Bois et pelouses entourent quatre lacs, un belvédère domine un jardin alpin et une roseraie enchante le paysage. Une piste cyclable parcourt le parc et des jeux divers sont à la disposition des petits.

✏️ Théâtre des Jeunes Spectateurs....... Montreuil E8

26, place Jean-Jaurès
93100 - Montreuil
Tél. : 01 48 70 48 91
M. Mairie-de-Montreuil

Un théâtre créé à l'intention des jeunes spectateurs, où sont montées aussi bien des pièces destinées aux petits que d'autres visant les plus grands. Se renseigner sur les spectacles en cours.

🏰 Basilique Saint-Denis................ Saint-Denis D7

1, rue de la Légion-d'Honneur
93200 - Saint-Denis
Tél. : 01 48 09 83 54
Ouv. tlj de 10 h à 19 h et dim. de 12 h à 19 h
du 1er avril au 30 sept., et de 10 h à 17 (dim. 12 h)
du 1er oct. au 31 mars ; fermé la plupart des jrs fér.
A 1 sortie Saint-Denis ; RER ligne D Saint-Denis ;
métro ligne 13 Saint-Denis Basilique

Fondée en 636, l'abbaye bénédictine de Saint-Denis vit se dérouler sacres et inhumations royales dès les Carolingiens. L'édifice grandiose que l'on voit aujourd'hui est dû en partie à Suger, conseiller du roi Louis VI et ami de l'abbé de Saint-Denis en 1122, et en partie à Pierre de Montereau, qui acheva les travaux. Saint Louis désirait faire de la basilique « un mausolée où les tombes de ses ancêtres royaux ou leurs monuments commémoratifs puissent être disposés avec honneur ». Restaurée par Viollet-le-Duc, la basilique contient les tombeaux des rois, des reines et des enfants royaux.

Certes, ce n'est pas particulièrement une visite pour enfants, mais certains d'entre eux, férus d'histoire, seront intéressés de voir les tombeaux de rois de France dont ils apprennent le nom à l'école.

Au IIIe s., l'évêque de Lutèce fut décapité à proximité des carrières de gypse de l'actuel Montmartre. La légende raconte que le saint homme ramassa sa tête et marcha jusqu'à Saint-Denis où, au Ve s. sainte Geneviève fit élever la première des cinq basiliques.

Seine-Saint-Denis - Villepinte

🏰 Stade de France..... Saint-Denis D7

Tél. : 01 55 93 00 00
Minitel France-Fax : 01 55 93 00 49
Visite de 10 h à 18 h
(fermeture des caisses à 17 h 30)
Métro : Saint-Denis RER B, station La Plaine-Stade de France ;
A 1 sortie n° 2

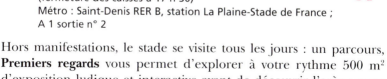

Hors manifestations, le stade se visite tous les jours : un parcours, **Premiers regards** vous permet d'explorer à votre rythme 500 m² d'exposition ludique et interactive avant de découvrir l'arène pour de vrai. Confortablement assis en tribune, vous êtes rejoint par un guide du Stade de France qui vous présente l'arène et répond à vos questions.

Une visite guidée, **Les coulisses du Stade,** vous entraîne au cœur du Stade de France : les trois niveaux de tribunes et la tribune officielle, la voie de desserte intérieure, et le parcours emprunté par les joueurs les soirs de match (vestiaires, tunnel d'entrée sur le terrain, etc.). Visite de 10 h à 16 h 30 pendant les vacances scolaires (durée : 1 h 30), et 10 h, 14 h et 16 h hors vac. scol.

🌲 Parc du Sausset....... Villepinte E7

Tél. : 01 43 93 98 48
93420 - Villepinte
Ouv. de 7 h 30 à la tombée de la nuit
A 3 sortie RN 2 Aulnay ZI ;
RER B3 station Villepinte

À cheval sur les communes de Villepinte et d'Aulnay-sous-Bois, un parc de 200 ha a été aménagé. Vous allez vous promener dans un lieu sauvage composé d'un bocage, d'un marais, de prairies semées de fleurs. Vous partirez à la découverte du marais oiseleur en suivant le parcours de l'eau et en observant les canards, les foulques, le grèbe huppé transportant son petit sur son dos... Les enfants apprendront à reconnaître le maïs, l'orge, l'avoine, le lin... dans les « petits champs ».

Les petits joueront sur les aires de jeux, feront de l'équilibre sur les passerelles, glisseront sur les toboggans et se perdront pour mieux se retrouver dans le labyrinthe végétal.

LE NORD DE PARIS

VAL-D'OISE

🏰 Abbaye de Royaumont...... Asnières-sur-Oise D6

95270 - Asnières-sur-Oise
Tél. : 01 30 35 59 00
ou 01 30 35 88 90
Fax : 01 34 68 00 60

Ouv. de 10 h à 18 h (17 h 30 de nov. à fév.) tlj de l'année
Itinéraire fléché à partir de la RN 1, RN 16 et A 1, à 35 km N. de Paris

En 1228, le jeune roi Louis IX, alors âgé de 12 ans, et sa mère la dévote Blanche de Castille font entreprendre la construction de cette immense abbaye. Des années plus tard, le roi y fera de fréquents séjours au retour de croisades. Il aimera à y lire les Évangiles installé sur une chaire de pierre surplombant le réfectoire que l'on peut encore voir aujourd'hui. Après la Révolution, l'abbaye fut vendue aux enchères et le nouveau propriétaire s'empressa de faire démolir l'église pour transformer les bâtiments en filature. Seul reste, toujours dressée, une tour du chœur renfermant un escalier. Devenue une fondation, l'abbaye est aujourd'hui un centre culturel international. La visite du site séduira les enfants, car ils y disposeront de livrets-jeux adaptés à leur âge qui leur permettront d'apprendre l'histoire du lieu en s'amusant.

On ne peut que louer le dynamisme de l'équipe dirigeante, qui ouvre chaque année pendant 3 jours l'abbaye aux enfants. Soixante-cinq ateliers autour de thèmes se rapportant à la richesse patrimoniale de l'édifice sont proposés aux 7-14 ans. Par exemple, les enfants peuvent découvrir les plantes du Moyen Âge, la manière dont on construisait une abbaye, les chants rituels de l'époque, ou s'initier à

Cimetière des chiens

À Asnières il existe un cimetière pour les chiens, qui fut créé en 1899 sur l'île des Ravageurs ; si de nombreux toutous chéris y reposent, on trouve aussi là les tombes d'une lionne, d'une gazelle, d'un singe, d'un cheval, de poules… et d'un chat nommé Mascotte qui se rendit utile dans les tranchées, durant la Première Guerre mondiale, en avertissant les soldats de l'envoi de gaz asphyxiants. À l'entrée du cimetière, se dresse un monument à la mémoire de Barry, l'héroïque chien du monastère du col du Grand-Saint-Bernard.

Val-d'Oise - Auvers-sur-Oise

la gravure ou à la calligraphie, et les plus grands apprendre les rudiments de l'archéologie ou la façon de jouer d'un instrument à percussion (se rens. sur la date exacte, qui change chaque année).

Cueillette de la Croix-Verte.........

17, rue de l'Orme
Tél. : 01 39 91 05 31
Tlj de 9 h 19 h 30 sauf lundi matin,
du 1er avril au 11 nov.
RN 1, à 25 km N. de Paris

Avec l'aide des enfants, les parents vont dès la fin du printemps cueillir fraises et framboises, et même ramasser des melons, puis, l'automne venu, remplir des paniers de pommes bien rouges (prix au poids). Gavés et fatigués, les petits attendront la fin des cueillettes en jouant sur l'aire prévue à cet effet.

Voyage au pays des impressionnistes.....

Château d'Auvers
95430 - Auvers-sur-Oise
Tél. : 01 34 48 48 48-Fax : 01 34 48 48 40
Ouv. du mardi au dim. de 9 h à 18 h
d'avril à sept. ; de 10 h 30 à 16 h 30 d'oct. à mars
A 15 sortie n° 10 (Pontoise-Beauvais), puis suivre
le fléchage « Château d'Auvers », à 40 km N.-O. de Paris

Corot, Pissarro, Renoir, Vlaminck, Cézanne, Van Gogh... ont séjourné à Auvers-sur-Oise, encouragés par le Dr Gachet, médecin et grand amateur d'art.
Un voyage au pays des impressionnistes est organisé au château d'Auvers, qui domine le bourg.
Coiffé d'un casque à infrarouges, vous partez pour un parcours-spectacle de 90 m au cours duquel vous allez avoir l'occasion de faire mieux connaissance avec Cézanne, Pissarro, Monet, Van Gogh... La promenade commence à Paris, sur les Grands Boulevards, dans un café-concert, elle se poursuit en train jusqu'à Auvers. À l'arrivée, vous rejoindrez Renoir dans une partie de campagne, irez vous promener avec Monet sur la plage et vous détendre dans les guinguettes au

bord de l'eau... Sur un mur d'images, plus de 500 tableaux sont projetés et expliqués.
Une salle de cinéma en trois dimensions propose un film sur Vincent Van Gogh. Muni de lunettes à cristaux liquides, vous allez pendant une vingtaine de minutes vivre à Auvers aux côtés de Van Gogh. Vous allez parcourir les lieux qu'il aimait, rencontrer le fameux Dr Gachet et Théo, le frère dévoué, et sa famille, vous allez ressentir les dernières émotions de l'homme et de l'artiste.

♦ Base de loisirs Cergy-Neuville..........

Cergy-Pontoise C6

Rue des Étangs
95000 - Cergy-Pontoise
Tél. : 01 30 30 21 55
Fax : 01 30 31 37 24
Ouv. tte l'année
Les activités sont payantes
A 15, à 38 km N.-O. de Paris

La base de loisirs des étangs de Cergy-Neuville s'étale sur 250 ha d'eau et de verdure dans une boucle de l'Oise. Ouverte toute l'année, elle propose de multiples activités nautiques et terrestres : en pratique libre, tennis, téléski *, planche à voile, catamaran, canoë, barque, Pédalo, VTT... ; en pratique encadrée, stages de voile, de planche à voile, de tennis...

La plage est surveillée et dispose d'un toboggan nautique géant de 105 m de long, d'une pataugeoire et de jeux d'eau. Les petits trouveront des manèges et des aires de jeux conçus à leur intention.

Un **petit train touristique** permet de visiter la base de loisirs (10 F). Pendant tout l'été, ladite base propose des animations scientifiques gratuites : sensibilisation au vol d'une fusée, construction et lancement de microfusées, découverte de l'Univers grâce à la visite du planétarium.

---

* Le téléski est une attraction originale : tirés par un câble sur une boucle de 820 m de long, neuf skieurs peuvent évoluer simultanément à une vitesse allant de 28 à 59 km/h (d'avril à oct.).

Val-d'Oise - Écouen

👁 Maison du Pain......... Commeny B6

31, Grande-Rue
95450 - Commeny
Tél. : 01 34 67 41 82-Fax : 01 34 67 46 67 (maison
du Pain) et 01 30 27 21 78 (boulangerie) Ouv. sam.,
dim. et jrs fér. de 14 h à 18 h (maison du Pain), et tlj sauf lundi
de 7 h à 13 h et de 15 h 30 à 20 h (boulangerie)
Gratuit pour les – de 5 ans
A 15, RN 14 et RD 43, à 62 km O. de Paris

Dans ce joli village-rue le boulanger est très célèbre, et dans le grenier à farine de son accueillante boutique petits et grands découvrent l'art de la boulangerie à travers un parcours dans l'univers du pain : sur demande, ils assisteront à des démonstrations de pétrissage et de façonnage et goûteront aux différentes sortes de pains.
Tout à côté, à la **ferme du Lapin-Compote** (37, Grande-Rue ; tél. : 01 34 67 40 06) où maman achète les produits de la ferme, le propriétaire prend un vrai plaisir à faire découvrir à tous les animaux de sa basse-cour.

🏰 Musée national de la Renaissance.......... Écouen D6

Château d'Écouen
95440 - Écouen
Tél. : 01 34 38 38 50-Fax : 01 34 38 38 78
Ouv. tlj sauf mardi de 9 h 45 à 12 h 30
et de 14 h à 17 h 15 ; fermé 1er janv., 1er mai et 25 déc.
RN 1 et RN 18, à 19 km N. de Paris

On lit souvent que le château d'Écouen est si joli qu'il évoque les châteaux de la Loire. On le doit au connétable des armées d'Henri II, Anne de Montmorency, qui le fit construire en s'inspirant du château de Fontainebleau. Les appartements du connétable, du roi Henri II et de la reine Catherine de Médicis ont conservé un somptueux aménagement, dont ces cheminées monumentales peintes et prolongées par des frises sur les murs. Le château abrite un musée de la Renaissance qui renferme des pièces magnifiques mais dont les enfants auront un peu de mal à apprécier la beauté. Pour passer le temps, ils devront regarder avec attention la célèbre tapisserie *David et Bethsabée*, qui raconte, tel un livre d'images, les amours du roi d'Israël et de la belle Bethsabée dont il tua le mari.
À l'occasion d'expositions, des contes sont parfois lus aux enfants (se rens. sur la programmation).

🔺 Promenade en barque............

Enghien-les-Bains D7

Jetée du lac
95880 - Enghien-les-Bains
Rens. : 01 34 12 41 15 (OT), 01 34 17 31 53
(soc. nautique), 01 34 12 04 98 (Pédalos)
A 15, sortie Argenteuil-Enghien, à 10 km N. de Paris

La ville d'Enghien, célèbre pour son établissement thermal, son casino et son champ de courses, est bâtie autour d'un lac où il est agréable de venir canoter ou faire du Pédalo. On sera surpris par quelques extravagantes maisons qui entourent le lac et qu'on appelle châteaux. Elles datent du XIXᵉ s., époque où les eaux d'Enghien était devenues très à la mode à la suite des bienfaits qu'elles avaient apportés aux douleurs du roi Louis XVIII.

🌲 Forêt de L'Isle-Adam................

L'Isle-Adam D6

95290 - L'Isle-Adam
Rens. tél. : 01 34 69 41 99 (OT)
Ouv. 24 h / 24
RN 1, à 39 km N. de Paris

Une belle forêt de 1 500 ha où il fait bon se promener. Les lieux-dits portent parfois le nom de grilles ou de portes, évoquant ainsi le temps où cette forêt était privée et réservée aux chasses des princes de Conti. Quelques arbres comme le Gros Chêne et un tilleul classé sont de « vieilles branches » vénérables qui méritent un hommage respectueux. De l'autre côté de la vallée du ru de Presles s'étend la **forêt de Carnelle**, plus sauvage que sa voisine. Vous y découvrirez une allée couverte formée par des blocs de pierre datant du néolithique et formant comme un tunnel – lieu connu sous le nom de Pierre turquaise –, et vous pique-niquerez au bord d'un des deux charmants étangs – l'étang Bleu et le Petit Étang – où barbotent des canards de passage.
En septembre la ville de l'Isle-Adam **fête le cheval** et des défilés d'attelages ont lieu dans les rues et dans la forêt. En octobre, c'est le Moyen Âge que l'on met à l'honneur avec une grand banquet médiéval donné le samedi soir.

Val-d'Oise - Montmorency

Plage .... L'Isle-Adam D6

Place Feu-Saint-Jean
Tél. : 01 34 69 01 68
Ouv. tlj de 10 h à 19 h, et w.-e. et jrs fér.
de 9 h à 20 h de la mi-juin à la mi-sept.
RN 1, à 39 km N. de Paris

Au centre de la petite ville de L'Isle-Adam, blottie au milieu de sa forêt, une plage fluviale a été aménagée sur l'Oise, qui comprend un grand bassin, une piscine, des toboggans aquatiques et une grande plage de sable blanc. Après le bain, les enfants font une partie de golf miniature et les plus petits jouent sur les aires de jeux.

Croisières sur l'Oise L'Isle-Adam D6

Emb. place du Pâtis, quai de l'Oise à L'Isle-Adam,
et sous le pont d'Auvers à Auvers-sur-Oise
Rens. : 01 30 29 51 00 (Tourisme-accueil Val-d'Oise)
Départ : tls dim. et jrs fér., de la mi-juin à la mi-sept.
RN 1, à 39 km N. de Paris

Une promenade en bateau de L'Isle-Adam à Auvers-sur-Oise, les deux villes où séjournèrent Van Gogh et Cézanne. Si les enfants ne s'intéressent pas encore aux paysages chers aux impressionnistes, ils ont toujours beaucoup de joie à naviguer sur l'eau.

Musée Jean-Jacques Rousseau................ Montmorency D7

5, rue Jean-Jacques-Rousseau
95160 - Montmorency
Tél. : 01 39 64 80 13-Fax : 01 39 89 91 23
Ouv. de 14 h à 18 h du mardi au dim.
A 1 sortie dir. Chantilly, puis RN 1,
à 18 km N. de Paris

Entre 1756 et 1762, Jean-Jacques Rousseau vit à Montmorency, où il écrit l'essentiel de son œuvre romanesque et philosophique : *Lettre à d'Alembert sur les spectacles, Julie ou la Nouvelle Héloïse, Du contrat social* et *Émile*. L'intérieur de la maison, appelée le « Petit Montlouis », a été réaménagé avec des meubles lui ayant appartenu. Au bout d'un sentier en terrasse, on découvre le cabinet de travail du philosophe, le « donjon » dans lequel il se plaisait à écrire. Les lycéens seront intéressés par cette visite, qui rendra plus vivante pour eux l'étude des *Confessions*.

🌲 Forêt de Montmorency......

95160 - Montmorency
Rens. tél. : 01 39 64 42 94 (OT)
Ouv. 24 h / 24
RN 1 et RD 104 ou A 14 et A 115,
à 18 km N. de Paris

Une forêt toujours en cours de reboisement mais bien équipée pour les enfants, qui y trouveront des aires de jeux comme celle aménagée sur le « camp de César ». Et puis, on grimpe 193 m pour se retrouver au sommet, point culminant de la région, d'où on admire la vue sur les alentours.
Des parcours VTT ont été balisés et une piste cyclable dite route du Faîte traverse la forêt.

🏛 Musée départemental de l'Éducation... Saint-Ouen-l'Aumône C6

2, rue des Écoles
95310 - Saint-Ouen-l'Aumône
Tél. : 01 34 64 08 74
Ouv. merc., jeudi, vend., sam., dim. de 14 h à 18 h ;
fermé jrs fér. et mois d'août

Installé dans les salles de classe de l'ancienne école communale de filles de Saint-Ouen-l'Aumône, le musée présente des collections de matériel scolaire, la reconstitution d'une classe en 1900 et une exposition consacrée à l'écriture.
La classe avec ses pupitres toujours tachés d'encre, son tableau noir, ses cartes de géographie murales, son gros poêle, les vilaines blouses grises pendues au portemanteau et surtout l'humiliant bonnet d'âne fait apprécier les salles de classes confortables des écoles d'aujourd'hui.
Le musée organise des animations ponctuelles autour d'expositions.

Val-d'Oise - Wy-dit-Joli-Village

👁 Moulin...............  Sannois D7

95110 - Sannois
Tél. : 01 39 98 20 00
Ouv. le dim. de 13 h 30 à 18 h 30
A 15 dir. Cergy-Pontoise, puis A 115
dir. Taverny, sortie Sannois, à 25 km N.-O. de Paris

Les visiteurs ont l'occasion d'admirer les prouesses techniques permettant de transformer le vent en force mécanique qui écrase le grain. Dans la maison du Meunier d'à côté, on peut se restaurer et goûter à la galette, spécialité du lieu.

🦌 Ferme de Vauzelard
 **Vienne-en-Arthies B6**

RD 913, route de Vétheuil
95510 - Vienne-en-Arthies
Tél. : 06 12 23 34 84-Fax : 01 34 83 55 64
Ouv. de 14 h à 18 h le dim. (visite accompagnée à 16 h)
A 13, sortie Mantes (n° 11), RN 983 et RD 913, à 70 km O. de Paris

Des légumes du potager pour faire plaisir à maman et des animaux à caresser pour distraire les enfants. Les fermiers du lieu s'emploient à élever des animaux de races menacées (ânes du Poitou, chèvres du Rovre…) et à faire pousser des variétés anciennes de légumes et de plantes, que permet de faire découvrir un sentier botanique.

👁 Forge médiévale.......... **Wy-dit-Joli-Village B6**

95420 - Wy-dit-Joli-Village
Tél. : 01 34 67 41 79
Ouv. dim. de 14 h à 18 h ; fermé du 15 déc. au 30 mars
Gratuit pour les – de 16 ans
A 15 et RN 14 dir. Rouen, à 56 km O. de Paris

« Ah, le joly village ! » se serait écrié Henri IV en venant là pour la première fois.
Face à la pittoresque église, un forgeron dynamique y a aménagé un musée de l'Outil, véritable paradis des bricoleurs. Son épouse cultive un adorable jardin de curé où poussent des plantes médicinales et des fleurs rares comme il en existait au Moyen Âge.

YVELINES

🏠 Datcha d'Ivan Tourgueniev.......... Bougival F3

12, rue Tourgueniev
78380 - Bougival
Tél. : 01 39 18 22 30 et 01 45 77 87 12
Ouv. le dim. de 10 h à 18 h, de la mi-mars à la mi-déc.
A 13 sortie Vaucresson, à 18 km O. de Paris

En 1843, à Saint-Pétersbourg, Tourgueniev tomba fou amoureux de Pauline Viardot, une cantatrice célèbre de l'époque. Il suivit la diva dans ses tournées triomphales en Europe et, pour ne pas s'éloigner d'elle, se fit construire un chalet qu'il appela sa datcha et où il reçut ses amis écrivains et musiciens, tels Guy de Maupassant, Camille Saint-Saëns ou Gabriel Fauré. L'architecture de cette villa est étonnante, et les petits intellos des grandes classes s'intéresseront à la visite.

🏠 Château de Breteuil.... Choisel F4

78460 - Chevreuse
Tél. : 01 30 52 05 02-Fax : 01 30 52 71 10
Ouv. 10 h pour le parc,
14 h 30 pour le château
(11 h dim., jrs fér. et vac. scol. région parisienne)
RN 118 sortie Chevreuse puis suivre parcours fléché,
à 35 km O. de Paris

Le château de Breteuil est bâti dans un jardin recréé d'après des cartons de Le Nôtre. Au Moyen Âge, les seigneurs de Bévilliers y établirent une forteresse dont subsiste le pigeonnier. L'édifice actuel, commencé sous Henri IV, est entré dans la famille de Breteuil en 1712 et a toujours été transmis depuis de père en fils. Les jeunes visiteurs vont avoir l'occasion de parcourir les pièces d'un château sans soupirer d'ennui... Ils vont rencontrer Marie-Antoinette et Louis XVI, Louis XVIII, Gambetta, Marcel Proust, etc. ; dans les cuisines, ils auront la surprise de voir le pâtissier rouler sa pâte, la cuisinière respirer et le chauffeur du roi d'Angleterre faire l'admiration des femmes de chambre. Tous ces personnages ont ressuscité grâce au musée Grévin.
Les dimanches et jours fériés de mai à oct., les visites sont assurées par des guides en costumes du XVIIIe s.

Yvelines - Conflans-Sainte-Honorine

Charles Perrault, longtemps collaborateur de Colbert, contrôleur général des finances de Louis XIV, est à l'honneur ; des scènes recréent quelques-uns de ses contes les plus célèbres : la Belle au bois dormant dort dans le château ; Peau d'Âne lave les torchons dans le lavoir ; le Petit Chaperon rouge rend visite à sa mère-grand dans un petit pavillon du parc ; le Chat Botté est dans la petite écurie ; le Petit Poucet se cache dans le fruitier et Barbe-Bleue terrorise sa malheureuse épouse dans l'ancienne salle de classe du château. Une signalétique, ayant pour symbole la botte de sept lieues, permet de conduire les visiteurs d'un conte à l'autre.

Les plus jeunes pourront faire de la balançoire, et toute la famille se promènera dans le parc planté d'arbres magnifiques où quelques daims vivent en liberté et ira se perdre dans le labyrinthe de buis.

Une conteuse raconte aux enfants les histoires extraordinaires de Charles Perrault (dim. a.-m. du 1ᵉʳ mai au 14 juill. et de la fin août à fin oct.).

Les Vaux-de-Cernay

78720 - Cernay-la-Ville
Ouv. 24 h/24
A 12, N 10 et RD 24 av. Le Penay-en-Y.
à 50 km de Paris

Dans un sous-bois de hêtres et de chênes où coule une rivière, un chaos de rochers fait la joie des enfants. Voici un petit bois idéal pour se promener, s'amuser et faire un pique-nique.

Musée de la Batellerie ...... Conflans-Sainte-Honorine F2

Château du Prieuré
3, place Gévelot
78700 - Conflans-Sainte-Honorine
Tél. : 01 39 72 58 05-Fax : 01 34 90 88 89
Ouv. en semaine sauf mardi matin de 9 h à 12 h et de 13 h 30 à 18 h et w.-e. et jrs fér. de 15 h à 18 h en été (14 h à 17 h en hiver)
A 15 sortie Conflans, à 25 km N.-O. de Paris

Le musée évoque la batellerie dans les différentes régions de France grâce à d'extraordinaires maquettes, merveilles de précision, regroupées pour certaines dans de vastes panoramas évoquant la région traitée ; des documents, des photos et des objets se rapportant au bateau apportent un précieux complément à ce panorama de la navigation sur rivière.

Conflans-Sainte-Honorine est depuis le XIXe siècle le principal carrefour des voies navigables du nord de la France et le confluent de la Seine et de l'Oise. Aujourd'hui encore, la promenade le long des quais où sont amarrées les péniches est spectaculaire ; on aura même la surprise de découvrir une **péniche-chapelle** qui porte le nom de son ambition, *Je sers*.

Tous les dimanches de mai à sept., vous pourrez embarquer pour une courte **croisière** (départ en face du SI à 15 h, 16 h et 17 h).

Au mois de juin, Conflans-Sainte-Honorine est en fête et célèbre le **pardon de la Batellerie** le 3e w.-e. de juin (rens. au 01 43 90 88 88).

Château.................. Dampierre E4

Parc floral du château de Dampierre
78720 - Dampierre
Tél. : 01 30 52 53 24
Ouv. du lundi au vend. de 14 h à 19 h d'avril au
15 oct., et w.-e. et jrs fér. de 10 h à 12 h et de 14 h à 18 h 30
RN 118, sortie Saclay et RN 446, à 44 km O. de Paris

Le château de Dampierre fut construit par Jules Hardouin-Mansart pour le duc de Luynes, gendre du grand Colbert, et c'est Le Nôtre qui dessina ses jardins à la française. Un parc floral a été créé autour de plans d'eau et le long de petites rivières : au printemps, tulipes, jacinthes et narcisses tapissent les pelouses, puis rhododendrons et azalées s'épanouissent dans les sous-bois. Pendant toute la saison des fleurs, les parterres changent ainsi chaque mois de couleurs. Attention, il est défendu de faire un bouquet pour maman !

France miniature...... Élancourt E4

25, route du Mesnil
78990 - Élancourt
Tél. : 08 36 68 53 35
Ouv. tlj de 10 h à 19 h (24 h les sam.
de mai, juillet et août) du 15 mars au 15 nov.
A 13/A 12 et RN 12, suivre fléchage, à 30 km O. de Paris

Une France miniature avec ses montagnes, ses mers et ses océans, ses fleuves et ses rivières. La tour Eiffel est presque au centre avec tout près d'elle le Grand Stade et un peu plus loin les châteaux de la Loire, à l'ouest, Le Mont-Saint-Michel, au sud, Notre-Dame-de-la-Garde à Marseille, au nord, la cathédrale d'Amiens... Dans ce vaste parc arboré représentant la France, plus de 150 monuments et 15 villages typiques reproduits au 1/30 symbolisent les régions françaises.

Les cathédrales ont leurs vitraux, leurs statues, leurs gargouilles ; les toits des hospices de Beaune sont recouverts de tuiles bien vernissées, les trains circulent, les bateaux quittent le port...

Dans la salle dite des « Rois de France » a lieu plusieurs fois par jour une **féerie aquatique** : des jets d'eau de toutes les couleurs sautent et dansent au rythme de la musique.

On peut se procurer à l'entrée un audiophone ou encore faire l'acquisition d'un guide afin d'émailler cette promenade dans la France miniature d'informations pédagogiques et culturelles.

Pendant les mois d'été des animations sont régulièrement proposées, dont un « Tour de France des saveurs » avec dégustation de produits régionaux dans les sites appropriés (se rens. sur les dates). Les samedis des mois de mai, juillet et août, le parc prend une allure mystérieuse sous les lumières des flambeaux et devient féerique lorsqu'un feu d'artifice est tiré du Mont-Saint-Michel.

Réserve zoologique de Sauvage .... Émancé D5

78120 - Émancé
Tél. : 01 34 94 00 94
Ouv. tlj de 9 h à 19 h en été
et de 9 h à 17 h 30 en hiver
Par la D 176 de Rambouillet
A 13/A 12, RN 10 jusqu'à Rambouillet et RD 176, à 65 km O. de Paris

Autour d'un harmonieux château du XVIIIe s. s'étend un parc à l'anglaise où poussent des arbres exotiques tels que séquoias, tulipiers, cèdres, paulownias... et où évoluent librement kangourous, petites antilopes, cerfs nains et, le long de l'étang, une colonie de flamants roses. Dans une partie du château ont été aménagées des volières pour accueillir de magnifiques oiseaux provenant de tous les coins du monde.

✿ Maison de l'OPIE...  Guyancourt F4

INRA
Domaine de La Minière
78040 - Guyancourt
Tél : 01 30 44 13 43-Fax : 01 30 83 36 58
Ouv. lundi, mardi et merc. de 9 h à 12 h et de 14 h à 17 h 30 et jeudi et vend. de 9 h à 12 h et de 14 h à 16 h 30
A86, sortie Guyancourt D91 jusqu'à La Minière, à 35 km O. de Paris

Voici une occasion exceptionnelle de découvrir le monde fascinant des insectes !
Des insectes très divers sont présentés dans des vivarium et des panneaux pédagogiques permettent de mieux comprendre leur mode de vie, de se faire une idée de leur biologie (alimentation, respiration, reproduction, communication…).
Cette visite, particulièrement instructive pour un jeune public, permet également de comprendre le rôle écologique des insectes.

Ferme de Viltain... Jouy-en-Josas F4

78350 - Jouy-en-Josas
Tél. : 01 39 56 38 14
Ouv. tlj de 8 h 30 à 19 h et dim. de 10 h à 12 h et de 14 h 30 à 19 h
RN 118 sortie Vauhallan 20 km O. de Paris

Un troupeau de 600 têtes dont 300 vaches laitières occupe les étables, et fruits, légumes et fleurs poussent dans les champs de la ferme de Viltain. Tous les jours de l'année, les visiteurs peuvent assister à la spectaculaire traite des vaches (de 13 h 30 à 16 h) : 18 vaches sont traites en même temps en 10 minutes. Au fil des saisons, les enfants vont découvrir la vie de la ferme : fin janvier et en février, ils rendent visite aux petits veaux et confectionnent de la pâte à crêpes ; en avril, ils badigeonnent de mille couleurs les œufs des poules ; en juin, ils plantent un fraisier qu'ils emportent chez eux ; en septembre, ils pressent les pommes pour en extraire le jus ; en octobre, ils regardent traire les vaches et fabriquent du fromage ; en novembre, ils créent des bougies avec de la cire d'abeille, etc. (activités payantes).

🌲 La Ferme du Logis.. Jumeauville D3

78580 - Jumeauville
Tél. : 01 30 42 61 27 (info cueillette)
Ouv. d'avril à mai (jrs et horaires selon les mois) et de 9 h à 19 h à partir de la cueillette des fraises
A 13 sortie Épône, 50 km O. de Paris
Entrée gratuite (prix selon le poids de la récolte)

Ah ! les bonnes framboises ! Oh ! les belles pommes ! Comme c'est amusant d'aider papa et maman à cueillir les fruits, surtout lorsqu'on sait que l'on pourra se régaler avec une bonne glace une fois les paniers remplis. Selon la saison, fraises, framboises, groseilles, mûres, cassis, pommes et poires mûrissent dans ce vaste verger et tomates, courgettes, haricots, salades, etc., s'épanouissent dans les carrés de ce potager géant.

Un déjeuner de crêpes rendra la journée encore plus plaisante pour les enfants (crêperie : réserv. 01 30 93 04 45).

N'oubliez pas avant de partir de goûter les délicieuses pâtes de fruits.

🦋 La Jungle aux papillons*........ La Queue-lez-Yvelines D4

Jardinerie Poullain
78940 - La Queue-lez-Yvelines
Ouv. prévue avril 2000 (horaires non communiqués lors de la rédaction de ce guide)
A 13/A 12 et RN12, 50 km O. de Paris
*Nom provisoire

La Serre aux papillons va se métamorphoser en une jungle extraordinaire où enfants et adultes pourront vivre une aventure exotique. Le voyage commence, comme il se doit, dans la salle d'un aéroport, où le passager embarque à bord d'un vieil avion à bord duquel il prend connaissance de la mission qui lui est confiée. Il débarque dans une jungle où volettent des centaines de papillons et de là part à la recherche d'un incroyable trésor : il lui faudra s'enfoncer dans une forêt mystérieuse bruissante de bruits inquiétants, traverser un fleuve peuplé de piranhas et de poissons tropicaux, plonger dans la mer profonde, univers des requins, avant de découvrir enfin le but de son voyage.

L'aventure s'annonce spectaculaire et nous avons hâte de voir.

Le Cerf-Volant  Le Mesle-Adainville D4

Route de la Chesnaye
78113 - Condé-sur-Vesgre
Tél. : 01 34 87 15 50
Ouv. tlj sauf mardi de 14 h à 18 h du 1er mai au 15 oct.
A 13/A 12 RN 12 sortie Montfort-l'Amaury, RN 138 pour Saint-Léger-en-Yvelines, et RD 936 en direction de Condé, et 1re route à gauche vers Le Mesle-Adainville, à 55 km O. de Paris

Une sympathique mini-ferme où les bambins peuvent caresser les bébés lapins, s'attendrir devant les poussins nouveau-nés, découvrir les différentes espèces de poules, regarder les abeilles s'affairer derrière la vitre de leur ruche.

Un déjeuner campagnard composé des produits de la ferme et achevé par de délicieuses tartes aux fruits de saisons est servi (sur réservation) dans le jardin devant la maison ; ainsi, pour une somme modique, les parents peuvent se détendre en laissant les enfants s'amuser avec les animaux. Et l'on repart en emportant des pots de confitures maison.

Un atelier de fabrication de jus de fruits est prévu. Possibilité aussi d'organiser au Cerf-Volant une chaleureuse fête d'anniversaire.

Château de Monte-Cristo........ 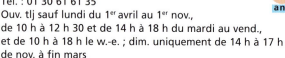 Le Port-Marly F3

Le domaine de Monte-Cristo
78560 - Le Port-Marly
Tél. : 01 30 61 61 35
Ouv. tlj sauf lundi du 1er avril au 1er nov.,
de 10 h à 12 h 30 et de 14 h à 18 h du mardi au vend.,
et de 10 h à 18 h le w.-e. ; dim. uniquement de 14 h à 17 h
de nov. à fin mars
A 13, sortie Saint-Germain-en-Laye, et RN 186
(accès commun avec la clinique de l'Europe), à 18 km O. de Paris

À 42 ans, Alexandre Dumas est au sommet de sa gloire grâce au succès remporté pas ses romans *le Comte de Monte Cristo* et *les Trois Mousquetaires*. Il décide se faire construire une vaste demeure sur les collines de Port-Marly, et demande à son architecte de lui concevoir un petit château néo-Renaissance avec clochetons et tourelles. À l'intérieur il fait décorer sa chambre dans un style mauresque et ajouter dans l'enceinte un pavillon néogothique entouré d'eau où il installe son cabinet de travail qu'il appelle le château d'If. Sur la façade de son château, il fait sculpter des médaillons représentant les écrivains qui lui sont chers : Virgile, Dante, Shakespeare, Homère, Corneille,

Goethe, Chateaubriand, etc. Il en manquait cependant un : lui-même ! Et, comme un de ses amis s'en étonnait, Dumas répondit : « Moi ? Mais je suis à l'intérieur...»

L'écrivain imagine aussi l'aménagement du parc, transformant les sources en cascades d'où l'eau ruisselle à travers des rocailles, créant des bassins et une pièce d'eau miniature qu'il peuple de « quinze cents goujons, huit cents ablettes, cent cinquante truites et douze cents écrevisses » achetés au village.

Alexandre Dumas engloutit une grande partie de sa fortune pour la construction de ce splendide domaine, dont il disait qu'il avait là « une réduction du paradis terrestre ».

Vouée à la destruction en 1969, la propriété fut sauvée et restaurée grâce à la Société des amis d'Alexandre Dumas et à la générosité des communes environnantes.

Haras national...... Les Bréviaires D4

78610 - Les Bréviaires
Tél. : 01 34 84 92 07-Fax : 01 34 84 60 57
Visite le sam. à 14 h 30 et 16 h ; fermé au mois d'août
A 13/A 12, RN 12 sortie Le Perray-en-Yvelines, puis RN en dir. de St-Léger-en-Yvelines, à 48 km O. de Paris

+8 ans

Les passionnés de chevaux sont à la fête : dans ce beau haras situé sur un domaine de 50 ha de bois et d'herbages, ils rencontrent de splendides étalons et font la connaissance de la « bande des neuf » – les dignes représentants de neuf races françaises de chevaux de trait. Par ailleurs, ils visitent la forge, l'exposition de voitures hippomobiles et la collection de harnais, et pour terminer assistent à une démonstration pédagogique du travail quotidien des chevaux.

Musée-promenade de Marly-le-Roi......... Louveciennes F3

Parc de Marly, « la Grille royale »
78350 - Louveciennes
Tél. : 01 39 69 06 26
Ouv. du merc. au dim. de 14 h à 18 h ;
fermé les jrs fér.
A 13 sortie Saint-Germain-en-Laye, à 15 km O. de Paris

+12 ans

Ce musée est consacré à la splendeur du domaine de Marly sous l'Ancien Régime ; une maquette y donne une idée de l'aspect du domaine des champs de Louis XIV, où rêvaient d'être invités les grands de la Cour – « Sire, irons-nous avec vous à Marly ? » Vendu à la Révolution, le château fut démoli et les pierres disséminées comme matériau de construction. La salle réservée à la machine de Marly est particulièrement spectaculaire : grâce à ses 14 roues hydrauliques, celle-ci pompait l'eau dans la Seine et alimentait les bassins de Versailles et de Marly.

Le parc, tout autour, est tout ce qui reste du château de plaisance que s'était fait construire Louis XIV pour échapper de temps en temps aux fastes de Versailles. Des terrasses, une vaste pièce d'eau, des fontaines disséminées, un abreuvoir à chevaux laissent entrevoir ce qu'il fut au XVIIIe s. ; les célèbres sculptures des *Chevaux de Marly*, eux, ont quitté le parc et sont aujourd'hui au Louvre (accès av. des Combattants à Marly-le-Roi et côte du Cœur-Volant).

Au-delà du parc s'étend la **forêt domaniale de Marly**, ancien territoire de chasse des rois de France, qui offre aux promeneurs des circuits variés et de très beaux points de vue.

Château.......... Maisons-Laffitte F2

2, av. Carnot
78600 - Maisons-Laffitte
Tél. : 01 39 62 01 49
Ouv. tlj sauf mardi de 10 h à 12 h et de 13 h 30 à 18 h d'avril à oct., 17 h le reste de l'année
Gratuit pour les – de 12 ans
A 14 sortie Saint-Germain-en-Laye, puis RD 157, à 21 km O. de Paris

Situé au bord de la Seine, ce château fut conçu par François Mansart comme un domaine de pur style classique, son propriétaire souhaitant pouvoir accueillir le roi à son retour de la chasse. Ce furent en effet Anne d'Autriche et le jeune Louis XIV, alors âgé de 13 ans, qui l'inaugurèrent au cours d'une fête somptueuse pendant laquelle raconte-t-on, on fit « immense crapule ». Par la suite, le roi y fit de fréquents séjours en venant de Saint-Germain.

En 1777, le château de Maisons fut acheté par le comte d'Artois, frère de Louis XVI et futur Charles X, qui y installa ses chevaux de course dans les écuries.

Puis, racheté en 1818 par l'homme politique et banquier Jacques Laffitte, il devint un haut lieu de l'opposition au régime de Charles X. En 1833, Laffitte décida de vendre une partie du parc pour réaliser un vaste lotissement, et il fit démolir les écuries de Mansart pour fournir des matériaux de construction aux nouveaux acquéreurs de vil-

las. Quelques années plus tard, son neveu Charles finança la ligne de chemin de fer Paris-Rouen et le village prit alors le nom de Maisons-Laffitte.
La ville est maintenant surtout célèbre pour son champ de courses. Le château se visite, mais c'est surtout le sous-sol, où est installé le musée du **Cheval de course,** qui retiendra quelque temps l'attention des enfants.

Maison d'Émile Zola... Médan F2

26, rue Pasteur
78670 - Médan
Tél. : 01 39 75 35 65
Ouv. les sam. et dim. de 14 h à 18 h.
A 13, sortie Poissy-Villennes, puis RD 154 jusqu'à Médan, à 70 km O. de Paris

Le succès de son roman *l'Assommoir* (1878) permit à Zola l'achat d'une maison de campagne à laquelle il fit adjoindre deux tours. Puis il aménagea une ferme avec ses animaux et un pavillon pour les amis, où il reçut des écrivains comme Guy de Maupassant, les frères Goncourt, Huysmans... De leurs discussions littéraires naquit un recueil collectif de nouvelles intitulé *les Soirées de Médan.* Quant à son grand cabinet de travail, c'est celui où Émile Zola écrivit trois de ses plus célèbres ouvrages : *Nana, Germinal* et *la Bête humaine.*
La visite de la maison du célèbre écrivain donne une dimension supplémentaire aux lectures des œuvres de Zola que les lycéens ont au programme.

La plage de Villennes.. Médan F2

Quai de Seine
78670 - Médan
Tél. : 01 39 75 82 03
Ouv. tlj de 10 h à 19 h de mai à sept.
A 13, sortie Poissy-Villennes, puis RD 154 jusqu'à Médan

Une belle occasion de se baigner dans la Seine dans un décor un peu désuet des années 1930. Des toboggans, des Pédalos, un mini-golf, des tennis et des jeux divers permettent de passer une très bonne journée.

L'OUEST ET LE SUD-OUEST DE PARIS

 ## Base régionale de plein air et de loisirs..................

78840 - Moisson
Tél. : 02 34 79 33 34
Fax : 02 34 79 31 70
Ouv. tlj de 7 h à 22 h de juin à fin août ; w.-e. et jrs fér. de mars à nov.
Gratuit pour les – de 8 ans
L'entrée ne comprend pas les activités
A 13 sortie Bonnières-sur-Seine, à 70 km O. de Paris

Que vous soyez sportif ou simplement désireux d'un peu de farniente, vous aurez le choix de vos activités. L'espace loisirs de Moisson propose tennis, planche à voile, dériveur, canoë, pédalo, tir à l'arc, pistes de bicross, mini-golf, golf de 18 trous et une belle plage aménagée.

 ## Musée du Jouet..........

2, enclos de l'Abbaye
78300 - Poissy
Tél. : 01 39 65 06 06-Fax : 01 39 65 03 14
Ouv. du mardi au dim. de 9 h 30 à 12 h et de 14 h à 17 h 30 ; fermé jrs fér.
A 13 sortie Poissy, à 29 km O. de Paris

Installé dans un bâtiment du XIVe s., le musée présente sur trois étages un ensemble de jouets et de jeux du XIXe et du XXe s.
Un espace du premier étage est le royaume de la poupée : bébés jumeaux, poupée à tête de porcelaine, de cire, élégante poupée de mode du siècle dernier, baigneurs en Celluloïd, poupards en carton, poupées folkloriques... Une autre partie est consacrée aux jouets optiques : lanternes magiques, zootrope (ancêtre du dessin animé), kaléidoscopes, théâtres d'ombres... Et le reste de l'étage expose des jeux de société et des animaux : les animaux de la ferme et les ours en peluche... des jeux de plein air, des trains et des jouets mécaniques.
Au deuxième étage, une pièce mansardée recrée l'atmosphère d'un grenier. Autour d'un réseau de trains électriques fonctionnant à l'approche du visiteur sont rassemblées les plus belles pièces du musée : poupées rares, trains et bateaux à vapeur, marionnettes, etc.
Dans une petite pièce aménagée dans une tour du bâtiment, une chambre d'enfant a été reconstituée avec ses jouets et tous ses objets familiers.
Un questionnaire-jeux est remis aux enfants à l'accueil.

Yvelines - Rambouillet

Musée rambolitrain.. Rambouillet E5

4, pl. Jeanne-d'Arc
78120 - Rambouillet
Tél. : 01 34 83 15 93-Fax : 01 34 83 00 14
Ouv. tlj sauf lundi et mardi de 10 h à 12 h
et de 14 h à 17 h 30
A 13/A 12 et RN 10, à 54 km O. de Paris

Dans ce musée, deux passionnés ont réuni plus de 4 000 pièces de collection retraçant l'histoire du chemin de fer.

On découvre les premiers trains-jouets fabriqués en fer-blanc et peints à la main ; dans une vitrine reconstituant un magasin de jouets, le Paradis des enfants, on admire la gare centrale (1904) avec tous ses personnages : les passagers attendent sur le quai, le porteur avance son chariot chargé de bagages, dans le wagon-restaurant le cuisinier est entouré de ses casseroles et de ses poêles… Les enfants apprécieront particulièrement le réseau ferroviaire du deuxième étage, où circulent locomotives et wagons.

En été, le petit train du jardin sur lequel on peut monter fera la joie des petits.

Laiterie de la Reine et pavillon des Coquillages………. Rambouillet E5

Parc du château
Tél. : 01 34 83 29 09
Ouv. tlj sauf lundi et mardi de 10 h à 12 h et de 14 h
à 15 h 30, du 1er oct. au 31 mars, et de 10 h à 12 h et
de 14 h à 17 h 30 du 1er avril au 30 sept.
A 13 / A 12 et RN 10, à 54 km O. de Paris

Le château de Rambouillet est une des résidences officielles de la présidence de la République. Un certain nombre de conférences internationales y sont organisées. Sa visite n'est guère intéressante pour les enfants, mais celle de la laiterie de la Reine, du pavillon des Coquillages et surtout de la bergerie (voir p. 190) leur plaira plus.

C'est Louis XVI qui, en dépit de ses difficultés financières, avait acheté la laiterie à son cousin pour faire plaisir à son épouse Marie-Antoinette, désireuse de jouer à la bergère. En face de cette maisonnette se trouve une chaumière dont l'intérieur est entièrement décoré avec des coquillages et des cailloux. Bonne idée pour refaire sa chambre !

Bergerie nationale.. Rambouillet E5

Parc du Château
78120 - Rambouillet
Tél. : 01 34 83 68 00-Fax : 01 34 83 07 54
Ouv. du merc. au dim. et jrs fér. de 14 h à 18 h
Gratuit pour les – de 6 ans
Boutique gourmande ouverte de 14 h à 18 h du merc. au dim.
et le sam. matin
A 13/A 12 et RN 10, à 54 km O. de Paris

L'histoire de la bergerie de Rambouillet est intimement liée à celle des moutons mérinos, réputés pour la finesse de leur laine. Le troupeau d'origine vient de la région de Ségovie, en Espagne, il a été acheté sur ordre de Louis XVI et est arrivé à pied à Rambouillet après un voyage de 4 mois. Les moutons que l'on voit aujourd'hui descendent de ces mérinos espagnols ; ils sont maintenant exportés dans le monde entier sous le nom de mérinos Rambouillet.
Ces moutons historiques font bon ménage avec ceux de deux autres races, en tout ils sont 600 à bêler gentiment.
Mais la Bergerie nationale est aussi une vraie ferme, avec ses étables, ses écuries, ses porcheries, ses poulaillers, et aussi sa maternité, où les enfants peuvent voir et souvent caresser les chevreaux, les agneaux, les bébés lapins, etc.
Une autre curiosité du lieu est le troupeau de bufflonnes, dont le lait sert à la fabrication de la mozzarella, et la famille d'aurochs.
Si vous voulez en savoir beaucoup plus encore sur les moutons mérinos, un petit musée du Mouton retrace leur histoire.
En sortant, un tour dans le parc du château de Rambouillet en **calèche** sera l'occasion d'une belle promenade (rens. au 01 34 83 68 70).
Plusieurs fois par an, la Bergerie organise des **journées à thème**, autour de la tonte des moutons, bien sûr, mais aussi autour des loups ou encore des chiens de troupeau.

Espace Rambouillet Rambouillet E5

78514 - Rambouillet
Tél. : 01 34 83 05 00
Minitel : 3614 ESPACERAMB
Ouv. tlj de 9 h à 18 h de mai à oct. ;
tlj sauf lundi de 10 h à 17 h de nov. à avril
Présentation de rapaces en vol d'avril à oct.
A 13/A 12 et RN 10, à 54 km O. de Paris

L'espace Rambouillet propose **la forêt des cerfs** : ses sentiers longent des enclos où vivent en liberté cerfs, biches, chevreuils, aurochs ; une forêt sauvage où l'on rencontre au hasard de la marche cerfs, biches, sangliers ; et une **forêt des aigles** où vivent plus de 120 rapaces. Ceux-ci (aigles, vautours, milans, faucons) se livrent à de spectaculaires démonstrations de leurs talents, effectuant de splendides vols libres et exhibant leurs subtiles techniques de chasse et de pêche.

🌲 Forêt.................... Rambouillet E5

Rens. : OT hôtel de ville
place de la Libération
78514 - Rambouillet
Tél. : 01 34 83 21 21-(O.T.)
Fax : 01 34 57 34 58
A 13/A 12 et RN 10, à 54 km O. de Paris

La forêt de Rambouillet, qui s'étend sur 19 000 ha autour de la ville de Rambouillet, est le vestige de l'ancienne forêt des Carnutes, qui s'étendait au temps des Gaulois jusqu'aux abords de Carnotum (Chartres). Elle était alors la propriété des rois francs et portait le nom d'Yvelines (abondance en eau).
Les arbres qui y poussent sont magnifiques et d'essences variées. Certains chênes ont atteint des âges canoniques, le plus vieux, le chêne Baudet, a probablement plus de 550 ans !
Au printemps, le muguet et les jacinthes bleues tapissent les sous-bois, et à l'automne on y découvre des champignons extraordinaires. Les animaux sauvages sont nombreux : cerfs, chevreuils, biches et sangliers. Au mois de septembre, on peut venir entendre les cerfs bramer : cet appel à l'amour, au son guttural, est impressionnant à écouter la nuit venue. Des pistes cyclables parcourent la forêt et on peut louer des vélos devant la maison forestière de la porte de Saint-Léger et aux étangs de Hollande, après ou avant un bonne baignade (voir p. 195).
À pied on pourra faire de magnifiques promenades ; trois d'entre elles séduiront particulièrement les enfants.

La pierre Ardoue
Venant de Saint-Léger-en-Yvelines par la RD 111 (Gambaiseuil), tournez sur la première route à gauche qui part en diagonale et continuez jusqu'à son extrémité, où vous vous garerez. De là, enfoncez-vous à pied dans la forêt ; à la première fourche, vous prendrez à gauche, et environ 800 m plus loin vous arriverez à la pierre Ardoue, une table de grès de 4,90 m de long et 4 m de large. Sa destination et sa présence restent mystérieuses : était-ce un autel autour duquel les druides de la nation carnute se rassemblaient ? Et l'on se demande

par quel moyen nos ancêtres ont réussi à déplacer cette masse, dont le poids est estimé à une quinzaine de tonnes.

Les rochers d'Angennes

À la sortie de Poigny-la-Forêt, vous prenez la RD 107 en direction d'Hermeray-sur-Épernon, et en face de la station d'épuration vous verrez sur la gauche un espace aménagé en parking. Un petit sentier grimpe sur la colline et passe devant une terrasse dont la paroi de fond est constituée de beaux rochers, parfaits pour l'escalade des enfants. Au sommet s'étend une magnifique vue sur les étangs d'Angennes. Au premier plan, un chaos de rochers constitue un cadre idéal pour de formidables parties de cow-boys et d'Indiens ou de gendarmes et de voleurs. Un banc bien placé permet aux parents d'attendre patiemment en admirant le paysage.

L'étang de Coupe-Gorge

L'étang de Coupe-Gorge est accessible par la route forestière qui part de la RD 936 (Rambouillet - Saint-Léger-en-Yvelines) juste en face de la grille du château de Rambouillet (1 km env. en venant de Rambouillet). Roulez jusqu'à l'extrémité de la route goudronnée ; là s'étend le splendide étang de Coupe-Gorge, dont le nom fait allusion aux bandits de grands chemins qui autrefois attaquaient les voyageurs. Aujourd'hui, le site est enchanteur et plusieurs tables de pique-nique ont été disposées sur les rives. Les enfants pourront courir et s'amuser à loisir pendant que les parents feront le tour de l'étang.

Le **château de Rambouillet**, devenu résidence des présidents de la République, a accueilli nombre d'hôtes illustres : François Ier, malade, mourut dans la grande tour ronde ; Louis XVI y créa le jardin anglais, la laiterie et la bergerie pour faire plaisir à la reine Marie-Antoinette ; Napoléon Ier y passa son avant-dernière nuit avant son exil à Sainte-Hélène ; ce fut là aussi que Charles X décida, en 1830, d'abdiquer avant de s'exiler en Angleterre ; enfin, les présidents des pays les plus riches du monde s'y réunirent à l'occasion de sommets internationaux.

Yvelines - Saint-Arnoult-en-Yvelines

🌲 Arboretum de Chèvreloup.......... Rocquencourt F3

Muséum national d'Histoire naturelle
30, route de Versailles
78150 - Rocquencourt
Tél. : 01 39 55 53 80-Fax : 01 39 54 74 97
Ouv. sam., dim. et jrs fér. de 10 h à 17 h du 1er avril au 15 nov.
(visite guidée à 15 h le sam.)
A 13 sortie Versailles/St-Germain-en-Laye,
1 km dans la dir. de Versailles, à 20 km O. de Paris

Un arboretum est un lieu où l'on rassemble toutes sortes d'arbres provenant de différents pays. À Chèvreloup, en bordure du parc de Versailles, sont présentées environ 2 500 espèces et variétés d'arbres originaires de toutes les régions tempérées et froides du globe : Europe, Chine, Japon, USA, Canada, Himalaya, Caucase... La plupart des arbres arrivent à Chèvreloup directement du pays d'origine sous forme de graines et sont élevés en pépinière ; les jeunes arbres sont plantés dans l'arboretum 6 à 10 ans plus tard. À vous de les découvrir au hasard de votre promenade ; des panneaux explicatifs (ou un guide sonore) permettent de les reconnaître.

🔷 Plage aux champs........ Saint-Arnoult-en-Yvelines E5

16, rue Stourm
78670 - Saint-Arnoult-en-Yvelines
Tél. : 01 30 41 21 41
Ouv. de juill. à sept. de 11 h 30 à 13 h et de
14 h à 18 h 30
A 10 sortie St-Arnoult, à 55 km O. de Paris

À proximité d'un camping où les habitués louent un emplacement à l'année, une piscine d'eau douce et fraîche provenant de la rivière Rémarde a été aménagée, avec sa plage de sable où il fait bon se relaxer le week-end. L'atmosphère est conviviale et le lieu bon enfant.

Ferme de Gally.. — Saint-Cyr-l'École F4

Route de Bailly
78210 - Saint-Cyr-l'École
Tél. : 01 34 60 63 30-Fax : 01 30 58 03 00
Ouv. de 9 h à 19 h d'avril à nov. pour la cueillette ;
de 10 h à 12 h 30 et de 14 h à 18 h 30 (merc. 19 h) en semaine,
et de 10 h à 19 h le w.-e. pour la ferme ouverte
15 F la Ferme
Entrée gratuite, prix en fonction de la cueillette
A 13 sortie Rocquencourt, RN 307 dir. Bailly et RD 7 pour St-Cyr-l'École,
à 54 km O. de Paris

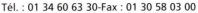
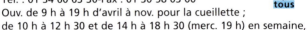

Chaque saison voit mûrir ses fruits et ses légumes.
Les fruits se cueillent en famille, on se régale de fraises et de framboises et on remplit ses paniers. Non loin des champs de cueillette se dresse la ferme. Après avoir joué pendant 10 siècles un rôle agricole important, elle s'est aujourd'hui spécialisée dans les cultures céréalières tout en s'ouvrant au public. Petits et grands découvrent en s'amusant la campagne au quotidien. Dans la cour de la ferme les enfants rencontrent canards, biquettes, lapins, poules et poussins..., et dans les bâtiments des **ateliers** sont organisés : fabrication du pain (tous les jours sans réservation) et, en juillet et août, patatogravure pour les petits, barattage du beurre, abeilles et apiculture, fabrication du jus de pomme, plantation des choux et des fraises, etc. (se rens. sur les horaires ; ateliers payants).

De la mi-juillet à la fin septembre, de 10 h à 18 h, la ferme de Gally invite les courageux aventuriers à une chasse au trésor dans un **labyrinthe de maïs**. Cet espace de 2 ha est extraordinaire, et le jeu est rudement amusant. Les petits ne sont pas en reste pour autant, ils pourront se perdre pour de faux dans un labyrinthe de fleurs ou encore dans celui fait de sarrasin et de maïs.

La ferme de Gally ne manque pas d'imagination pour créer des **événements exceptionnels** : à fin mars elle ouvre son royaume et les visiteurs assistent à la tonte des moutons, au ferrage des chevaux, à la fabrication du pain (les journées de Gally) ; à Pâques on y fait une chasse aux œufs ; en juin les enfants se régalent de fraises ; en septembre on revit les moissons comme autrefois et on cueille les pommes ; à fin novembre les enfants fêtent Halloween... Enfin, on peut y goûter avec ses copains pour fêter son anniversaire.

Yvelines - Saint-Germain-en-Laye

  Musée des Antiquités nationales........ Saint-Germain-en-Laye F3

Château
78103 - Saint-Germain-en-Laye
Tél. : 01 34 51 53 65
Ouv. tlj sauf mardi de 9 h à 17 h 15
RER ligne A Saint-Germain-en-Laye
Gratuit pour les – de 18 ans
A 13 ou A 14 sortie Saint-Germain, à 17 km O. de Paris

Le château de Saint-Germain a été résidence royale à partir du XIIe s. : François Ier, Henri IV, Louis XIII y habitèrent et Louis XIV y naquit. Pour le sauver de la ruine, Napoléon III décida sa restauration dans le but d'y installer un musée.

Aujourd'hui celui-ci présente une des plus riches collections préhistoriques d'Europe. Les objets allant du paléolithique aux périodes mérovingiennes sont remarquablement exposés. On y voit des œuvres capitales, comme la célèbre tête de la dame de Brassempouy, le plus ancien visage humain connu, ou une reconstitution de la salle des Taureaux de la grotte de Lascaux.

Dynamique, le musée des Antiquités nationales proposent des visites spéciales conçues pour les familles.

Ce sont les **visites légères,** d'une durée de 1 heure, destinées aux parents accompagnés de leurs enfants (à partir de 6 ans) ; des **visites-explorations,** au cours desquelles l'enfant, muni d'un questionnaire, réalise une enquête en répondant à des questions autour du guerrier gaulois ou de Clovis et Dagobert et leur temps ; ou encore un **circuit des curiosités,** qui donne l'occasion de découvrir des objets insolites comme ces énormes dents de mammouth ou encore cette amulette perforée faite à partir d'une rondelle crânienne il y a 8000 ans.

Par ailleurs, des **ateliers familiaux** accueillent parents ou grands-parents et enfants à partir de 8 ans pour une immersion commune dans le passé (merc., sam., dim. et vac. scol. ; séances de 2 heures). Voici quelques thèmes retenus : utilisation de l'argile au néolithique, déchiffrement des gravures paléolithiques, manipulation et dessin du matériel archéologique, ou encore la vie urbaine en Gaule romaine (insc. et rendez-vous à la billetterie du musée ; rens. au 01 39 10 13 21).

En sortant de la visite du château, toute la famille pourra aller se promener dans le parc et marcher jusqu'à la terrasse aménagée par le grand Le Nôtre, qui domine la ville de Saint-Germain et permet d'admirer au loin la Défense et Paris.

Ou bien encore, les sportifs pourront aller nager dans la magnifique **piscine olympique intercommunale** (av. des Loges ; tél. : 01 34 51 50 20).

L'OUEST ET LE SUD-OUEST DE PARIS

Et, du 1er juillet au 15 août, toute la famille ira s'amuser à la fête des Loges, qui se tient dans le bois de Saint-Germain et perpétue les réjouissances populaires qui étaient autrefois organisées en l'honneur de saint Fiacre, le patron des jardiniers.

◆ Étangs de Hollande........   Saint-Léger-en-Yvelines D4

78610 - Saint-Léger-en-Yvelines
Tél. : 01 34 86 30 50-Fax : 01 34 86 35 60
Ouv. tlj de 10 h à 19 h
du 1er mai au 30 sept.
Situé dans la forêt de Rambouillet entre Saint-Léger-en-Yvelines et Montfort-l'Amaury
A 13/A 12 et RN 12 sortie Montfort-l'Amaury et RD 138 dir. Saint-Léger-en-Yvelines, à 50 km O. de Paris

Dans une clairière de la forêt, une belle plage de sable blanc borde un des sept étangs créés au XVIIe s. pour alimenter en eau les bassins et fontaines du château de Versailles. La baignade est surveillée, et on peut également y faire des tours de Pédalo ou une partie de mini-golf, ou encore louer des vélos pour se promener sur les pistes cyclables de la forêt (tél. : 01 34 86 33 30 ; ouv. tlj de 10 h à 19 h du 1er mai au 30 sept. et les w.-e. de toute l'année sur réserv.). L'illusion d'être en vacances !

Parc zoologique..........   Thoiry D3

78770 - Thoiry
Tél. : 01 34 87 52 25
ou 01 34 87 40 67 (rép.) -
Fax : 01 34 87 54 12
Minitel : 3614 THOIRY
Ouv. tlj en sem. de 10 h à 18 h du 28 mars au 30 sept.
et de 10 h à 17 h du 1er oct. au 27 mars
A 13/A 12 et RN 12 jusqu'au Pontel et RD 11, à 40 km O. de Paris

Créé par Paul de La Panouse il y a plus de 25 ans, cette réserve est un petit morceau de jungle africaine en région parisienne.
On la parcourt en voiture et à pied.
En voiture (1 heure environ), on roule à proximité des girafes, des éléphants, des hypotragues, des lamas, des lions, des ours... Au printemps, en regardant bien, on pourra apercevoir en haut des arbres

Yvelines - Trappes

du parc à ours des oursons nouveau-nés. Les zèbres, les autruches, les singes… sont très familiers et n'hésitent pas à s'approcher des voitures. La plus grande prudence est cependant conseillée car tous ces animaux sont sauvages, et si on peut les regarder à loisir il ne faut jamais descendre de sa voiture.

À pied, on passe au-dessus de la cité des singes et du parc des loups et, par un tunnel de verre, on approche très près des griffes des tigres. On fera la connaissance du ligron, un croisement très rare entre un lion et un tigre. Dans le vivarium, on admirera les très rares dragons du Komodo et les crocodiles blancs de Thaïlande.

Les enfants s'amuseront sur l'aire de jeux et admireront un adorable hameau de la reine en miniature dans lequel évoluent chèvres, cochons et poules naines.

On peut aussi se promener dans le magnifique jardin à l'anglaise et dans le parc à la française, où des émeus, des cigognes et des flamants roses vivent en liberté, ou encore frémir au passage des chauves-souris d'Égypte dans une pénombre bleue.

Enfin, on pourra tenter de comprendre les règles du cricket en assistant à un match sur un green comme en Angleterre (w.-e. d'avril à oct.). Animations particulières dans le parc à pied : 13 h 45, les ours plongent ; 14 h, les manchots pêchent ; 14 h 15, les macaques déjeunent ; 14 h 50, les tigres déjeunent ; 15 h, les loups goûtent (les horaires étant susceptibles de varier, il est préférable de se renseigner à l'entrée).

Une navette en petit train permet de se déplacer dans le jardin zoologique et botanique.

Base de loisirs de Saint-Quentin-en-Yvelines

Trappes E4

78190 - Trappes
Tél. : 01 30 62 20 12
Fax : 01 30 62 91 72
Ouv. tlj de 7 h 30 à 22 h 30
L'entrée ne comprend pas les activités,
elle est gratuite à pied et payante en voiture
A 13/A 12 sortie Saint-Quentin, à 25 km O. de Paris sur la RD 912

La base de loisirs de Saint-Quentin-en-Yvelines offre une palette d'activités. Une grande piscine à vagues et ses deux bassins chauffés apportent la mer à la campagne (de 11 h à 19 h).

Une base nautique propose des initiations à la voile et à la planche.
Un centre équestre permet d'apprendre à monter à cheval ou à poney.

Une plaine de jeux, pour jouer au ballon ou lancer des cerfs-volants, et des bacs à sable et des pataugeoires sont à la disposition des jeunes enfants.
Une ferme donne l'occasion d'approcher moutons, chèvres, vaches, cochons, poulets, ânes du Poitou…
Des pistes de jogging et des sentiers de promenade font le tour de l'étang, véritable réserve naturelle peuplée de canards et d'oiseaux. Un petit train et des calèches permettent de faire le tour du parc sans se fatiguer. Enfin, un parcours de golf attend les plus âgés et les adultes. Toute la famille pourra aussi se promener au bord de l'étang, à pied ou à bicyclette. En saison, un petit train dessert les principaux centres d'intérêt du parc. Pendant tout l'été, la base de loisirs propose des **animations scientifiques** pour les 8-14 ans.
– « À la découverte des hommes de la préhistoire » : six ateliers pour découvrir comment les archéologues reconstituent la vie des hommes de la préhistoire (taille du silex, allumage du feu par percussion, construction d'un habitat nomade, etc.).
– « L'histoire de la Terre à travers les fossiles » : les petits géologues découvrent les âges géologiques et les fossiles d'êtres vivants qui leur sont associés à travers huit reconstitutions minutieuses de chantiers de fouilles.
Des **promenades** « **Découvertes de la Nature** » sont organisées un dimanche par mois, d'une durée de 3 heures à partir de 9 h, elles sont ouvertes à tous. Des promenades « Poney-Nature » sont également proposées au 7/14 ans non débutants (de 14 h à 17 h le week-end).
Enfin, des **stages** « **Robinsons** » ou « Vivre mieux sa nature en Yvelines » de 5 jours accueillent les 8 à 14 ans en été (hébergement sous tipi indien).

 Parc aux étoiles… Triel-sur-Seine F2

Observatoire de Triel
2, rue Chapelle
78510 - Triel-sur-Seine
Tél. : 01 39 14 75 10
Ouv. merc., dim. et vac. scol. de la région parisienne
Visites guidées tous les jours à heures fixes ; fermé au mois d'août
A 13 sortie Poissy, RN 190, à 35 km O. de Paris

Grâce à l'utilisation du principe de la lumière noire, tout le ciel est représenté en trois dimensions. Plus de 20 000 étoiles brillent de tous leurs feux. Des dioramas géants restituent les principales constellations du ciel boréal et racontent les grands moments de la conquête de l'espace.

Des animateurs passionnés guident les visiteurs sur les sentiers du ciel, de la naissance de l'Univers à l'aventure spatiale.
En sortant de cette présentation, on pénètre à l'intérieur de la coupole qui abrite une lunette astronomique et, par temps clair, on observe le ciel.

Base de loisirs du Val de Seine.............. Verneuil-sur-Seine E2

Chemin du Rouillard
78480 - Verneuil-sur-Seine
Tél. : 01 39 28 16 20
Fax : 01 39 71 18 60
Ouv. tlj de Pâques à la Toussaint
L'entrée ne comprend pas les activités ni la baignade
A 13 sortie Les Mureaux et suivre fléchage, à 70 km O. de Paris

Dans le cadre verdoyant de la vallée de la Seine, cette base de loisirs s'étend en un chapelet d'étangs, bordés de bois et de prairies. Elle offre des activités multiples : jouer au tennis, se promener à cheval, se baigner, glisser dans l'eau du haut du toboggan, naviguer sur des kayaks ou des dériveurs, faire de la planche à voile, louer un vélo ou un kart-cross...
Des activités pour les 7 à 77 ans sont programmées tout au long de la saison. Voici deux des thèmes proposés : « Fabriquez votre fusée et suivez-la dans l'espace » et « Découvrez la voie lactée sous notre planétarium ».

Château.................. Versailles F4

78000 - Versailles
Tél. : 01 30 83 78 00 ou 01 30 83 77 77
(serveur vocal) et 3615 Versailles
Gratuit pour les – de 18 ans
A 13 sortie Versailles, à 23 km O. de Paris

Château
  Ouv. tlj sauf lundi de 9 h à 18 h 30 de mai à fin sept. ;
  tlj de 9 h à 17 h 30 d'oct. à fin avril

L'ancien pavillon de chasse de Louis XIII fut transformé et agrandi par Louis XIV, qui y installa sa Cour et le gouvernement. Louis XV et Louis XVI y résidèrent ensuite. Et Louis-Philippe convertit le château en musée. La visite des grands appartements, de la galerie des Glaces, du musée d'Histoire de France et des appartements du dauphin et de la dauphine peut se faire individuellement (possibilité de louer un audioguide).

Ateliers, conférences, récits et légendes
　　　Réserv. le matin au 01 30 84 76 22
　　　Ouv. merc. à 14 h
　　　et tlj à 10 h 30 vac. scol.

Les **visites-ateliers** s'adressent aux enfants de 8 à 11 ans (durée : 2 heures). Elles commencent par la découverte des appartements historiques, des cours et des jardins. Selon le thème (construction du château, leçon de musique, la famille royale, l'enfance à Versailles, un jardin à la française, etc.), les enfants réalisent ensuite un travail manuel qui leur permet de concrétiser les explications reçues.
Les **visites-conférences,** conçues elles aussi pour les 8-11 ans (durée : 1 h 30), ont pour but d'initier les jeunes visiteurs aux richesses du domaine de Versailles (le château et la vie du roi et de la Cour).
Les **récits et légendes** s'adressent aux plus petits (5-7 ans) : à travers les récits inspirés de la vie quotidienne du roi ou de la mythologie, les enfants découvrent la magie et la richesse du château et de ses jardins (durée : 1 heure).

 Les grandes heures du Parlement
　　　Château, aile du Midi (aile gauche)
　　　Tél. : 01 39 67 07 73
　　　Ouv. tlj sauf lundi de 9 h à 18 h 30 de mai à fin sept.,
　　　et de 9 h à 17 h 30 d'oct. à fin avril
　　　Gratuit pour les – de 18 ans

Dans la salle des Congrès du château de Versailles, les bons élèves en histoire et les futurs étudiants en droit vont s'asseoir sur les bancs où députés et sénateurs siègent lorsqu'ils se réunissent en séance exceptionnelle pour débattre d'une révision de la Constitution. C'est aussi là que, sous la IIIe et la IVe République, étaient élus les présidents de la République et que fut adoptée la Déclaration des droits de l'homme et du citoyen. Un spectacle audiovisuel évoque les grands débats de la nation.
Sur le pourtour de cette salle, une galerie historique illustre à l'aide de documents authentiques la vie de l'Assemblée nationale de la Révolution à nos jours. Les visiteurs suivent un parcours commenté grâce à un audioguide et ont la possibilité d'utiliser l'appareil qui permet aux députés de voter au cours des séances de l'Assemblée.

Grand Trianon
　　　Ouv. tlj sauf lundi de 10 h à 18 h 30 d'avril à fin sept. ; du mardi au
　　　vend. de 10 h à 12 h et de 14 h à 17 h 30 et w.-e. de 10 h à 17 h 30
　　　d'oct. à fin mars

Le château actuel, tout de marbre et de porphyre, dû à Jules Hardouin Mansart, a remplacé le premier Trianon construit pour

Louis XIV par Le Vau. Le Grand Trianon fut utilisé comme lieu de délassement par tous les souverains jusqu'à Napoléon III, puis restauré sous la présidence du général de Gaulle.

Petit Trianon
> Ouv. tlj sauf lundi de 10 h à 18 h 30 d'avril à fin sept. ; du mardi au vend. de 10 h à 12 h et de 14 h à 17 h 30 ; et w.-e. de 10 h à 17 h 30 d'oct. à fin mars

Construit par l'architecte Gabriel pour Louis XV et Mme de Pompadour, il fut donné par Louis XVI à Marie-Antoinette, qui y fit aménager un jardin anglais et le célèbre **hameau de la Reine** qui enchantera les enfants. Sous l'Empire, l'impératrice Marie-Louise y habita, puis il fut réaménagé sur ordre de l'impératrice Eugénie en 1867.

Parc
> Ouv. de 7 h du matin à la tombée de la nuit (de 17 h 30 à 21 h 30 selon les saisons)
> L'accès en voiture est payant, les pique-niques interdits

Aménagé entre 1661 et 1700 par Le Nôtre, le parc est le modèle du jardin régulier à la française avec un grand canal et des bassins ; il est orné de statues d'inspiration antique. Le parc peut se parcourir à bicyclette (location à l'entrée sud du parc, bd St-Antoine), **en petit train** (possibilité d'embarquer à chacun des arrêts prévus : rens. au 01 39 54 22 00 - circule tlj sauf lund. du 15 nov. au 15 fév.), en voiture et bien sûr à pied, mais attention, les distances sont grandes. **Des visites-promenades et des jeux en famille** sont proposés sur réservation ou sur place dans la limite des places disponibles (tlj à partir de 15 h 30 - rens. sur dates et lieux et réserv. au 01 30 83 77 80). Différents thèmes sont abordés pour les enfants à partir de 6 ans : « Arbres et essences du parc », promenade au cours de laquelle on apprend à reconnaître les différentes essences (mai, juin, sept., oct.) ; « Images des jardins », où, appareil photo en main, chacun compose le carnet de sa promenade (tte l'année, sauf juill. et août) ; « Course au trésor », jeu de piste à bicyclette autour du Grand Canal (à partir de sept.) ; « Mémoires de Versailles », recherche des visages disparus des jardins (promenade à vélo ; tte l'année, sauf juill. et août) ; ou encore « Jardins et jardiniers », où, accompagné par un jardinier, on assiste à la sortie et à la rentrée des arbres de l'orangerie (mai et oct.) ; etc. (activités payantes : 20 F).

Musée des Carrosses Versailles F4

1, av. Rockefeller
78000 - Versailles
Tél. : 01 30 83 77 88
Ouv. de 14 h à 17 h le w.-e., de la mi-mars à fin sept.

Dans la galerie voûtée de la grande écurie du roy qui abritait sous l'ancien régime les chevaux et les carrosses de la cour, sont présentés des voitures du XIXe s., des chaises à porteurs et des traîneaux dont certains datent du XVIIIe s.

Salle du Jeu de paume.................... Versailles F4

Rue du Jeu-de-Paume
78000 - Versailles
Tél. : 01 30 83 77 88
Ouv. sam. et dim. de 14 h à 17 h de mai à sept.
Gratuit pour les – de 18 ans

C'est dans cette salle, où l'on jouait au jeu qui lui a donné son nom, que les députés du tiers état se réunirent le 20 juin 1789 et prêtèrent serment de ne pas se séparer avant que la Constitution du royaume ait été établie.

Grande fête de la Nuit et Grandes Eaux musicales Versailles F4

2, bd de la Reine
78000 - Versailles
Tél. : 01 30 83 78 88-Fax : 01 30 83 78 90
Réserv. à la Grande Écurie du roy,
du lundi au sam. de 9 h à 19 h
Spect. les sam. de juill. (22 h 30), fin août et jusqu'à la mi-sept. (21 h 30)
A 13, 1re sortie Versailles

Chaque été, un spectacle différent met en scène un thème autour du Roi-Soleil pour célébrer la grande fête de la Nuit.
Les Grandes Eaux musicales, elles, ont lieu à la grande perspective de 11 h à 12 h, aux abords des autres bassins de 15 h à 17 h 15, et au bassin de Neptune de 17 h 20 à 17 h 30. Chaque fontaine s'illumine au son de musiques extraites du répertoire classique. Les jeunes visiteurs seront éblouis par la beauté du spectacle.

Yvelines - Versailles

🌲 Le potager du Roi.....

6, rue Hardy
78000 - Versailles
Tél. : 01 39 24 62 62-Fax : 01 39 24 62 01
Ouv. sam. et dim. de 10 h à 18 h d'avril à oct.
Boutique de fruits et légumes de saison

Le potager du Roi a été créé par Jean-Baptiste La Quintinie à la demande de Louis XIV. Le Roi-Soleil s'était pris d'un goût immodéré pour les fraises et les figues, qu'il voulait voir pousser près de son château. Chaque carré central, réparti en 16 carrés séparés par des arbres fruitiers taillés en contre-espaliers et disposés autour d'un grand bassin, est dominé par des terrasses offrant au roi, et maintenant aux visiteurs, une vue sur les cultures et les fruits. Une douzaine de jardins clos de murs abritent la centaine de variétés de pommes et de poires.
Les enfants seront curieux de découvrir des tomates de formes bizarres, des aubergines blanches, des arbres à kiwis, des fraises très rares, etc. Bien entendu il est défendu de goûter. Dommage ! Mais tous les fruits et légumes sont en vente à la boutique.

🐴 Les calèches du château.................

Allée des Mortemets, zone des Matelots
78000 - Versailles
Tél. : 01 30 97 04 40-Fax : 01 30 97 04 44
Du mardi au dim. de 10 h 30 à 18 h de mai à sept.,
et de 11 h 30 à 16 h 30 de nov. à avril et en oct.

Une voiture dite de transport attelée à deux chevaux véhicule une vingtaine de passagers entre le château et le Petit Trianon en passant par le Grand Trianon et longeant les bassins d'Été et du Printemps, la fontaine de l'Obélisque et le bassin de Neptune. Durant la saison des Grandes Eaux musicales, une autre voiture conduit de la Petite Venise au Grand et au Petit Trianon. Un moyen bien amusant d'éviter aux plus jeunes de trop marcher.

L'OUEST ET LE SUD-OUEST DE PARIS

ESSONNE

🏠 Musée Delta............ Athis-Mons H4

40, av. Jean-Pierre-Benard
91200 - Athis-Mons
Tél. : 01 60 48 18 11
Ouv. merc. et sam. de 15 h à 17 h
A 4 sortie Orly, à 25 km O. de Paris

Voici une bonne occasion de monter à bord du Concorde sans se ruiner ; certes on ne bougera pas beaucoup, mais il est permis de rêver et même de se prendre pour le commandant de bord. On verra aussi une Caravelle et une réplique d'un PA 100 et d'un Mirage III-b.

🏠 Musée français de la Photographie.......... Bièvres G4

78, rue de Paris
91570 - Bièvres
Tél. : 01 69 35 16 50-Fax : 01 60 19 21 11
Ouv. tlj sauf mardi et jrs fér. de 10 h à 12 h et de 14 h à 18 h
RN 118, à 17 km S.-O. de Paris

La technique de la photographie trouvée par Nicéphore Niepce et Jacques Daguerre a considérablement évolué au fil des années, il est donc vraiment intéressant de découvrir les ancêtres de nos appareils photo et de voir les premiers clichés, certains très rares comme les fameux daguerréotypes.
Un nouveau musée de la photographie est en cours de construction et ouvrira ses portes en 2002. Un parcours spécifique pour les jeunes en visite avec leurs parents est également en cours d'élaboration.

🏠 Maison littéraire de Victor Hugo................ Bièvres G4

Château des Roches
45, rue Vauboyen
91570 - Bièvres
Tél. : 01 69 41 82 84
Ouv. de 14 h 30 à 18 h 30 les w.-e. de mars à fin nov.
RN 118, à 15 km O. de Paris

204

Grâce à son propriétaire, M. Bertin, directeur du *Journal des débats*, le château des Roches reçut la visite de nombreux écrivains, dont Victor Hugo, qui y séjourna plusieurs fois. Il venait là pour être proche de Juliette Drouet, qui habita quelque temps à Jouy. Chaque jour, il déposait dans un arbre creux des bois de l'Homme mort des lettres passionnées et, de retour chez son hôte, il composait pour sa bien-aimée le célèbre poème *Tristesse d'Olympio* :

Quoi donc ! C'est vainement qu'ici nous nous aimâmes !
Rien ne nous restera de ces coteaux fleuris
Où nous fondions notre être en y mêlant nos flammes !
L'impassible nature a déjà tout repris.

Musée de l'aérodrome Jean-Baptiste-Salis........... Cerny G6

Aérodrome de Cerny
91590 - La Ferté-Alais
Tél. : 01 64 57 55 85
Ouv. de 14 h 30 à 17 h les w.-e. du 1er oct. à fin mars et de 14 h 30 à 18 h du 1er avril au 30 sept.
A 6 sortie Corbeil-Essonne, à 35 km S. de Paris

+8 ans

Ce musée installé sur l'aérodrome de Cerny est exceptionnel pour les passionnés d'aviation, dont Jean-Baptiste Salis fut un des pionniers : en 1912, à 16 ans, il survolait le Mont-Blanc à bord de *la Libellule*. Son fils et une bande de mordus ont créé une amicale où ils prennent du bon temps à restaurer de vieux coucous. Tous les modèles révisés volent, et parmi eux le fameux *Blériot XI*.
Le week-end, par beau temps, on peut admirer des démonstrations en vol, et, si l'on n'a jamais pris l'avion, on peut effectuer son baptême de l'air à bord d'un appareil rétro (sur rendez-vous).

Parc du château de Courances............. Courances H6

91490 - Courances
Tél. : 01 64 98 41 18
Ouv. les sam., dim. et jrs fér. du 1er w.-e. d'avril à la Toussaint
A 4 sortie Milly-la-Forêt, à 60 km S. de Paris

pour tous

Ce magnifique château Louis XIII fut longtemps laissé à l'abandon ; la végétation avait envahi les pièces et un arbre poussait même dans le salon. Aujourd'hui restauré, il est entouré d'un très beau parc. La succession des bassins, canaux, cascatelles alimentés par dix-sept sources, et le charmant jardin japonais séduiront particulièrement les jeunes promeneurs.

🌲 Domaine de Courson........ Courson-Monteloup F5

911680 - Courson-Monteloup
Tél. : 01 64 58 90 12
Ouv. les dim. et jrs fér. de 14 h à 18 h
du 15 mars au 15 nov.
Gratuit pour les – de 7 ans
RN 118 sortie Les Ulis, puis RD 3, à 35 km S.-O. de Paris

Ce château Louis XIV, habité depuis plus de 2 siècles par la même famille, est entouré d'un parc romantique où ont grandi des arbres très rares – séquoias, tulipiers, hêtres pourpres, cèdres, etc. La promenade sous leurs magnifiques ombrages est très plaisante.
Durant un week-end de mai et un autre d'octobre, le parc devient le lieu de rendez-vous des jardiniers et de tous ceux qui ont les doigts verts. À l'occasion de ces **journées des plantes,** des animations sont organisées pour les plus jeunes.

🏰 Château.................... Dourdan F6

Place du Général-de-Gaulle
91410 - Dourdan
Tél. : 01 64 59 66 83
Ouv. du merc. au dim. de 10 h à 12 h et
de 14 h à 18 h (17 h le vendredi) ; fermé en janvier
A 6 dir. Orléans, sortie Dourdan, à 54 km S.-O. de Paris

Le château fort de Dourdan, construit au XIIIe siècle pour Philippe Auguste, a conservé tous ses systèmes de défense : fossé, châtelet d'entrée, et surtout un super donjon gothique au rez-de-chaussée duquel se trouvent un four, un puits et l'arrivée d'un souterrain.
Un **musée d'Histoire de la ville** est aménagé dans l'ancien grenier à sel, construit à l'abri des murs du château. Dans une salle consacrée à l'évolution de celui-ci se trouve une belle maquette qui reconstitue l'état des bâtiments au XIIIe siècle. Bien des enfants rêvent d'être des chevaliers, au château de Dourdan ils trouveront un cadre réel pour imaginer le Moyen Âge.

Essonne - Draveil

 ♦ **Port-aux-Cerises**.......... Draveil H5

Rue du Port-aux-Cerises
91210 - Draveil
Tél. : 01 69 83 46 00-
Fax : 01 69 83 46 41
Ouv. tte l'année du lever au coucher du soleil
L'entrée ne comprend pas les activités
RN 6 sortie Draveil, puis fléchage ou RN 7 sortie Juvisy-sur-Orge
ou Vigneux, puis fléchage, à 24 km S. de Paris

Voici une base de loisirs vaste et bien équipée, qui propose un **espace baignade,** une patinoire (ouv. en hiver), des **activités sportives** (poney, tennis, voile) et des **ateliers scientifiques,** un **atelier cerf-volant** et des **distractions diverses** (mini-golf, petit train, manège, barques, Pédalos, planches à voile, etc.).

L'espace baignade a été aménagé sur un site arboré et paysager de 6 ha ; il comprend une piscine chauffée de 1 800 m^2, une pataugeoire chauffée de 250 m^2, un pentagliss (toboggan à 5 couloirs réservé aux + de 12 ans), des espaces où bronzer et se reposer, et du sable et des jeux pour petits et grands (ouv. tlj de 11 h à 19 h de la mi-juin à la fin août, et les dim. de juin si la température est supérieure à 14 °C).

Dans les **ateliers scientifiques,** trois thèmes sont proposés aux enfants et adolescents de 7 à 16 ans (plusieurs séances sont prévues).
– Astronomie (de 7 à 11 ans) : quel meilleur moyen de connaître et de comprendre les planètes que de les visiter ? Partir à la découverte de notre système solaire, s'orienter grâce aux étoiles, etc.
– Microfusée (7 à 16 ans) : pour partir, l'équipe d'astronomes en herbe réalise un lanceur spatial et transforme ainsi une partie de la base de loisirs en base de lancement... en route pour l'aventure !
– Robotique (12-16 ans) : les plus expérimentés, férus d'informatique, de mécanique, d'électricité, pourront s'exprimer et présenter en équipe leur projet au concours « Trophées E = M6 ».

Dans l'**Atelier cerf-volant** (pour tous), on apprend à construire son cerf-volant et à le diriger.

L'OUEST ET LE SUD-OUEST DE PARIS

♣ Base régionale de plein air et de loisirs.................. Étampes F7

5, av. Charles-de-Gaulle
91150 - Étampes
Tél. : 01 64 94 76 18
Fax : 01 64 94 82 29

Ouv. tlj de 8 h à 20 h d'avril à fin mai, de 7 h à 22 h de juin au 31 août, de 7 h à 20 h en sept., et de 8 h à 17 h 30 d'oct. à mars
L'entrée ne comprend pas les activités
A 10/A 11 et RN 191, ou RN 20 ou A 6 et dir. Étampes, à 54 km S.-O. de Paris

Un magnifique plan d'eau de 5 ha et des espaces verts très bien aménagés. Les activités proposées sont multiples : tennis, vélo, kart, tir à l'arc, mur d'escalade, planche à voile, plongée sous-marine, et même surf sur la piscine à vagues… (location de matériel sur place).

La piscine à vagues est dotée d'un toboggan géant et de jeux d'eau pour les enfants (ouv. les deux derniers w.-e. de juin et tlj en juill. et août de 11 h à 19 h.

Un **port miniature** vient d'être aménagé : les jeunes mousses embarquent sur un des bâtiments électriques, reproductions de remorqueurs, de chalutiers… Il sera remis à chacun un diplôme de parfait marin.

🌲 Faisanderie de Sénart Étiolles H5

91450 - Soisy-sur-Seine
Tél. : 01 60 75 54 17

Ouv. les lundi, vend. et sam. de 14 h à 17 h ;
les mardi et jeudi de 10 h à 13 h et de 14 h à 17 h ;
le dim. de 14 h à 17 h (18 h de mars à sept.), et l'a.-m de 14 h à 17 h sauf le merc. pendant les vac. scol.
A 6 sortie Melun-Sénart, puis dir. Combs-la-Ville,
à Tigery route forestière fléchée, à 30 km S. de Paris

Aux abords de la forêt de Sénart, un bel espace de 3 000 ha de pins, de chênes et de bouleaux où il est agréable de venir se promener le dimanche, à pied ou à bicyclette ; un pavillon y a été aménagé par l'Office national des forêts pour apprendre à découvrir la forêt. Vous y verrez une exposition constituée d'une vingtaine de panneaux explicatifs, et vous pourrez y faire l'acquisition de brochures permettant de suivre les sentiers forestiers.

Chemin de fer de Saint-Eutrope..................... Évry H5

Bois de Saint-Eutrope
91000 - Évry
Tél. : 01 60 78 18 64 (gare)
et 01 45 81 30 28-Fax : 01 45 81 36 12
Ouv. les w.-e. et jrs fér. de 14 h 30 à 18 h de Pâques au 11 nov.
et dim. tte l'année (selon météo) de 14 h 30 à 18 h
A 6 sortie Evry, à 33 km S. de Paris

Trois réseaux à voies étroites datant du début du siècle donnent l'occasion de faire une balade en petit train à travers le bois de Saint-Eutrope. Le dépôt abrite des locomotives à vapeur datant des années 1915.

Aquagif................ Gif-sur-Yvette F4

Rond-point des
Prés-Mouchard - Chevry
91190 - Gif-sur-Yvette
Tél. : 01 60 12 07 54
et 01 60 12 11 62-Fax : 01 60 12 40 03
Ouv. pendant les vac. scol. tlj de 10 h à 19 h (11 h sam.),
le merc. de 11 h à 20 h 45, et le dim. de 10 h à 19 h
RN 118 sortie Gif, à 32 km O. de Paris

Au cœur de la vallée de Chevreuse, l'Aquagif, avec ses 7 500 m² d'installations aquatiques, est l'endroit idéal pour passer une bonne journée. Une piscine à vagues, trois toboggans dont deux géants, un jacuzzi attendent les baigneurs dans l'enceinte couverte, alors que six pentagliss entourés de pelouse sont installés à l'extérieur pour la grande joie des enfants.
Des ateliers de l'École du cirque sont ouverts aux enfants les après-midi en semaine.

C'est à Évry que s'élève la dernière cathédrale construite en France (1995). La **cathédrale de la Résurrection** évoque un bateau à quai ; elle a la forme d'un cylindre tronqué et son toit triangulaire est couronné d'arbres. Sa construction a été financée par 170 000 donateurs du monde entier.

👁 Le Cyclop de Jean Tinguely............ Milly-la-Forêt H7

91490 - Milly-la-Forêt
Tél. : 01 64 98 83 17
Ouv. vend. de 10 h 15 à 13 h et de 14 h à 16 h 45,
sam. de 11h à 13 h et de 14 h à 17 h 30,
et dim. de 11 h à 18 h 45 de mai à oct.
Interdit aux – de 10 ans
A 6 et RN 948, à 62 km S. de Paris

Une visite guidée de 30 minutes donne l'opportunité de découvrir le monstre supermonumental.
La tête s'élève à 22, 50 m et un magnifique chêne, inclus à l'intérieur, la dépasse de 2 ou 3 m : il est comme « un brun de persil derrière l'oreille du gitan », comme aimait à le dire Jean Tinguely. Le visage du *Cyclop* est recouvert de mosaïques dues à Niki de Saint Phalle.
À l'intérieur se trouvent un gigantesque billard que l'on ne peut actionner qu'à deux, une microscopique salle de théâtre avec de drôles de sièges, un appartement totalement aménagé et, au sommet, un bassin carré que l'on atteint par une série d'escaliers.
De la bouche du *Cyclop* jaillit une grande langue que l'on peut emprunter comme un toboggan pour redescendre.

👁 Chapelle Saint-Blaise-de-Simples............... Milly-la-Forêt H7

91490 - Milly-la-Forêt
Tél. 01 64 98 84 94
Ouv. tlj sauf mardi de 10 h à 12 h et de 14 h 30 à 18 h
de Pâques à la Toussaint, et les sam., dim. et fêtes de
10 h 15 à 12 h et de 14 h 30 à 17 h le reste de l'année
Gratuit pour les – de 10 ans
A 6 et RN 948, à 62 km S. de Paris

Peintre, poète et homme de théâtre, Jean Cocteau restaura les derniers vestiges d'une maladrerie où saint Blaise cultivait les simples (plantes médicinales) pour soulager les lépreux. En 1959, il en orna les murs de poétiques représentations de menthe, de valériane, de belladone, etc., et peignit derrière l'autel une impressionnante fresque illustrant la Résurrection. Remarquez, à gauche en entrant, la signature du maître : elle est suivie d'un petit chat !
Ayant eu une maison à Milly, le poète choisit de rester auprès des habitants de ce village : il repose dans la chapelle.

Essonne - Soisy-sur-École

🌲 Château...  Saint-Jean-de-Beauregard F5

91940 - Saint-Jean-de-Beauregard
Tél. : 01 60 12 00 01-Fax : 01 60 12 56 31
Ouv. dim. et jrs fér. du 15 mars au 15 nov.
de 14 h à 18 h
A 10 ou RN 118 sortie Les Ulis, puis RD 35 dir. Chartres,
à 28 km S.-O. de Paris

 +8 ans

Tout pousse dans le potager modèle du château de Saint-Jean-de-Beauregard, qui existe depuis le XVIIe s. ; il devait fournir légumes et fruits pour subvenir à la consommation des 40 personnes vivant sur le domaine de l'époque. Aujourd'hui reconstitué tel qu'il était, il donne l'occasion de voir pousser des légumes et des fruits de consommation quotidienne, mais aussi des variétés rarissimes comme les petits pois carrés, les tomates noires ou à épines, les fraises blanches, etc. Au printemps et à l'automne sont organisés des **fêtes autour de la nature**, avec notamment une fête des fruits et des légumes d'hier et d'aujourd'hui, et une fête des artisans, où ces derniers refont les gestes d'autrefois pour l'occasion.

🍦 👁 La Verrerie d'art... Soisy-sur-École H6

Le moulin des Noues
91840 - Soisy-sur-École
Tél. : 01 64 98 00 03-Fax : 01 64 98 05 48
Ouv. de 8 h 45 à 12 h 30 et de 13 h 30 à 18 h en
semaine (18 h 30 sam.) et de 14 h 30 à 18 h 30 le dim ;
fermé les lundi et mardi matin en janv. et fév.
A 6 sortie Corbeil-Essonnes, puis RD 948, à 35 km S. de Paris

+8 ans

Les maîtres verriers travaillent selon des techniques vieilles de 2000 ans. Le verre, chauffé à plus de 1 400 °C, est tout d'abord « cueilli », puis soufflé et travaillé avec une mailloche en bois ou au sabot de bois. Commence ensuite le méticuleux travail de la mise en forme. Enfin, le tailleur effectue les motifs à l'aide d'une meule abrasive.
Le travail des verriers est suffisamment spectaculaire pour fasciner petits et grands.
Ce fascinant spectacle a lieu en semaine (sauf lundi) et le week-end. Un audiovisuel « Pour une poignée de sable » conte l'histoire du verre et ses techniques à travers les âges.

HAUTS-DE-SEINE

Espace départemental Albert-Kahn....... Boulogne-Billancourt G3

14, rue du Pont
92100 - Boulogne-Billancourt
Tél. : 01 46 04 52 80-Fax : 01 46 03 86 59
Minitel : 3615 KAHN
Ouv. tlj de 11 h à 19 h du 1er mai au 30 sept.
et de 11 h à 18 h du 1er oct. au 30 avril
Gratuit pour les – de 8 ans
M. Pont-de-Saint-Cloud

Albert Kahn (1860-1940), banquier et humaniste, a consacré sa fortune à mettre en place des outils de connaissance, de réflexion et de communication destinés à réunir les moyens nécessaires à l'avènement de la paix internationale. Son œuvre, conservée dans sa propriété, nous livre aujourd'hui une image du monde au début du XXe siècle sous ses multiples facettes. Au moyen d'expositions, de documents filmés, de diaporamas, de visites commentées, de conférences, l'équipe du musée s'attache à faire connaître cette utopie.

Les **Archives de la planète** ont été conçues dès leur création comme un inventaire en images de l'activité humaine sur terre entre 1909 et 1932 ; c'est une collection de séquences filmées et de plaques autochromes accessibles sur postes de consultation informatisés.

Les expositions thématiques issues des Archives de la planète permettent aux enfants de découvrir différents aspects de la vie quotidienne au début du siècle.

Les **jardins** font partie intégrante des collections du musée ; ils sont à l'image du monde réconcilié dont rêvait Albert Kahn : français, anglais, japonais, forêt bleue et forêt vosgienne coexistent en harmonie et permettent aux enfants de repérer leurs différences.

Une brochure d'aide à la visite, *Déclics*, est distribuée gratuitement sur demande à l'entrée.

Attention ! le jardin japonais est un peu comme un musée : les enfants doivent rester sagement près de leurs parents afin de ne pas risquer d'endommager ce lieu magique.

Hauts-de-Seine - Châtenay-Malabry

🌲 Parc Edmond-de-Rothschild.... 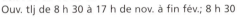 Boulogne-Billancourt G3

Accès par la rue des Victoires
92100 - Boulogne-Billancourt
Tél. : 01 55 18 53 00
Ouv. tlj de 8 h 30 à 17 h de nov. à fin fév.; 8 h 30
à 19 h de mars à mi-mai et de la mi-sept. à fin oct.; 8 h 30 à 21 h
de mi-mai à mi-sept.
M. Marcel-Sembat

Cet ancien parc de la propriété de la famille Rothschild a été récemment ouvert au public. On vient s'y promener en famille et donner à manger aux canards de barbarie et cols verts qui aiment se poser sur le grand lac.
Un centre équestre installé à l'entrée du parc accueille les jeunes cavaliers.

🐺 Vallée-aux-Loups
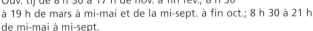 Châtenay-Malabry G4

92290 - Châtenay-Malabry
Tél. : 01 47 02 08 62
Ouv. tlj sauf lundi de 14 h à 17 h du 1er oct.
au 31 mars, de 10 h à 12 h, et de 14 h à 18 h
du 1er avril au 30 sept.

La maison de Chateaubriand a été aménagée avec beaucoup de goût et réunit nombre de souvenirs de l'écrivain et de son époque.
Le parc qui entoure la propriété est magnifique, il est planté de beaux arbres auxquels l'écrivain était très attaché. Il les évoque dans les *Mémoires d'outre-tombe* en disant : « Je les connais par leur nom, comme mes enfants. C'est ma famille et je n'en ai pas d'autre, j'espère mourir auprès d'elle. »
Lorsque, pour des raisons d'argent, Chateaubriand dut vendre la Vallée-aux-Loups, il en fut très affecté et avoua : « De toutes les choses qui m'ont échappé, elle est la seule que je regrette. »
Un **arboretum** permet d'admirer une collection très rare de beaux végétaux (ouv. le sam. de 14 h à 18 h en mai et juin, et de 14 h à 17 h en oct. et nov. ; tél. : 01 41 13 00 90).

🌲 Parc Pierre-Lagravère `Colombes G3`

Île Marante
92700 - Colombes
Tél. : 01 47 84 46 52
Ouv. de 7 h (été) ou 8 h (hiver) et fermeture entre 17 h 30 et 22 h selon les saisons
A 86, sortie Colombes centre

Le long de la Seine s'étend un parc de création récente. Les enfants vont pouvoir s'amuser sur cette île Marante où 4 **aires de jeux** ont été aménagées à leur intention et où un manège les emportera pour quelques tours de ronde ; les plus grands s'entraîneront sur la piste de **bicross** (merc., sam. et dim. a.-m. ; rens. au 01 47 24 51 46) et les sportifs iront se baigner à la **piscine** (01 47 82 16 87) ; ou encore, s'ils sont champions, ils iront évoluer sur la **patinoire olympique** (01 47 81 90 09).

🏛 Musée Roybet-Fould............ `Courbevoie G3`

Parc de Bécon
178, bd Saint-Denis
92400 - Courbevoie
Tél. : 01 43 33 30 73-Fax : 01 41 16 91 56
Ouv. tlj sauf mardi de 10 h 30 à 18 h
Train de banlieue au départ de la gare Saint-Lazare
Métro : Pont de Levallois-Bécon, puis traverser la Seine

Dans le parc de Bécon, dominant la Seine, à l'endroit même où Charlemagne guettait l'arrivée des Vikings dans un jardin fleuri et planté de grands arbres bien rangés derrière des haies, on aura la surprise de découvrir deux maisons insolites dans la région parisienne : la première est une authentique maison suédoise, la seconde est un étrange édifice coiffé de coupoles orientales. Toutes deux sont des rescapées de l'exposition coloniale de 1878. Dans la drôle de maison de bois, on admire parmi les souvenirs de la famille une exceptionnelle collection de 784 poupées différentes. Certaines sont en bois sculpté, d'autres en papier mâché, en cire ou en chiffon. Le musée propose des **ateliers** d'une durée de 1 h 30, et des cycles de trois séances sur des thèmes liés aux collections permanentes ou aux expositions temporaires, les mardi, jeudi, vend. de 14 h 30 à 16 h pendant les vac. scol. Thèmes annoncés sur les panneaux lumineux de la mairie (insc. au 01 43 33 30 73). Les petits ne s'ennuieront pas, ils feront des tours de manège ou glisseront sur les toboggans du jardin.

Hauts-de-Seine - Issy-les-Moulineaux

🏰 Musée français de la Carte à jouer… Issy-les-Moulineaux G3

16, rue Auguste-Gervais
92130 - Issy-les-Moulineaux
Tél. : 01 46 42 33 76 Fax : 01 46 45 31 36
Ouv. de 10 h à 19 h les merc., sam. et dim.
M. Mairie d'Issy, RER C station Issy-Plaine

Les passionnés de cartes à jouer seront ici à la fête, car ce musée est presque unique en son genre en France. Il retrace l'histoire du jeu de cartes, qui touche toutes les populations sous toutes les latitudes. Une scénographie permet de suivre un parcours au rythme du temps et des cultures, des arts décoratifs, des techniques de fabrication et de l'univers des joueurs.

🏰 Maison de la Nature des Hauts-de-Seine… Issy-les-Moulineaux G3

Parc de l'île Saint-Germain
92130 - Issy-les-Moulineaux
Tél. : 01 55 95 80 70-Fax : 01 55 95 80 79
Ouv. du lundi au vend. de 9 h à 12 h 30
et de 14 h à 18 h (17 h en hiver), et le dim. de 14 h à 18 h (17 h en hiver).
Ateliers : le merc., sauf vac. scol., de 14 h à 16 h 30,
et le dim. découverte de 15 h à 17 h
Gratuit pour les – de 18 ans
RER C, station Issy-les-Moulineaux

La grande halle, qui date de la fin du XIXe s., abrite la maison de la Nature, qui a pour vocation de sensibiliser le public à la découverte et à la protection de l'environnement. Elle propose une **exposition** interactive permanente, un **jardin de découverte**, une **médiathèque,** des **ateliers découverte,** et des **après-midi découverte**. Conçue pour un vaste public, l'**exposition** sur l'écologie de trois milieux : la ville, le jardin, la forêt, est adaptée aux enfants, qui en admirent les décors et participent à des jeux interactifs.

Les nombreuses plantes du **jardin de découverte** ont été choisies pour être touchées, senties, observées et sont devenues autant d'objets de curiosité. Les plantes sont fréquemment marquées avec des étiquettes proposant des énigmes que doivent résoudre les enfants. Les **ateliers découverte-nature** sont destinés à des enfants de 8 à 12 ans. Ils sont divisés en deux parties, observation sur le terrain et animation en salle ; les sujets varient selon la saison. Les dimanches

après-midi découverte, ouverts à tout public, enfants comme adultes, sont consacrés par exemple à la découverte des épices, à un voyage au pays des abeilles, au décor d'Halloween ou de Noël, aux oiseaux aquatiques, etc.

🌲 Île Saint-Germain

Issy-les-Moulineaux G3

92130 - Issy-les-Moulineaux
Tél. : 01 40 93 44 94
Ouv. tlj de 7 h à 22 h de mai à fin août. ;
de 7 h à 20 h 30 en sept. ; de 7 h à 18 h 30 en oct. ;
de 8 h à 17 h 30 en nov., déc., janv. ; de 8 h à 18 h 30 en fév.,
de 7 h à 19 h 30 en mars et avril
RER C, station Issy-Val de Seine

Aménagé sur des terrains encombrés jusqu'alors par diverses constructions devenues inutiles et démolies aujourd'hui, le parc a conservé les arbres existants et créé une grande pelouse au relief accidenté qui permet le jeu et la détente, et des aires de jeux agrémentées de tables de ping-pong. Un chemin de halage longe le fleuve et une grande halle abrite un poney-club.
Au centre du parc se dresse la tour aux Figures.

Tour aux Figures
Tél. : 01 40 95 65 43
Visite merc., sam. et dim. à 15 h et 16 h de mai à oct.

La tour aux Figures était à l'origine une maquette née de l'imagination de Jean Dubuffet. Puis l'artiste eut l'idée d'en faire une tour creuse contenant un escalier qui permet au visiteur de se promener dans un jardin strictement imaginaire. Elle s'élève à 24 m au-dessus du sol.

👁 Maison de la Pêche et de la Nature........ Levallois-Perret G3

22, allée Claude-Monet
Île de la Jatte
92300 - Levallois-Perret
Tél. : 01 47 57 17 32
Ouv. de 10 h à 18 h merc. et w.-e.

Une fois franchie la passerelle qui part du quai Michelet, vous arrivez dans un univers où tout tourne autour des poissons et de l'environnement : 18 aquariums présentent les poissons des rivières et des

Hauts-de-Seine - Meudon

lacs de France, des panneaux interactifs présentent le cycle de l'eau, la faune et la flore des milieux aquatiques, et un musée est consacré au matériel de pêche. Les petits Parisiens ou jeunes habitants du coin vont pouvoir participer à des **stages d'initiation à la pêche** (pour les 9-12 ans, le merc. de 14 h à 18 h).

 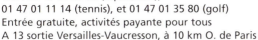

Haras de Jardy — Marnes-la-Coquette F3

Bd de Jardy
92430 - Marnes-la-Coquette
Ouv. tlj. de 8 h 30 à la tombée du jour
Tél. : 01 47 01 35 30 (équitation),
01 47 01 11 14 (tennis), et 01 47 01 35 80 (golf)
Entrée gratuite, activités payante pour tous
A 13 sortie Versailles-Vaucresson, à 10 km O. de Paris

Au XIIe s., les immenses prairies abritaient un prieuré ; à la fin du XIXe, le nouveau propriétaire aménage Jardy en haras et, en 1980, le domaine devient un centre sportif où l'on pratique l'équitation, le tennis et le golf. Ouvert à tous, le **centre équestre** accueille aussi bien les débutants que les cavaliers confirmés. L'**école de golf** propose initiation et perfectionnement aux enfants dès l'âge de 6 ans, et le **tennis club** offre cours et activités variées pour petits et grands.
Par ailleurs, le **parc** est ouvert à tous pour la promenade ou encore pour assister aux nombreuses manifestations organisées toute l'année, et notamment en septembre pour le « Jardy extraordinaire ». Il s'agit d'une opération organisée par la Direction de la jeunesse et des sports du conseil général, qui accueille aussi bien les scolaires que le grand public pour des **ateliers sportifs** en plein air, une initiation à l'environnement et de nombreuses animations : escalade, trampoline, judo, hockey, etc. (entrée libre et gratuite).

Bois de Meudon — Meudon G4

92360 - Meudon-la-Forêt
Ouv. 24 h / 24
RN 118, sortie bois de Meudon,
à 5 km O. de Paris

Très accidentée, cette forêt domaniale de 1 150 ha ponctuée de petits étangs est un lieu de promenade agréable. Elle est traversée par la route des Gardes, qui fut tracée à l'initiative de Louvois. Un site celtique a été reconstitué au lieu dit Chêne des Missions.

Les enfants profitent des parcours sportifs et s'en donnent à cœur joie sur le Tapis vert », une grande pelouse d'où le panorama est magnifique.

Parc André-Malraux... Nanterre G3

39, av. Pablo-Picasso
92000 - Nanterre
Tél. : 01 47 24 28 35
Ouv. à partir de 7 h (été) ou 8 h (hiver) ; fermeture entre 17 h 30 et 22 h selon les saisons
Bd circulaire de la Défense, sortie Nanterre Parc et RER Nanterre-Préfecture

Sur le grand belvédère du parc a été aménagé un site d'escalade de difficultés variables selon le niveau des grimpeurs ; un espace a même été prévu pour les tout-petits. Des moniteurs diplômés sont là pour guider les jeunes de 14 h 30 à 17 h le merc. et de 14 h 30 à 16 heures les sam. et dim. (rens. au 01 47 24 07 07).

Une **pataugeoire** permet de se baigner ; à côté, un manège attend les cavaliers et une grande aire de jeux a été conçue pour les enfants de 2 à 15 ans.

La Grande Arche.................. Paris la Défense G3

Parvis de la Défense
92040 - Paris - La Défense
Tél. : 01 49 07 27 57-Fax. : 01 49 07 27 90
RER, station Grande Arche de la Défense

La Grande Arche, conçue par l'architecte danois Johan Otto von Spreckelsen, est non seulement un remarquable monument de marbre blanc mais aussi un arc de triomphe à la gloire de l'humanité et un symbole de fraternité : « [...] ici, sous l'arc de triomphe de l'homme, les hommes viendront du monde entier, pour connaître les autres hommes, pour apprendre ce que les hommes ont appris, pour connaître leurs langues, leurs coutumes, religion, arts et cultures… », ainsi s'exprimait Spreckelsen.

Déjà, Napoléon III avait rêvé d'une voie impériale qui prolongerait l'avenue de la Grande-Armée. Mais la guerre éclata avec la Prusse et l'empereur n'eut pas l'occasion de concrétiser son idée. Dans les années 1960, les projets se multiplièrent et ce fut finalement un gigantesque cube monolithe haut de 110 m et large de 106, suffisamment grand pour pouvoir abriter dessous Notre-Dame et sa flèche, qui fut retenu. La Grande Arche est un monument vivant. Elle est habitée par des milliers de personnes qui viennent y travailler. Des ascenseurs panoramiques permettent d'accéder au sommet, où un espace est réservé à des expositions de la Fondation d'Arche de la fraternité et où une terrasse permet d'avoir une vue panoramique sur Paris.

Musée de l'Automobile.......... Paris la Défense G3

Colline de la Défense
1, place du Dôme
92040 - Paris - La Défense
Tél. : 08 36 67 06 06
RER, station Grande Arche de la Défense

Plus de 100 voitures françaises et étrangères ont été soigneusement sélectionnées en fonction de leur caractère innovant et placées dans des décors de leur époque. Quatre saynètes animées présentent les temps forts de l'histoire de l'automobile : l'invention du moteur à explosion ; les actualités des Années folles, avec des extraits de films célèbres ; la Croisière jaune ; un panorama de l'histoire des avionneurs des Hauts-de-Seine, devenus constructeurs d'automobiles.

Dôme IMAX...... Paris la Défense G3

Colline de la Défense
1, place du Dôme
92040 - Paris - La Défense
Tél. : 08 36 67 06 06
RER, station Grande Arche de la Défense

Grâce à son écran géant hémisphérique de 1 144 m², le Dôme est une des plus grandes salles de projection du monde. Les images projetées sont si réelles que l'on se surprend à tendre la main pour les toucher ou, au contraire, à fermer les yeux pour échapper à leur emprise. Dans la salle, les sièges, disposés, sur une forte déclivité et inclinés eux-mêmes à 35°, permettent à tous d'avoir une vision parfaite et d'être littéralement enveloppés par l'image.

Château de Malmaison........ Rueil-Malmaison F3

Av. du Château-de-Malmaison
92500 - Rueil-Malmaison
Tél. : 01 41 29 05 55-Fax : 01 41 29 05 56
Ouv. tlj sauf mardi de 10 h à 12 h 30
et de 13 h 30 à 17 h 15 (w.-e. de 10 h à 17 h 45) d'oct. à fin mars ;
de 10 h à 17 h 45 (w.-e. de 10 h à 18 h) en mai, juin et juill. ;
de 10 h à 12 h 30 et de 13 h 30 à 17 h 45 en avril, août et sept.
(w.-e. de 10 h à 18 h) en avril, août et sept.
Visite libre sauf le w.-e.
RN 13, à 15 km O. de Paris

Ce nom de Malmaison, *mala mansio* (mauvaise maison), ne convient guère à la demeure où Napoléon et Joséphine vécurent des jours heureux. Mais bien des propriétaires s'étaient succédé au château de Malmaison avant ce 21 avril 1799 où la générale Bonaparte, née Marie-Josèphe Rose Tascher de La Pagerie, veuve du général de Beauharnais, en fit l'acquisition en s'endettant, pendant l'absence de son mari Bonaparte.

De retour d'Égypte et devenu Premier Consul, Napoléon y séjourna fréquemment et y fit aménager un salon pour tenir des conseils.

Joséphine fit embellir le domaine et s'attacha à y acclimater plantes exotiques et animaux rares tels que lamas, cygnes noirs, kangourous ou singes. Plus tard, elle acheta le château du Bois-Préau pour agrandir sa propriété. Un musée consacré aux souvenirs de l'Empereur à Sainte-Hélène y a été installé (fermé pour travaux).

Les Bonaparte donnèrent là de nombreuses réceptions.

Après son divorce, en 1808, l'impératrice se retira dans sa propriété où elle mourut le 29 mai 1814 des suites d'un refroidissement. Vaincu à Waterloo, Napoléon revint y passer quelques jours avant de s'embarquer pour Sainte-Hélène.

La maison de Joséphine est agréable à visiter, même pour les jeunes, car elle n'est pas trop grande et recrée bien l'atmosphère de l'Empire. La chambre à coucher, aménagée en forme de tente soutenue par des colonnettes dorées, séduit toujours les enfants, et la collection de robes et de manteaux d'apparat éblouit les petites filles.

> Le parc de Saint-Cloud abrite le pavillon des Poids et Mesures, où se trouve le mètre étalon, qui donne l'exacte mesure de 100 cm. Si nous ne l'avions pas, nous pourrions peut-être décider arbitrairement d'être un peu plus grand que la toise ne l'indique !

Hauts-de-Seine - Sceaux

🌲 Parc de Saint-Cloud

92210 - Saint-Cloud
Tél. : 01 41 12 02 90
Ouv. de 7 h à 20 h du 1er nov.
à fin fév., 21 h en mars, avril, sept.
et oct. et 22 h de mai à août
M. Pont-de-Sèvres, Pont-de-Saint-Cloud

Du domaine où habita Napoléon il ne reste que le parc, le château ayant été détruit par les flammes en 1870.
Le lieu fut le cadre d'événements historiques : Henri II y fut assassiné (1589), ce fut là qu'éclata le coup d'État du 18 Brumaire et que Napoléon Bonaparte fut nommé consul à vie (1802), la réception du mariage de l'Empereur et de Marie-Louise et le baptême du roi de Rome y furent célébrés, Louis Napoléon y fut proclamé empereur et la guerre contre la Prusse y fut décidée (1870).
Le parc de 450 ha tracé par Le Nôtre est couvert d'une belle forêt. La cascade très spectaculaire vaut le coup d'œil.
Le parc donnera prétexte à des marches à pied, à des randonnées à bicyclette, à des promenades en rosalie (voiture à pédales), à des tours de manège, ou encore à des éclats de rires devant les aventures de Guignol (grille d'Orléans, tél. : 01 60 70 04 80 ; séances les merc., sam. et dim. à 15 h 15 et 16 h 30).
En septembre a lieu une grande foire avec attractions foraines et grande roue.

 ## 🌲 Parc....................

92330 - Sceaux
Ouv. tlj de 8 h à 22 h en été et de 9 h
au coucher du soleil en hiver
RER B dir. St-Rémy-les-Chevreuse, Bourg-la-Reine
À 10 km de Paris

Le parc, dessiné à l'origine par Le Nôtre pour Colbert et restauré au XIXe s., est un lieu de promenade exceptionnel. En hiver, les grands bassins gelés sont spectaculaires et au printemps, les cerisaies en fleur sont ravissantes. Moitié entretenu, moitié en friche, le parc se prête aux courses folles, aux interminables parties de cache-cache, aux premiers essais de bicyclette.
Situé sur la plaine de l'Orangerie, un parcours ludique a été conçu, qui fait référence à l'histoire du domaine de Sceaux de son origine à nos jours. Plusieurs espaces de jeux y sont adaptés aux différentes tranches d'âge.

Au début du siècle, le jeune Alain-Fournier, alors élève du lycée Lakanal situé juste à côté, escaladait le mur pour venir rêver à son futur roman, *le Grand Meaulnes*.

Le château

Tél. : 01 46 61 06 71-Fax : 01 44 61 00 88 Ouv. tlj de 10 h à 18 h d'avril à fin sept. et de 10 h à 17 h d'oct. au 31 mars

Dans le château situé à l'entrée du parc a été installé un musée de l'Île-de-France. Ce musée évoque l'histoire de la région et présente souvenirs et documents classés par départements. Les jeunes visiteurs apprécieront les mannequins en costume et souriront en découvrant le récit du voyage de la première girafe débarquée en France. À l'accueil sont disponibles des **parcours-jeux** qui rendront la visite plus distrayante pour eux.

🏰 Musée national de la Céramique............

Place de la Manufacture
92310 - Sèvres
Tél. : 01 41 14 04 20
Ouv. tlj sauf le mardi de 10 h à 17 h
M. Pont-de-Sèvres

Le nom de Sèvres évoque un type de porcelaine très particulier, souvent d'un bleu profond. Créé dans les premières années du XIXe s., le musée contient des porcelaines et des céramiques du monde entier. On y apprend les différentes techniques, et notamment, que le biscuit ne se croque pas... mais que c'est une technique de fabrication excluant l'enduit. Les enfants sont les bienvenus dans ce musée mais les éléphants y sont interdits... et les enfants préféreront probablement rester dehors avec les éléphants !

🌲 Bois des étangs de Ville-d'Avray......... Ville-d'Avray F3

92410 - Ville-d'Avray
Ouv. 24 h / 24
RD 907, à 4 km O. de Paris

Ce bois est un lieu de promenade idéal pour les dimanches d'hiver, et ses étangs ont inspiré le peintre Corot, qui habita au bord de l'un d'eux une maison que l'on peut encore voir. Les enfants donneront

Hauts-de-Seine - Villeneuve-la-Garenne

à manger aux canards et aux cygnes et feront d'interminables parties de cache-cache dans les sous-bois.

Une journée au cirque....... Villeneuve-la-Garenne G2

Parc départemental des Chanteraines
115, bd Charles-de-Gaulle
92390 - Villeneuve-la-Garenne
Tél. 01 47 99 40 40-Fax : 01 47 99 02 22
Spect. : merc. et dim. et tlj de vac. scol. à 15 h
Journée au cirque : merc. et dim.
et tlj de vac. scol. de 10 h 15 à 17 h (repas inclus)
A 86 sortie Villeneuve-la-Garenne, à 7 km N. de Paris

Qui n'a pas rêvé un jour d'être clown, acrobate, jongleur ou dresseur de lions ? Dans ce cirque-là, les enfants (et les adultes) vont pouvoir, l'espace d'une journée, voir leur rêve se réaliser.
Le cirque de Paris propose de passer une journée entière sous un chapiteau. Le matin, chacun s'entraîne avec les artistes aux diverses disciplines du cirque ; à midi, tout le monde, visiteurs, artistes, garçons de piste, directeurs, animaux... déjeune ensemble ; et l'après-midi, tout le monde applaudit le spectacle Swing (il est aussi possible d'assister uniquement au spectacle).
Un musée du Cirque et des Arts forains ainsi qu'un musée de Musique mécanique sont en cours d'emménagement.

Parc départemental des Chanteraines.... Villeneuve-la-Garenne G2

92390 - Villeneuve-la-Garenne
Tél. : 01 47 98 47 06
Ouv. tlj de 7 h à 21 h 30 (18 h 30 en hiver)
A 86, à 10 km N. de Paris

À côté de Saint-Denis, à Villeneuve-la-Garenne, parents et enfants auront de multiples occasions de passer des moments exceptionnels. Le parc des Chanteraines, d'aspect champêtre et forestier, est marqué par la présence constante de l'eau : la Seine, l'étang de pêche, le lac et la baignade aménagée. Lieu de promenade, c'est aussi un espace d'activité pour tous : aire de jeux pour les petits, jardins de fleurs, ferme pédagogique, poney-club, théâtre de guignol.
Un petit train chemine dans ce parc, qu'un belvédère s'élevant au-dessus du lac permet de découvrir dans son environnement.

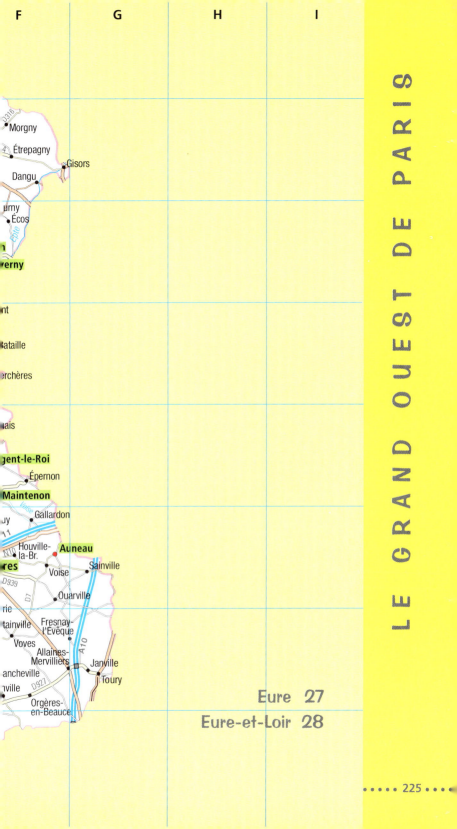

Eure 27
Eure-et-Loir 28

LE GRAND OUEST DE PARIS

EURE

 Parc animalier......... Boisset-les-Prévanches E4

27120 - Pacy-sur-Eure
Tél. : 02 32 36 22 12
Ouv. : à la belle saison ; se rens. sur les horaires
A 13 sortie Pacy-sur-Eure, puis RN 141,
à 92 km O. de Paris

Un petit parc animalier où cohabitent des animaux originaux : cochons de Bornéo ou vietnamiens, autruches africaines, émeus et nandous, brebis et moutons d'Ouessant, vaches naines et poules géantes… et puis, tout à côté de cette bizarre ménagerie, une collection de tomates : tomates bananes, tomates ananas, tomates noires, tomates tigrées, etc.
Si vous venez nombreux, la propriétaire organisera un jeu de l'oie avec des questions et des réponses cachées dans le parc (sur réserv.).

Maison de Claude Monet................. Giverny F3

27620 - Giverny
Tél. : 02 32 51 28 21-Fax : 02 32 51 54 18
Ouv. tlj sauf lundi, de 10 h à 18 h,
du 1er avril à fin oct.
A13 sortie Vernon, à 87 km O. de Paris

Ce n'est pas à proprement parler une visite pour les enfants, mais le jardin au printemps et en été est si joli que chacun, même parmi les plus jeunes, prendra plaisir à s'y promener.
Les jardins ont été reconstitués tels que Monet les avait créés, ils sont comme « un tableau exécuté à même la nature ». Des fleurs de toutes les couleurs, des allées recouvertes de capucines, des nénuphars sur la pièce d'eau, un petit pont japonais… chaque espace est un petit coin de paradis.
La visite de la maison décorée de vives couleurs séduira aussi les jeunes visiteurs, qui prendront également beaucoup de plaisir à fureter dans la boutique en sortant : elle offre un grand choix de puzzles, d'albums et de coloriages.

Eure - Vernon

🚂 Train touristique.... `Pacy-sur-Eure E3`

Gare de Pacy
27120 - Pacy-sur-Eure
Tél. : 02 32 36 04 63
Circule dim. et jrs fér. a.-m. de mai à oct.

+8 ans

Promenade en train touristique le long de la vallée de l'Eure sur un trajet de 9 km. Découverte d'une gare de campagne et des installations ferroviaires de jadis.

🏛 Musée municipal Alphonse-Georges-Poulain............ `Vernon F3`

12, rue du Pont
27200 - Vernon
Tél. : 02 32 21 28 09-Fax : 02 32 51 11 17
Ouv. du mardi au vend., de 11 h à 13 h
et de 14 h à 18 h, et w.-e. de 14 h à 18 h d'avril à fin oct. ;
tlj sauf mardi de 14 h à 17 h 30 le reste de l'année
Gratuit pour les étud. et les enfants
A 13, à 82 km O. de Paris

+8 ans

Spécialisé dans l'art animalier, le musée de Vernon ne présente pas de trophées de chasse mais un bestiaire montrant des études d'animaux (dessins, peintures ou sculptures). Un jeu-parcours conçu pour les jeunes visiteurs est disponible à l'accueil et des plaquettes en bois sont distribuées pour servir de support aux artistes en herbe.
Afin que même les plus petits profitent de la visite, quelques sculptures sont posées à même le sol. La maquette du camp romain de Vernonnet sera particulièrement remarquée.

Il ne faut pas marcher beaucoup pour aller de l'enfer au paradis dans le **parc du château de Miserey** entre Pacy-sur-Eure et Evreux : un jardin d'épines représente l'enfer, une roseraie symbolise le purgatoire et des parterres de rosiers inermes (sans épines) se veulent être l'image du jardin d'Eden (Rens. au 02 32 67 00 21).

LE GRAND OUEST

EURE-ET-LOIR

Château.................... Anet E4

28260 - Anet
Tél. : 02 37 41 90 07-Fax : 02 37 41 96 45
Ouv. de 14 h à 17 h les w.-e. de février, mars et nov.,
et tlj sauf mardi de 14 h à 18 h 30 d'avril à fin oct.
A 13 sortie Mantes sud et RD 928 ou RN 12 et RD 933
à Houdan, à 75 km de Paris

C'est en 1547 que Diane de Poitiers, favorite du roi Henri II, commença la construction de ce château, qui fut confiée au grand architecte Philibert Delorme, et à laquelle le duc de Vendôme apporta de nombreuses modifications au XVIIe siècle. La Révolution faillit être fatale à l'édifice, mais il se releva à partir de 1840 grâce aux restaurations entreprises par ses nouveaux propriétaires ; les restaurations se poursuivent encore aujourd'hui.

La visite est un peu fastidieuse pour les enfants, qui pourront néanmoins se promener dans le parc et, un peu plus tard, faire de la bicyclette dans la **forêt de Dreux**. Tous les 2 ans a lieu un **spectacle son et lumière** qui retrace l'histoire du château avec la participation des habitants d'Anet (rens. au SI, tél. : 02 37 41 49 09).

Les Félins................. Auneau F6

28700 - Auneau
Tél. : 02 37 31 20 20-Fax : 02 37 31 26 28
Ouv. tlj de 9 h 30 à 19 h en juill. et août ;
de 9 h 30 à 18 h en avril, mai, juin, sept. et
oct. ; de 10 h à 16 h en nov., déc., janv. et fév. (17 h 30 en mars)
Entre Chartres et Paris par l'A 10 sortie Ablis, à 60 km S. de Paris

Dans le parc, autour d'un château du XIVe s. et de son donjon rond du XIe s., l'un des plus vieux de France, vivent des lions et leurs lionceaux, des tigres de Sibérie et de Sumatra, des jaguars, des guépards, des panthères (de Perse, de Sri Lanka et des panthères noires), des lynx, des chats du Bengale, des chats sauvages d'Afrique du Nord, etc. Parmi ces félins très rares, on pourra voir le plus petit du monde : le chat rubigineux, qui ne pèse que 700 g, et le plus gros : le tigre de Sibérie, dont le poids atteint 300 kg.

La promenade balisée dure environ 1 h 30 ; son parcours est bordé d'observatoires d'où l'on peut admirer les félins. Il faut un peu de patience pour les voir : parfois ils sont cachés dans la végétation ou

dans les arbres où ils ont grimpé ; mais leur recherche devient un jeu et apporte la joie de les avoir enfin localisés.
La mini-ferme et ses animaux traditionnels, parmi lesquels quelques spectaculaires cochons, plaira infiniment aux plus petits.
Renseignez-vous à l'entrée sur l'heure des repas des fauves ; les soigneurs donnent des explications très intéressantes sur les mœurs de leurs pensionnaires avant de leur distribuer de la nourriture.
Un musée du Costume installé dans le château complète la visite.

Conservatoire de l'Agriculture............ Chartres F6

1, rue de la République
28000 - Pont-de-Mainvilliers - Chartres
Tél. : 02 37 36 11 30-Fax : 02 37 36 55 58
Ouv. de 9 h à 12 h 30 et de 13 h 30 à 18 h du mardi au vend., et de 10 h à 12 h 30 et de 13 h 30 à 19 h les w.-e. et jrs fér. ; fermé le lundi
A 10, à 100 km O. de Paris

Le Compa se veut le plus grand musée français consacré à l'agriculture. Il a été aménagé dans une ancienne rotonde de locomotives à vapeur du début du siècle et raconte les pratiques rurales passées et présentes, à travers 3 000 m² de collections d'outils et de machines agricoles.
L'endroit est spectaculaire ; le premier coup d'œil fascinera les enfants, mais ils se lasseront peu après, car rien ne ressemble autant à une charrue qu'une autre charrue et à un tracteur qu'un autre tracteur.

Musée départemental de l'École.................. Chartres F6

1, rue du 14-Juillet
28000 - Chartres
Tél. : 02 37 30 07 69
Ouv. de 10 h à 12 h et de 14 h à 18 h du lundi au vend. ; fermé les jrs fér.
A 10, à 100 km O. de Paris

Tiens, grand-grand-papa allait lui aussi à l'école ? Il n'était pas si mal, son bureau ! Heureusement que le bonnet d'âne n'existe plus !
Tout l'univers de l'école au début du siècle a été fidèlement reconstitué dans une salle de classe de campagne. Se renseigner sur les animations.

LE GRAND OUEST

🏰 Petit train.................. Chartres F6

28000 - Chartres
Départ place de la Cathédrale
Tél. : 02 37 21 87 60-Fax : 02 37 21 87 60
Circule tlj de 10 h à 19 h de la mi-mars à la mi-nov.
A 10, à 100 km O. de Paris

Un circuit de 35 minutes permet de découvrir sans se fatiguer la ville de Chartres ; on pourra ainsi se reposer de la visite de la cathédrale en se promenant tranquillement dans les quartiers historiques de la ville. Les plus courageux pourront néanmoins, pendant ce temps-là, grimper au sommet des **tours de la cathédrale** (rens. au 02 37 36 45 85).

👁 Maison du Picassiette Chartres F6

22, rue du Repos
28000 - Chartres
Tél. : 02 37 34 10 78-Fax : 02 37 36 14 69
Ouv. tlj sauf mardi et dim. matin de 10 h à 12 h
et de 14 h à 18 h d'avril à fin oct.
A 10, à 100 km O. de Paris

Lorsque les mamans verront la drôle de maison de Raymond Isidore, découvrant ainsi ce que l'on peut faire avec de la vaisselle cassée, elles n'auront plus de raisons de faire un drame si les enfants font tomber par terre une pile d'assiettes !
Voilà un monsieur qui pendant des années a décoré les murs, le sol, le plafond, les meubles de sa maison avec de la vaisselle brisée... Et, comme il n'avait plus de place, il fit construire une chapelle pour créer de nouvelles surfaces afin de poursuivre son œuvre.
Très amusant à voir, y compris pour les enfants, qui seront fascinés par la bonne idée de cet original !

🏰 Grenier de l'Histoire...... Lèves E6

1 *bis*, rue des Grands-Prés
23300 - Lèves
Tél. : 02 37 21 77 77
Ouv. tlj sauf lundi et mardi de 14 h 30 à 18 h,
de Pâques à fin sept.
A 10 sortie Chartres et RN 154, à 103 km O. de Paris

Des passionnés d'Histoire ont imaginé un voyage à travers celle-ci de Saint Louis à nos jours. Dans une belle grange et ses bâtiments annexes, ils ont reconstitué, à l'aide de leurs incroyables collections person-

Eure-et-Loir - Nogent-le-Roi

nelles, des scènes symbolisant différents grands moments grâce à des mannequins civils et militaires, des armes et des objets authentiques.

🏰 Château............... Maintenon F5

28130 - Maintenon
Tél. : 02 37 23 00 09-Fax : 02 37 23 0079
Ouv. de 14 h à 17 h les w.-e. et jrs fér. de fin janv. à fin mars et du 1er nov. au 20 déc., et tlj sauf mardi de 14 h à 18 h et les dim. et jrs fér. de 10 h à 12 h et de 14 h à 18 h du 1er avril à fin oct.
A 11 sortie Ablis et RD 116, à 70 km O. de Paris

Le château que Louis XIV avait fait embellir pour les beaux yeux de Mme de Maintenon est bien joli, et les parents s'enthousiasment à juste titre, mais les enfants s'ennuient un peu, surtout qu'il n'est pas recommandé de courir dans le parc dessiné par Le Nôtre. Les bons élèves penseront à Racine, qui écrivit là deux de ses tragédies, *Athalie* et *Esther*, et s'intéresseront à l'incroyable projet d'approvisionnement en eau de Versailles en regardant les arches encore debout de l'aqueduc.

🦌 Parc animalier du château............ Nogent-le-Roi F5

Allée Jeanne-de-France
28210 - Nogent-le-Roi
Tél. : 02 37 51 36 99-Fax : 02 37 51 13 15
Ouv. tlj de 9 h à 18 h du 1er janv. au 31 mars et du 1er oct. au 31 déc., et de 9 h à 20 h du 1er avril au 30 sept.
RN 12 et RD 983, à 74 km O. de Paris

Dans le parc de 90 ha qui se trouve à l'emplacement où se dressait autrefois le château où venaient fréquemment les rois Philippe Auguste et Saint Louis, une centaine de daims évoluent en liberté. Les enfants s'amusent à marcher tout doucement pour tenter de les approcher, mais, bien que peu farouches, les daims, quelque peu inquiets, s'en vont tranquillement un peu plus loin.

Les confiseurs chartrains n'ont pas manqué d'imagination lorsqu'ils nommèrent un délicieux bonbon praliné enrobé d'une enveloppe en pâte d'amandes roulée dans du sucre glace le mentchikoff ! C'était paraît-il pour saluer l'alliance franco-russe du siècle dernier.

INDEX ALPHABÉTIQUE

Index alphabétique

A

Abbaye de Royaumont, Asnières-sur-Oise (Val-d'Oise), 168
Akteon Théâtre, Paris 11e, 68
Âne-nature-évasion, Villiers-en-Bière (Seine-et-Marne), 144
Antre Magique, Paris 9e, 64
Aquaboulevard, Paris 15e, 90
Aquagif, Gif-sur-Yvette (Essonne), 209
Aquariums de la Cité des sciences et de l'industrie, Paris 19e, 112
Aquariums du musée des Arts d'Afrique et d'Océanie, Paris 12e, 71
Arboretum de Chèvreloup, Rocquencourt (Yvelines), 193
Arc de Triomphe, Paris 8e, 60
Argonaute, Paris 19e, 112
Artdécojeunes, Paris 1er, 21
Atelier de la Bonne-Graine, Paris 11e, 68
Ateliers du Carrousel, Paris 1er, 22
Ateliers Lenôtre, Paris 16e, 97
Attelage prestige, Senlis (Oise), 163
Attelages de la forêt de Fontainebleau, Fontainebleau (Seine-et-Marne), 132
Au Café Chantant, Paris 10e, 67
Auberge Ganne, Barbizon (Seine-et-Marne), 122
Auditorium de la Halle Saint-Pierre, Paris 18e, 105
Aux Nautiles bleus, Mouy-sur-Seine (Seine-et-Marne), 138

B

Base de loisirs de Cergy-Neuville, Cergy-Pontoise (Val-d'Oise), 170
Base de loisirs de St-Quentin-en-Yvelines, Trappes (Yvelines), 197
Base de loisirs du Val de Seine, Verneuil-sur-Seine (Yvelines), 199
Base de plein air et de loisirs, Bois-le-Roi (Seine-et-Marne), 123
Base de plein air et de loisirs, Buthiers (Seine-et-Marne), 124
Base de plein air et de loisirs, Créteil (Val-de-Marne), 147
Base de plein air et de loisirs de l'Île de Vaires, Vaires-sur-Marne (Seine-et-Marne), 143
Base de plein air et de loisirs, Étampes (Essonne), 208
Base de plein air et de loisirs, Jablines-Annet (Seine-et-Marne), 133
Base de plein air et de loisirs, Souppes (Seine-et-Marne), 142
Base de plein air et de loisirs, Torcy (Seine-et-Marne), 143
Base nautique de la Villette, Paris 19e, 117
Base régionale de plein air et de loisirs, Moisson (Yvelines), 188
Basilique Saint-Denis, Saint-Denis (Seine-Saint-Denis), 166
Bateaux parisiens, Paris 7e, 56
Bateaux vedettes du Pont-Neuf, Paris 4e, 39
Bateaux-mouches, Paris 8e, 62
Bergerie nationale, Rambouillet (Yvelines), 190
Bois de Boulogne, Paris 16e, 100
Bois de Meudon, Meudon (Hauts-de-Seine), 217
Bois de Vincennes, Paris 12e, 75
Bois des étangs de Ville-d'Avray, Ville-d'Avray (Hauts-de-Seine), 222

C

Calèches du château de Versailles, Versailles (Yvelines), 203
Canauxrama, Paris 19e, 117
Catacombes, Paris 14e, 83
Centre de la Mer et des Eaux, Paris 5e, 45
Centre européen d'Escalade, Thiais (Val-de-Marne), 149
Centre Kapla, Paris 11e, 68
Centre national d'art et de culture Georges Pompidou, Paris 4e, 34
Centre sportif Cler, Paris 7e, 56
Centre sportif de la Grange-aux-Belles, Paris 10e, 67
Centre sportif Elisabeth, Paris 14e, 85
Centre sportif Saint-Merri, Paris 4e, 39
Champ-de-Mars, Paris 7e, 55
Chapelle Saint-Blaise-de-Simples, Milly-la-Forêt (Essonne), 210
Chasse aux mystères, Moret-sur-Loing (Seine-et-Marne), 138
Château d'Anet, Anet (Eure-et-Loir), 228
Château d'Écouen, Écouen (Val-d'Oise), 171
Château de Blandy, Blandy (Seine-et-Marne), 123
Château de Breteuil, Choisel (Yvelines), 178
Château de Dampierre, Dampierre (Yvelines), 180
Château de Dourdan, Dourdan (Essonne), 206
Château de Fontainebleau, Fontainebleau (Seine-et-Marne), 128
Château de Maintenon, Maintenon (Eure-et-Loir), 231
Château de Maisons-Laffitte, Maisons-Laffitte (Yvelines), 186
Château de Malmaison, Rueil-Malmaison (Hauts-de-Seine), 220
Château de Monte-Cristo, Le Port-Marly (Yvelines), 184
Château de Pierrefonds, Pierrefonds (Oise), 161
Château de Saint-Jean-de-Beauregard, Saint-Jean-de-Beauregard (Essonne), 211
Château de Sceaux, Sceaux (Hauts-de-Seine), 222
Château de Vaux-le-Vicomte, Maincy (Seine-et-Marne), 133
Château de Versailles, Versailles (Yvelines), 199
Château de Vincennes, Vincennes (Val de Marne), 150

Index alphabétique

Château et domaine national de Champs, Champs-sur-Marne (Seine-et-Marne), 125
Chemin de fer de Saint-Eutrope, Évry (Essonne), 209
Cheval en fête, Chantilly (Oise),154
Chinagora, Alfortville (Val-de-Marne), 145
Chocolats de Lachelle, Lachelle (Oise), 161
Cinaxe, Paris 19e, 113
Cinéma Le Grand Pavois, Paris 15e, 87
Cinéma Louis-Lumière, Paris 19e, 113
Cinéma Saint-Lambert, Paris 15e, 87
Cinoche, Paris 6e, 48
Cirque d'Hiver Bouglione, Paris 11e, 39
Cirque du Jardin d'acclimatation, Paris 16e, 99
Cité des sciences et de l'industrie, Paris 19e, 111
Comédie de Paris, Paris 9e, 65
Conciergerie, Paris 1er, 22
Conservatoire de l'Agriculture, Chartres (Eure-et-Loir), 229
Cosmic Laser, Thiais (Val-de-Marne), 149
Croisières sur l'Oise, L'Isle-Adam (Val-d'Oise), 173
Crypte archéologique, Paris 4e, 37
Cueillette de Compans, Compans (Seine-et-Marne), 126
Cueillette de la Croix-Verte, Attainville (Val-d'Oise), 169
Cyclop de Jean Tinguely, Milly-la-Forêt (Essonne), 210

D

Datcha d'Yvan Tourgueniev, Bougival (Yvelines), 178
Disneyland Paris, Marne-la-Vallée (Seine-et-Marne), 134
Domaine de Courson, Courson-Monteloup (Essonne), 206
Domaine des Marmousets, La Queue-en-Brie (Val-de-Marne), 148

Domaine national de Champs,Champs-sur-Marne (Seine-et-Marne), 125
Dôme Imax, Paris-La Défense (Hauts-de-Seine), 219

E

École de Magie, Paris 4e, 36
Église du Dôme, Paris 7e, 50
Égouts de Paris, Paris 7e, 53
Élevage d'autruches, Villiers-Saint-Georges (Seine-et-Marne), 144
Espace départemental Albert-Kahn, Boulogne-Billancourt (Hauts-de-Seine), 212
Espace Montmartre-Salvador-Dali, Paris 18e, 105
Espace Rambouillet, Rambouillet (Yvelines), 190
Étangs de Hollande, Saint-Léger-en-Yvelines (Yvelines), 196
Étoiles du Rex, Paris 2e, 27

F

Fabrique des jouets en bois, Paris 1er, 24
Faisanderie de Sénart, Étiolles (Essonne), 208
Fami-Parc, Nonville (Seine-et-Marne), 139
Féerie historique de nuit, Meaux (Seine-et-Marne), 136
Ferme de Gally, Saint-Cyr-l'École (Yvelines), 194
Ferme de Paris, Paris 12e, 73
Ferme de Vauzelard, Vienne-sur-Arthies (Val-d'Oise), 175
Ferme de Viltain, Jouy-en-Josas (Yvelines), 182
Ferme du Lapin Compote, Commeny (Val-d'Oise), 171
Ferme du Logis, Jumeauville (Yvelines), 183
Ferme Saint-André, Château-Landon (Seine-et-Marne), 125

Fête autour de la nature, Saint-Jean-de-Beauregard (Essonne), 211
Fête de la Saint-Louis, Fontainebleau (Seine-et-Marne), 129
Foire du Trône, Paris 12e, 74
Fondation Cartier pour l'art contemporain, Paris 14e, 83
Fondation Dubuffet, Périgny-sur-Yerres (Val-de-Marne), 149
Forêt de Chantilly, Chantilly (Oise), 156
Forêt de Compiègne, Compiègne (Oise), 158
Forêt de Fontainebleau, Fontainebleau (Seine-et-Marne), 130
Forêt de L'Isle-Adam, L'Isle-Adam (Val-d'Oise), 172
Forêt de Montmorency, Montmorency (Val-d'Oise), 174
Forêt de Rambouillet, Rambouillet (Yvelines), 191
Forêt des Aigles, Rambouillet (Yvelines), 190
Forêt domaniale de Marly, Louveciennes (Yvelines), 186
Forge médiévale, Wy-dit-Joli-Village (Val-d'Oise), 175
Forum des Images, Paris 1er, 24
France miniature, Élancourt (Yvelines), 180

G

Galerie d'Entomologie, Paris 5e, 42
Galerie de Géologie - Minéralogie, Paris 5e, 42
Galerie de Paléobotanique, Paris 5e, 42
Galerie de Paléontologie et d'Anatomie comparée, Paris 5e, 42
Géode, Paris 19e, 113
Grand Trianon, Versailles (Yvelines), 200
Grande Arche, Paris-la Défense (Hauts-de-Seine), 218
Grande Fête de la Nuit et Grandes Eaux musicales, Versailles (Yvelines), 202

Index alphabétique

Grande Galerie de l'Évolution, Paris 5e, 41
Grandes serres, Paris 5e, 43
Grenier de l'Histoire, Lèves (Eure-et-Loir), 230
Guignol du bois de Vincennes, Paris 12e, 75
Guignol du Champ-de-Mars, Paris 6e, 55
Guignol du Jardin d'acclimatation, Paris 16e, 99
Guignol du jardin des Champs-Élysées, Paris 8e, 61
Guignol du jardin du Luxembourg, Paris 6e, 48
Guignol du jardin du Ranelagh, Paris 16e, 101
Guignol du parc de Saint-Cloud, Saint-Cloud (Hauts-de-Seine), 221
Guignol du parc des Buttes-Chaumont, Paris 19e, 116
Guignol du parc floral de Paris, Paris 12e, 77
Guignol du parc Georges-Brassens, Paris 15e, 90
Guignol du parc Montsouris, Paris 14e, 84

H

Halle Saint-Pierre, Paris 18e, 105
Hameau de la Reine, Versailles (Yvelines), 201
Haras de Jardy, Marnes-la-Coquette (Hauts-de-Seine), 217
Haras national, Les Bréviaires (Yvelines), 185

I

Île aux cygnes, Paris 15e, 89
Île St Germain, Issy-les-Moulineaux (Hauts -de-Seine), 216
Institut du monde arabe, Paris 5e, 40
Institut du monde arabe, Paris 5e, 40

J

Jardin Atlantique, Paris 15e, 88

Jardin d'acclimatation, Paris 16e, 98
Jardin de Babylone, Paris 7e, 55
Jardin des enfants des Halles, Paris 1er, 25
Jardin des papillons, Paris 12e, 77
Jardin des Plantes, Paris 5e, 41
Jardin des Tuileries, Paris 1er, 26
Jardin du Luxembourg, Paris 6e, 48
Jardin du Palais-Royal, Paris 1er, 25
Jardin du Ranelagh, Paris 16e, 101
Jardin Sainte-Périne, Paris 16e, 100
Jardin sauvage Saint-Vincent, Paris 18e, 109
Jardins des Champs-Élysées, Paris 8e, 61
Jardins du Trocadéro, Paris 16e, 101
Jardy extraordinaire, Marnes-la-Coquette (Hauts-de-Seine), 217
Journée des plantes, Courson-Monteloup (Essonne), 206
Jungle aux papillons, La Queue-les-Yvelines (Yvelines), 183

L

L'Autruche rieuse, Montmachoux (Seine-et-Marne), 137
Laiterie de la Reine, Rambouillet (Yvelines), 189
Le cerf-volant, Le Mesle-Adainville (Yvelines), 184
Le Double Fond, Paris 4e, 38
Les Félins, Auneau (Eure-et-Loir), 228
Les Grandes heures du Moyen-Âge, Provins (Seine-et-Marne), 141
Les Grandes heures du Parlement, Versailles (Yvelines), 200
Les Marmitons de l'École Ritz-Escoffier, Paris 1er, 23
Les Nautils du château de Vaux-le-Vicomte, Maincy (Seine-et-Marne), 134
Les Nuits du feu, Chantilly (Oise), 156

Les Vaux-de-Cernay, Cernay-la-Ville (Yvelines), 179
Loupi, Paris 15e, 88

M

Maison d'Émile Zola, Médan (Yvelines), 187
Maison de Balzac, Paris 16e, 92
Maison de Claude Monet, Giverny (Eure), 226
Maison de l'Air, Paris 20e, 119
Maison de l'Opie, Guyancourt (Yvelines), 182
Maison de la Nature, Créteil (Val-de-Marne), 147
Maison de la Nature des Hauts-de-Seine, Issy-les-Moulineaux (Hauts-de-Seine), 215
Maison de la Pêche et de la Nature, Levallois (Hauts-de-Seine), 216
Maison de Paris-Nature, Paris 12e, 77
Maison de Victor Hugo, Paris 4e, 35
Maison du jardinage, Paris 12e, 76
Maison du Pain, Commeny (Val-d'Oise), 171
Maison du Picassiette, Chartres (Eure-et-Loir), 230
Maison littéraire de Victor Hugo, Bièvres (Essonne), 204
Médiamusée, Chailly-en-Bière (Seine-et-Marne), 124
Ménagerie, Paris 5e, 44
Mer de sable, Ermenonville (Oise), 159
Moulin, Sannois (Val-d'Oise), 175
Mur d'escalade Poissonniers, Paris 18e, 108
Musée Bourdelle, Paris 15e, 86
Musée Carnavalet, Paris 3e, 30
Musée Cernuschi, Paris 17e, 104
Musée Cognacq-Jay, Paris 3e, 29
Musée d'Art et d'Histoire du judaïsme, Paris 3e, 28

Index alphabétique

Musée d'Art moderne de la Ville de Paris, Paris 16e, 93
Musée d'Orsay, Paris 7e, 51
Musée de l'Abeille, Beautheil (Seine-et-Marne), 122
Musée de l'aérodrome Jean-Baptiste-Salis, Cerny (Essone), 205
Musée de l'Air et de l'Espace, Le Bourget (Seine-Saint-Denis), 165
Musée de l'Archerie, Crépy-en-Valois (Oise), 159
Musée de l'Armée, Paris 7e, 50
Musée de l'Automobile, Paris la Défense (Hauts de Seine), 219
Musée de l'Histoire de la ville de Dourdan, Dourdan (Essonne), 206
Musée de l'Homme, Paris 16e, 95
Musée de la Batellerie, Conflans-Sainte-Honorine (Yvelines), 179
Musée de la Chasse et de la Nature, Paris 3e, 31
Musée de la Contrefaçon, Paris 16e, 97
Musée de la Curiosité et de la Magie, Paris 4e, 36
Musée de la Figurine historique, Compiègne (Oise), 157
Musée de la Marine, Paris 16e, 96
Musée de la Mode et du Textile, Paris 1er, 21
Musée de la Monnaie, Paris 6e, 47
Musée de la Musique, Paris 19e, 114
Musée de la Poste, Paris 15e, 86
Musée de la Poupée, Paris 3e, 32
Musée de la Préhistoire, Nemours (Seine-et-Marne), 139
Musée de la Publicité, Paris 1er, 21
Musée de la Sculpture en plein air de la ville de Paris, Paris 5e, 44
Musée de la Vie romantique, Paris 9e, 64
Musée de Montmartre, Paris 18e, 106
Musée Delta, Athis-Mons (Essonne), 204

Musée départemental de l'École, Chartres (Eure-et-Loir), 229
Musée départemental de l'Éducation, Saint-Ouen-L'Aumône (Val-d'Oise), 174
Musée des Antiquités nationales, Saint-Germain-en-Laye (Yvelines), 195
Musée des Arts d'Afrique et d'Océanie, Paris 12e, 71
Musée des Arts décoratifs, Paris 1er, 21
Musée des Arts et Métiers, Paris 3e, 32
Musée des Arts forains, Paris 12e, 72
Musée des Carrosses, Versailles (Yvelines), 202
Musée des Collections historiques de la préfecture de police, Paris 5e, 44
Musée des Équipages du château de Vaux-le-Vicomte, Maincy (Seine-et-Marne), 134
Musée du Jouet, Poissy (Yvelines), 188
Musée du Louvre, Paris 1er, 20
Musée du Père Noël, Chailly-en-Bière (Seine-et-Marne), 124
Musée du Sucre d'orge des religieuses, Moret-sur-Loing (Seine-et-Marne), 137
Musée en herbe, Paris 16e, 95
Musée français de la Carte à Jouer, Issy-les-Moulineaux (Hauts-de-Seine), 215
Musée français de la Photographie, Bièvres (Essonne), 204
Musée Galliera, Paris 16e, 94
Musée Grévin, Paris 9e, 63
Musée Jacquemart-André, Paris 8e, 58
Musée Jean-Jacques-Rousseau, Montmorency (Val-d'Oise), 173
Musée municipal Alfred-Bonno, Chelles (Seine-et-Marne), 126
Musée municipal Alphonse-Georges-Poulain, Vernon (Eure), 227

Musée napoléonien d'Art et d'Histoire militaires, Fontainebleau (Seine-Marne), 129
Musée national de la Céramique, Sèvres (Hauts-de-Seine), 222
Musée national de la Renaissance, Écouen (Val-d'Oise), 171
Musée national de la Voiture et du Tourisme, Compiègne (Oise), 157
Musée national des Arts asiatiques, Paris 16e, 92
Musée national des Arts et Traditions populaires, Paris 16e, 93
Musée national du Moyen Âge, Paris 5e, 43
Musée Picasso, Paris 3e, 29
Musée rambolitrain, Rambouillet (Yvelines), 189
Musée Rodin, Paris 7e, 52
Musée Roybet-Fould, Courbevoie (Hauts-de-Seine), 214
Musée Vincent, Sacy-le-Grand (Oise), 162
Musée vivant du Cheval, Chantilly (Oise), 154
Musée-promenade de Marly-le-Roi, Louveciennes (Yvelines), 185

N

Nature et Découvertes, Paris 16e, 97
Notre-Dame, Paris 4e, 36

P

Palais de la Découverte, Paris 8e, 59
Palais omnisports de Paris-Bercy, Paris 12e, 72
Parc André-Citroën, Paris 15e, 88
Parc André-Malraux, Nanterre (Hauts-de-Seine), 218
Parc animalier, Boisset-les-Prévanches (Eure), 226
Parc animalier de l'Emprunt, Souppes-sur-Loing (Seine-et-Marne), 142
Parc animalier du château, Nogent-le-Roi (Eure-et-Loir), 231

Index alphabétique

Parc Astérix, Plailly (Oise), 162
Parc aux Étoiles, Triel-sur-Seine (Yvelines), 198
Parc de Belleville, Paris 20e, 119
Parc de Bercy, Paris 12e, 75
Parc de Choisy, Paris 13e, 79
Parc de l'Île Saint-Denis, Épinay-sur-Seine (Seine-Saint-Denis), 164
Parc de la Villette, Paris 19e, 115
Parc de Saint-Cloud, Saint-Cloud (Hauts-de-Seine), 221
Parc de Sceaux, Sceaux (Hauts-de-Seine), 221
Parc de Versailles, Versailles (Yvelines), 201
Parc départemental de La Courneuve, La Courneuve (Seine-Saint-Denis), 165
Parc départemental de la Plage-Bleue, Valenton (Val-de-Marne), 150
Parc départemental des Chanteraines, Villeneuve-La-Garenne (Hauts-de-Seine), 223
Parc départemental du Rancy, Bonneuil-sur-Marne (Val-de-Marne), 145
Parc départemental du Val-de-Marne, Créteil (Val-de-Marne), 147
Parc départemental Raspail, Cachan (Val-de-Marne), 146
Parc des Buttes-Chaumont, Paris 19e, 116
Parc des Hautes-Bruyères, Villejuif (Val-de-Marne), 150
Parc du château de Courances, Courances (Seine-et-Marne), 205
Parc du château de Ferrières, Ferrières (Seine-et-Marne), 127
Parc du Sausset, Villepinte (Seine-Saint-Denis), 167
Parc Edmond-de-Rotschild, Boulogne-Billancourt (Hauts-de-Seine), 213
Parc floral de Paris, Paris 12e, 76
Parc Georges-Brassens, Paris 15e, 89
Parc interdépartemental des sports du Tremblay, Champigny-sur-Marne (Val-de-Marne), 146
Parc Jean-Jacques Rousseau, Ermenonville (Oise), 160
Parc Kellerman, Paris 13e, 79
Parc Monceau, Paris 8e, 61
Parc Montsouris, Paris 14e, 84
Parc Pierre-Lagravère, Colombes (Hauts-de-Seine), 214
Parc zoologique de Paris, Paris 12e, 73
Parc zoologique de Thoiry, Thoiry (Yvelines), 196
Parc zoologique du bois d'Attiley, Ozoir-la-Ferrière (Seine-et-Marne), 140
Pardon de la Batellerie, Conflans-Sainte-Honorine (Yvelines), 180
Paris Story, Paris 9e, 65
Paris-Canal, Paris 7e, 57
Pavillon des Coquillages, Rambouillet (Yvelines), 189
Petit Palais, Paris 8e, 58
Petit train, Chartres (Eure-et-Loir), 230
Petit train de la base de loisirs de Saint-Quentin-en-Yvelines, Trappes (Yvelines), 198
Petit train de Montmartre, Paris 18e, 110
Petit train, Fontainebleau (Seine-et-Marne), 131
Petit train, Provins (Seine-et-Marne), 142
Petit train touristique de la base de loisirs, Cergy-Pontoise (Val-d'Oise), 170
Petit train touristique, Pierrefonds (Oise), 162
Petit train, Versailles (Yvelines), 201
Petit Trianon, Versailles (Yvelines), 201
Piscine Aspirant-Dunand, Paris 14e, 85
Piscine Bertrand-Dauvin, Paris 18e, 109
Piscine Blomet, Paris 15e, 90
Piscine de la Butte-aux-Cailles, Paris 13e, 81
Piscine de la Cour-des-Lions, Paris 11e, 70
Piscine de la Plaine, Paris 15e, 91
Piscine du Château-des-Rentiers, Paris 13e, 82
Piscine du marché Saint-Germain, Paris 6e, 49
Piscine Dunois, Paris 13e, 82
Piscine Georges-Hermant, Paris 19e, 117
Piscine Georges-Rigal, Paris 11e, 70
Piscine Hébert, Paris 18e, 109
Piscine Henry-de-Montherlant, Paris 16e, 103
Piscine municipale d'Auteuil, Paris 16e, 102
Piscine Pontoise, Paris 5e, 46
Piscine René-et-André-Mourlon, Paris 15e, 90
Piscine Valeyre, Paris 9e, 66
Plage aux champs, Saint-Arnoult-en-Yvelines (Yvelines), 193
Plage de Villennes, Médan (Yvelines), 187
Plage, L'Isle-Adam (Val-d'Oise), 173
Planétarium de la Villette, Paris 19e, 113
Planétarium, Paris 8e, 59
Port et jardin de l'Arsenal, Paris 12e, 78
Port-aux-Cerises, Draveil (Essonne), 207
Potager du Roi, Versailles (Yvelines), 203
Pré-Catelan, Paris 16e, 101
Promenade en barque, Coulommiers (Seine-et-Marne), 127
Promenade en barque, Enghien-les-Bains (Val-d'Oise), 172
Promenade en barque, Fontainebleau (Seine-et-Marne), 131
Promenade plantée, Paris 12e, 78
Promenade Richard-Lenoir, Paris 11e, 70
Promenades de la base de loisirs de St-Quentin-en-Yvelines, Trappes (Yvelines), 198

R

Réserve zoologique de Sauvage, Émancé (Yvelines), 181
Rollerparc Avenue, Vitry-sur-Seine (Val-de-Marne), 151
Roseraie du Val-de-Marne, L'Haÿ-les-Roses (Val-de-Marne), 148

Index alphabétique

S

Sacré-Cœur, Paris 18e, 107
Sainte-Chapelle, Paris 1er, 23
Salle du Jeux de paume, Versailles (Yvelines), 202
Serres d'Auteuil, Paris 16e, 102
Si tu veux, Paris 6e, 47
Square d'Estienne-d'Orves, Paris 9e, 66
Square de la Roquette, Paris 11e, 69
Square des Arènes-de-Lutèce, Paris 5e, 46
Square des Batignolles, Paris 17e, 104
Square du Temple, Paris 3e, 33
Square Héloïse-et-Abélard, Paris 13e, 81
Square Jean XXIIII, Paris 4e, 38
Square René-Le Gall, Paris 13e, 80
Squares du canal Saint-Martin, Paris 10e, 67
Stade de France, Saint-Denis (Seine-Saint-Denis), 167
Studio Disney, Marne-la-Vallée (Seine-et-Marne), 136

T

Tacot des Lacs, Grez-sur-Loing (Seine-et-Marne), 132
Théâtre Astral, Paris 12e, 77
Théâtre de l'Île-Saint-Louis, Paris 4e, 38
Théâtre des Blancs-Manteaux, Paris 4e, 37
Théâtre des Jeunes Spectateurs, Montreuil (Seine-Saint-Denis), 166
Théâtre du Jardin d'acclimatation, Paris 16e, 99
Théâtre Dunois, Paris 13e, 79
Théâtre équestre Zingaro, Aubervilliers (Seine-Saint-Denis), 164
Théâtre Fontaine, Paris 9e, 65
Tombeau de l'Empereur, Paris 7e, 50
Tour aux Figures, Issy-les-Moulineaux (Hauts-de-Seine), 216
Tour Eiffel, Paris 7e, 53
Tour Montparnasse, Paris 15e, 87
Train touristique, Pacy-sur-Eure (Eure-et-Loir), 227

U

Une journée au cirque, Villeneuve-la-Garenne (Hauts-de-Seine), 223
Uranoscope, Gretz-Armainvilliers (Seine-et-Marne), 132

V

Vallée-aux-Loups, Châtenay-Malabry (Hauts-de-Seine), 213
Vedettes de Paris, Paris 7e, 56
Verrerie d'art, Soisy-sur-l'École (Essonne), 211
Vol en aérophile, Chantilly (Oise), 155
Voyage au pays des impressionnistes, Auvers-sur-Oise (Val-d'Oise), 169

INDEX THÉMATIQUE

Index thématique

AQUARIUMS

Aquariums de la Cité des sciences et de l'industrie : Paris 19e, 112
Aquariums du musée des arts d'Afrique et d'Océanie : Paris 12e, 71
Centre de la Mer et des Eaux : Paris 5e, 45

ATELIERS

Animations au palais de la Découverte : Paris 8e, 59
Animations scientifiques de la base de loisirs de St-Quentin-en-Yvelines : Trappes (Yvelines), 197
Artdécojeunes : Paris 1er, 21
Ateliers de l'Institut du monde arabe : Paris 5e, 40
Ateliers de la Fabrique des jouets en bois : Paris 1er, 24
Ateliers de la ferme de Gally : Saint-Cyr-l'Ecole (Yvelines), 194
Ateliers de la Halle Saint-Pierre : Paris 18e, 105
Ateliers de la maison de la Nature : Issy-les-Moulineaux (Hauts-de-Seine), 215
Ateliers du Carrousel : Paris 1er, 22
Ateliers du Centre Pompidou : Paris 4e, 34
Ateliers du château de Blandy : Blandy (Seine-et-Marne), 123
Ateliers du château de Versailles : Versailles (Yvelines), 199
Ateliers du jardin d'Acclimatation : Paris 16e, 98
Ateliers du jardin des Tuileries : Paris 1er, 26
Ateliers du Musée en herbe : Paris 16e, 95
Ateliers du musée Bourdelle : Paris 15e, 86
Ateliers du musée Carnavalet : Paris 3e, 30
Ateliers du musée Cognacq-Jay : Paris 3e, 29
Ateliers du musée d'Art moderne : Paris 16e, 93
Ateliers du musée d'Orsay : Paris 7e, 51
Ateliers du musée de l'Armée : Paris 7e, 50
Ateliers du musée de l'Homme : Paris 16e, 95
Ateliers du musée de la Monnaie : Paris 6e, 47
Ateliers du musée de la Musique : Paris 19e, 114
Ateliers du musée de la Vie romantique : Paris 9e, 64
Ateliers du musée des Antiquités nationales : Saint-Germain-en-Laye (Yvelines), 195
Ateliers du musée des Arts d'Afrique et d'Océanie : Paris 12e, 71
Ateliers du musée du Louvre : Paris 1er, 20
Ateliers du musée Galliera : Paris 16e, 94
Ateliers du musée Jacquemart-André : Paris 8e, 58
Ateliers du musée national du Moyen Âge : Paris 5e, 43
Ateliers du musée Rodin : Paris 7e, 52
Ateliers du musée Roybet-Fould : Courbevoie (Hauts-de-Seine), 214
Ateliers du Petit Palais : Paris 8e, 58
Ateliers Lenôtre : Paris 16e, 97
Ateliers Nature et Découvertes : Paris 16e, 97
Ateliers scientifiques du Port-aux-Cerises : Draveil (Essonne), 207
Ateliers sportifs du haras de Jardy : Marnes-la-Coquette (Hauts-de-Seine), 217
Centre Kapla : Paris 11e, 68
École de Magie : Paris 4e, 36
Les Marmitons de l'École Ritz-Escoffier : Paris 1er, 23
Maison du jardinage : Paris 12e, 76
Nature et Découvertes : Paris 16e, 97
Si tu veux : Paris 6e, 47
Visites animées au musée d'Art moderne : Paris 16e, 93
Visites animées au musée du Petit Palais : Paris 8e, 58
Visites en famille au musée d'Orsay : Paris 17e, 51
Visites-ateliers au musée Rodin : Paris 7e, 52
Visites-contes au musée Cernuschi : Paris 17e, 104
Visites-découvertes du musée de l'Armée : Paris 7e, 50
Visites-découvertes du musée de la Marine : Paris 16e, 96
Visites-promenades dans le parc : Versailles (Yvelines), 199

BASES DE LOISIRS PLANS D'EAU AMÉNAGÉS, AQUAPARCS PISCINES ET PLAGES

Aquaboulevard : Paris 15e, 90
Aquagif : Gif-sur-Yvette (Essonne), 209
Base de loisirs de Cergy-Neuville : Cergy-Pontoise (Val-d'Oise), 170
Base de plein air et de loisirs : Bois-le-Roi (Seine-et-Marne), 123
Base de plein air et de loisirs : Buthiers (Seine-et-Marne), 124
Base de plein air et de loisirs : Créteil (Val-de-Marne), 147
Base de plein air et de loisirs : Étampes (Essonne), 208
Base de plein air et de loisirs : Jablines-Annet (Seine-et-Marne), 133
Base de plein air et de loisirs : Moisson (Yvelines), 188
Base de plein air et de loisirs : Souppes (Seine-et-Marne), 142
Base de plein air et de loisirs : Torcy (Seine-et-Marne), 143
Base de plein air et de loisirs de l'Île de Vaires : Vaires-sur-Marne (Seine-et-Marne), 143
Base de plein air et de loisirs de St-Quentin-en-Yvelines : Trappes (Yvelines), 197

Index thématique

Base de plein air et de loisirs du Val de Seine : Verneuil-sur-Seine (Yvelines), 199
Base nautique de la Villette : Paris 19e, 117
Centre sportif Cler : Paris 7e, 56
Centre sportif Saint-Merri : Paris 4e, 39
Étangs de Hollande : Saint-Léger-en-Yvelines (Yvelines), 196
Piscine Aspirant-Dunand : Paris 14e, 85
Piscine Bertrand-Dauvin : Paris 18e, 109
Piscine Blomet : Paris 15e, 90
Piscine de la Butte-aux-Cailles : Paris 13e, 81
Piscine de la Cour-des-Lions : Paris 11e, 70
Piscine de la Plaine : Paris 15e, 91
Piscine du Château-des-Rentiers : Paris 13e, 82
Piscine du marché Saint-Germain : Paris 6e, 49
Piscine Dunois : Paris 13e, 82
Piscine Georges-Hermant : Paris 19e, 117
Piscine Georges-Rigal : Paris 11e, 70
Piscine Hébert : Paris 18e, 109
Piscine Henry-de-Montherlant : Paris 16e, 103
Piscine municipale d'Auteuil : Paris 16e, 102
Piscine Pontoise : Paris 4e, 46
Piscine René-et-André Mourlon : Paris 15e, 90
Piscine Valeyre : Paris 9e, 66
Plage : L'Isle-Adam (Val-d'Oise), 173
Plage aux champs : Saint-Arnoult-en-Yvelines (Yvelines), 193
Plage de Villennes : Medan (Yvelines), 187
Port-aux-Cerises : Draveil (Essonne), 207

BOIS ET FORÊTS

Bois de Boulogne : Paris 16e, 100
Bois de Meudon : Meudon (Hauts-de-Seine), 217
Bois de Vincennes : Paris 12e, 75
Bois des Étangs de Hollande : Saint-Léger-en-Yvelines (Yvelines), 196
Bois des étangs de Ville-d'Avray : Ville-d'Avray (Hauts-de-Seine), 222
Espace Rambouillet : Rambouillet (Yvelines), 190
Faisanderie de Sénart : Étiolles (Essonne), 208
Forêt de Chantilly : Chantilly (Oise), 156
Forêt de Compiègne : Compiègne (Oise), 158
Forêt de Fontainebleau : Fontainebleau (Seine-et-Marne), 130
Forêt de L'Isle-Adam : L'Isle-Adam (Val-d'Oise), 172
Forêt de Montmorency : Montmorency (Val-d'Oise), 174
Forêt de Rambouillet : Rambouillet (Yvelines), 191
Forêt des Aigles : Rambouillet (Yvelines), 190
Forêt domaniale de Marly-le-Roi : Louveciennes (Yvelines), 186
Vaux-de-Cernay : Cernay-la-Ville (Yvelines), 179

CHÂTEAUX

Château d'Anet : Anet (Eure-et-Loir), 228
Château d'Écouen : Écouen (Val-d'Oise), 171
Château de Blandy : Blandy (Seine-et-Marne), 123
Château de Breteuil : Choisel (Yvelines), 178
Château de Champs : Champs-sur-Marne (Seine-et-Marne), 125
Château de Dampierre : Dampierre (Yvelines), 180
Château de Dourdan : Dourdan (Essonne), 206
Château de Fontainebleau : Fontainebleau (Seine-et-Marne), 128
Château de Maintenon : Maintenon (Eure-et-Loir), 231
Château de Maisons-Laffitte : Maisons-Laffitte (Yvelines), 186
Château de Malmaison : Rueil-Malmaison (Hauts-de-Seine), 220
Château de Monte-Cristo : Le Port-Marly (Yvelines), 184
Château de Pierrefonds : Pierrefonds (Oise), 161
Château de Saint-Jean-de-Beauregard : Saint-Jean-de-Beauregard (Essonne), 211
Château de Sceaux : Sceaux (Hauts-de-Seine), 222
Château de Vaux-le-Vicomte : Maincy (Seine-et-Marne), 133
Château de Versailles : Versailles (Yvelines), 199
Château de Vincennes : Vincennes (Val-de-Marne), 150
Domaine de Courson : Courson-Monteloup (Essonne), 206
Grand Trianon : Versailles (Yvelines), 200
Hameau de la Reine : Versailles (Yvelines), 201
Laiterie de la Reine : Rambouillet (Yvelines), 189
Pavillon des Coquillages : Rambouillet (Yvelines), 189
Petit Trianon : Versailles (Yvelines), 201

CINÉMAS, CIRQUES GUIGNOLS ET THÉÂTRES

Akteon Théâtre : Paris 11e, 68
Antre magique : Paris 9e, 64
Atelier de la Bonne-Graine : Paris 11e, 68
Au Café chantant : Paris 10e, 67
Auditorium de la Halle Saint-Pierre : Paris 18e, 105
Cinaxe : Paris 19e, 113
Cinéma le Grand Pavois : Paris 15e, 87
Cinéma Louis-Lumière : Paris 19e, 113
Cinéma Saint-Lambert : Paris 15e, 87

Index thématique

Cinoche : Paris 6e, 48
Cirque d'Hiver Bouglione : Paris 11e, 39
Cirque du Jardin d'acclimatation : Paris 16e, 99
Comédie de Paris : Paris 9e, 65
Dôme Imax : Paris la Défense (Hauts-de-Seine), 219
Étoiles du Rex : Paris 2e, 27
Forum des Images : Paris 1er, 24
Géode : Paris 19e, 113
Guignol du bois de Vincennes : Paris 12e, 75
Guignol du Champ-de-Mars : Paris 6e, 55
Guignol du Jardin d'acclimatation : Paris 16e, 99
Guignol du jardin des Champs-Élysées : Paris 8e, 61
Guignol du jardin du Luxembourg : Paris 6e, 48
Guignol du jardin du Ranelagh : Paris 16e, 101
Guignol du parc de Saint-Cloud : Saint-Cloud (Hauts-de-Seine), 221
Guignol du parc des Buttes-Chaumont : Paris 19e, 116
Guignol du parc floral de Paris : Paris 12e, 77
Guignol du parc Georges-Brassens : Paris 15e, 90
Guignol du parc Montsouris : Paris 14e, 84
Le Double Fond : Paris 4e, 38
Palais omnisports de Paris-Bercy : Paris 12e, 72
Paris Story : Paris 19e, 65
Théâtre Astral : Paris 12e, 77
Théâtre de l'Île-Saint-Louis : Paris 4e, 38
Théâtre des Blancs-Manteaux : Paris 4e, 37
Théâtre des Jeunes Spectateurs : Montreuil (Seine-Saint-Denis), 166
Théâtre du Jardin d'acclimatation : Paris 16e, 99
Théâtre Dunois : Paris 13e, 79
Théâtre équestre Zingaro : Aubervilliers (Seine-Saint-Denis), 164

Théâtre Fontaine : Paris 9e, 65
Une Journée au cirque : Villeneuve-la-Garenne (Hauts-de-Seine), 223

ESPACES SPORTIFS

Centre européen d'escalade : Thiais (Val-de-Marne), 149
Centre sportif Cler : Paris 7e, 56
Centre sportif de la Grange-aux-Belles : Paris 10e, 67
Centre sportif Elisabeth : Paris 14e, 85
Cosmic Laser : Thiais (Val-de-Marne), 149
Mur d'escalade Poissonniers : Paris 18e, 108
Palais omnisports de Paris-Bercy : Paris 12e, 72
Parc interdépartemental des sports du Tremblay : Champigny-sur-Marne (Val de Marne), 146
Rollerparc Avenue : Vitry-sur-Seine (Val-de-Marne), 151

FERMES

CUEILLETTE

Cueillette de Compans : Compans (Seine-et-Marne), 126
Cueillette de la Croix-Verte : Attainville (Val-d'Oise), 169
Ferme de Gally : Saint-Cyr-l'École (Yvelines), 194
Ferme de Vauzelard : Vienne-sur-Arthies (Val-d'Oise), 175
Ferme du Logis : Jumeauville (Yvelines), 183

ÉLEVAGES

Bergerie nationale : Rambouillet (Yvelines), 190
Élevage d'autruches : Villiers-Saint-Georges (Seine-et-Marne), 144
Ferme de Paris : Paris 12e, 73

Ferme de Vauzelard : Vienne-sur-Arthies (Val-d'Oise), 175
Ferme de Viltain : Jouy-en-Josas (Yvelines), 182
Ferme du Lapin Compote : Commeny (Val-d'Oise), 171
Ferme Saint-André : Château-Landon (Seine-et-Marne), 125
L'Autruche rieuse : Montmachoux (Seine-et-Marne), 137
Le Cerf-Volant : Le Mesle-Adainville (Yvelines), 184

FESTIVALS ET SPECTACLES HISTORIQUES

Cheval en fête : Chantilly (Oise), 154
Féerie historique de nuit : Meaux (Seine-et-Marne), 136
Fête autour de la nature : Saint-Jean-de-Beauregard (Essonne), 211
Fête de la Saint-Louis : Fontainebleau (Seine-et-Marne), 129
Grande Fête de la Nuit et Grandes Eaux musicales : Versailles (Yvelines), 202
Grandes heures du Moyen Âge : Provins (Seine-et-Marne), 141
Jardy extraordinaire : Marnes-la-Coquette (Hauts-de-Seine), 217
Journée des plantes : Courson-Monteloup (Essonne), 206
Nuits du feu : Chantilly (Oise), 156
Pardon de la Batellerie : Conflans-Ste-Honorine (Yvelines), 180
Une journée au cirque : Villeneuve-la-Garenne (Hauts-de-Seine), 223

HARAS

Haras de Jardy : Marnes-la-Coquette (Hauts-de-Seine), 217
Haras national : Les Bréviaires (Yvelines), 185

Index thématique

MAISONS D'HOMMES CÉLÈBRES

Château de Monte-Cristo : Le Port-Marly (Yvelines), 184
Datcha d'Yvan Tourgueniev : Bougival (Yvelines), 178
Maison d'Émile Zola : Médan (Yvelines), 187
Maison de Balzac : Paris 16e, 92
Maison de Claude Monet : Giverny (Eure), 226
Maison de Victor Hugo : Paris 4e, 35
Maison littéraire de Victor Hugo : Bièvres (Essonne), 204
Musée Roybet-Fould : Courbevoie (Hauts-de-Seine), 214
Vallée-aux-Loups : Châtenay-Malabry (Hauts-de-Seine), 213

MAISONS DE LA NATURE

Maison de la Nature : Créteil (Val de Marne), 147
Maison de la Nature des Hauts-de-Seine : Issy-les-Moulineaux (Hauts-de-Seine), 215
Maison de la Pêche et de la Nature : Levallois (Hauts-de-Seine), 216
Maison de Paris-Nature : Paris 12e, 77

MONUMENTS

Abbaye de Royaumont : Asnières-sur-Oise (Val-d'Oise), 168
Arc de triomphe : Paris 8e, 60
Basilique Saint-Denis : Saint-Denis (Seine-Saint-Denis), 166
Catacombes : Paris 14e, 83
Chapelle Saint-Blaise-de-Simples : Milly-la-Forêt (Essonne), 210
Chinagora : Alfortville (Val-de-Marne), 145
Conciergerie : Paris 1er, 22
Crypte archéologique : Paris 4e, 37
Église du Dôme : Paris 7e, 50
Grande Arche : Paris-la Défense (Hauts-de-Seine), 218
Notre-Dame : Paris 4e, 36
Sacré-Cœur : Paris 18e, 107
Sainte-Chapelle : Paris 1er, 23
Stade de France : Saint-Denis (Seine-Saint-Denis), 167
Tombeau de l'Empereur : Paris 7e, 50
Tour aux Figures : Issy-les-Moulineaux (Hauts-de-Seine), 216
Tour Eiffel : Paris 7e, 53
Tour Montparnasse : Paris 14e, 87

MUSÉES

ANIMALIERS
Musée de l'Abeille : Beautheil (Seine-et-Marne), 122
Musée Vincent : Sacy-le-Grand (Oise), 162
Musée vivant du Cheval : Chantilly (Oise), 154

ART ET TRADITIONS POPULAIRES
Musée des Arts forains : Paris 12e, 72
Musée national des Arts et Traditions populaires : Paris 16e, 93

BEAUX ARTS
Auberge Ganne : Barbizon (Seine-et-Marne), 122
Centre national d'art et de culture Georges Pompidou : Paris 4e, 34
Espace Montmartre-Salvador-Dali : Paris 18e, 105
Fondation Cartier pour l'art contemporain : Paris 14e, 83
Fondation Dubuffet : Périgny-sur-Yerres (Val de Marne), 149
Halle Saint-Pierre : Paris 18e, 105
Institut du monde arabe : Paris 5e, 40
Musée Bourdelle : Paris 15e, 86
Musée Cernuschi : Paris 17e, 104
Musée Cognacq-Jay : Paris 3e, 29
Musée d'Art et d'Histoire du judaïsme : Paris 3e, 28
Musée d'Art moderne de la Ville de Paris : Paris 16e, 93
Musée d'Orsay : Paris 7e, 51
Musée de l'Archerie : Crépy-en-Valois (Oise), 159
Musée de la Publicité : Paris 1er, 21
Musée de la Sculpture en plein air : Paris 4e, 44
Musée de la Vie romantique : Paris 9e, 64
Musée des Arts d'Afrique et d'Océanie : Paris 12e, 71
Musée des Arts décoratifs : Paris 1er, 21
Musée du Louvre : Paris 1er, 20
Musée Jacquemart-André : Paris 8e, 58
Musée municipal Alphonse-Georges-Poulain : Vernon (Eure), 227
Musée national de la Céramique : Sèvres (Hauts-de-Seine), 222
Musée national de la Renaissance : Écouen (Val-d'Oise), 171
Musée national des Arts asiatiques : Paris 16e, 92
Musée national du Moyen Âge : Paris 4e, 43
Musée Picasso : Paris 3e, 29
Musée Rodin : Paris 7e, 52
Petit Palais : Paris 8e, 58

ÉCOLES
Musée départemental de l'École : Chartres (Eure-et-Loir), 229
Musée départemental de l'Éducation : Saint-Ouen-L'Aumône (Val-d'Oise), 174

ENFANTS
(CRÉÉS POUR LES ENFANTS)
Musée en herbe : Paris 16e, 95

HISTOIRE ET HOMMES CÉLÈBRES
Espace départemental Albert-Kahn : Boulogne (Hauts-de-Seine), 212

Index thématique

Grandes heures du Parlement : Versailles (Yvelines), 200
Grenier de l'Histoire : Lèves (Eure-et-Loire), 230
Institut du monde arabe : Paris 4e, 40
Musée Carnavalet : Paris 3e, 30
Musée d'Art et d'Histoire du judaïsme : Paris 3e, 28
Musée de l'Armée : Paris 7e, 50
Musée de l'Histoire de la ville de Dourdan : Dourdan (Essonne), 206
Musée de la Figurine historique : Compiègne (Oise), 157
Musée de la Préhistoire : Nemours (Seine-et-Marne), 139
Musée de Montmartre : Paris 18e, 106
Musée des Antiquités nationales : Saint-Germain-en-Laye (Yvelines), 195
Musée des Collections historiques de la préfecture de police : Paris 5e, 44
Musée Grévin : Paris 9e, 63
Musée Jean-Jacques-Rousseau : Montmorency (Val-d'Oise), 173
Musée municipal Alfred-Bonno : Chelles (Seine-et-Marne), 126
Musée napoléonien d'Art et d'Histoire militaires : Fontainebleau (Seine-et-Marne), 129
Musée-promenade de Marly-le-Roi : Louveciennes (Yvelines), 185
Salle du Jeu de Paume : Versailles (Yvelines), 202

Insolites
Musée de la Contrefaçon : Paris 16e, 97
Musée de la Curiosité et de la Magie : Paris 3e, 36
Musée de la Poste : Paris 15e, 86
Musée des Arts forains : Paris 12e, 72
Musée du Père Noël : Chailly-en-Bière (Seine-et-Marne), 124
Musée du Sucre d'orge des religieuses : Moret-sur-Loing (Seine-et-Marne), 137
Musée français de la Carte à Jouer : Issy-les-Moulineaux (Hauts-de-Seine), 215

Jouets, poupées et chemins de fer
Musée de la Poupée : Paris 3e, 32
Musée du Jouet : Poissy (Yvelines), 188
Musée rambolitrain : Rambouillet (Yvelines), 189
Musée Roybet-Fould : Courbevoie (Hauts-de-Seine), 214

Mode et costume
Musée de la Mode et du Textile : Paris 1er, 21
Musée Galliera : Paris 16e, 94

Moyens de locomotion
Argonaute : Paris 19e, 112
Musée de l'aérodrome Jean-Baptiste-Salis : Cerny (Essone), 205
Musée de l'Air et de l'Espace : Le Bourget (Seine-Saint-Denis), 165
Musée de l'Automobile : Paris la Défense (Hauts de Seine), 219
Musée de la Batellerie : Conflans-Sainte-Honorine (Yvelines), 179
Musée de la Marine : Paris 16e, 96
Musée Delta : Athis-Mons (Essonne), 204
Musée des Carrosses : Versailles (Yvelines), 202
Musée des Équipages du château de Vaux-le-Vicomte : Maincy (Seine-et-Marne), 134
Musée national de la Voiture et du Tourisme : Compiègne (Oise), 157

Musique
Musée de la Musique : Paris 19e, 114

Sciences et techniques
Centre de la Mer et des Eaux : Paris 4e, 45
Cité des sciences et de l'industrie : Paris 19e, 111
Galerie d'Entomologie : Paris 5e, 42
Galerie de Géologie - Minéralogie : Paris 5e, 42
Galerie de Paléobotanique : Paris 5e, 42
Galerie de Paléontologie et d'Anatomie comparée : Paris 5e, 42
Grande Galerie de l'Évolution : Paris 4e, 41
Maison de l'OPIE : Guyancourt (Yvelines), 182
Médiamusée : Chailly-en-Bière (Seine-et-Marne), 124
Musée de l'Homme : Paris 16e, 95
Musée de la Chasse et de la Nature : Paris 3e, 31
Musée de la Monnaie : Paris 6e, 47
Musée des Arts et Métiers : Paris 3e, 32
Musée français de la Photographie : Bièvres (Essonne), 204
Palais de la Découverte : Paris 8e, 59
Parc aux Étoiles : Triel-sur-Seine (Yvelines), 198
Planétarium : Paris 8e, 59
Planétarium de la Villette : Paris 19e, 113
Uranoscope : Gretz-Armainvilliers (Seine-et-Marne), 132

Parcs animaliers et zoologiques
Ferme de Paris : Paris 12e, 73
Forêt des Aigles : Rambouillet (Yvelines), 190
Jardin d'acclimatation : Paris 16e, 98
Jardin des papillons : Paris 12e, 77
Jungle aux papillons : La Queue-les-Yvelines (Yvelines), 183
Les Félins : Auneau (Eure-et-Loir), 228
Ménagerie : Paris 4e, 44
Parc animalier : Boisset-les-Prévanches (Eure), 226

Index thématique

Parc animalier de l'Emprunt : Souppes-sur-Loing (Seine-et-Marne), 142
Parc animalier du château : Nogent-le-Roi (Eure-et-Loire), 231
Parc zoologique de Paris : Paris 12e, 73
Parc zoologique de Thoiry : Thoiry (Yvelines), 196
Parc zoologique du bois d'Attiley : Ozoir-la-Ferrière (Seine-et-Marne), 140
Réserve zoologique de Sauvage : Émancé (Yvelines), 181

PARCS D'ATTRACTIONS ET DE LOISIRS

Disneyland Paris : Marne-la-Vallée (Seine-et-Marne), 134
Fami-Parc : Nonville (Seine-et-Marne), 139
Foire du Trône : Paris 12e, 74
Jardin d'acclimatation : Paris 16e, 98
Jardin des Enfants des Halles : Paris 1er, 25
Jungle aux papillons : La Queue-les-Yvelines (Yvelines), 183
Loupi : Paris 15e, 88
Mer de sable : Ermenonville (Oise), 159
Parc Astérix : Plailly (Oise), 162
Studio Disney : Marne-la-Vallée (Seine-et-Marne), 136

PARCS, JARDINS SERRES ET SQUARES

Arboretum de Chèvreloup : Rocquencourt (Yvelines), 193
Bois de Boulogne : Paris 16e, 100
Bois de Vincennes : Paris 12e, 75
Champ-de-Mars : Paris 7e, 55
Domaine des Marmousets : La Queue-en-Brie (Val-de-Marne), 148

Domaine national de Champs : Champs-sur-Marne (Seine-et-Marne), 125
Espace départemental Albert-Kahn : Boulogne (Hauts-de-Seine), 212
Espace Rambouillet : Rambouillet (Yvelines), 190
Grandes serres : Paris 5e, 43
Île aux cygnes : Paris 15e, 89
Île St Germain : Issy-les-Moulineaux (Hauts-de-Seine), 216
Jardin Atlantique : Paris 15e, 88
Jardin de Babylone : Paris 7e, 55
Jardin des Champs-Élysées : Paris 8e, 61
Jardin des Plantes : Paris 5e, 41
Jardin des Tuileries : Paris 1er, 26
Jardin du Luxembourg : Paris 6e, 48
Jardin du Palais-Royal : Paris 1er, 25
Jardin du Ranelagh : Paris 16e, 101
Jardin du Trocadéro : Paris 16e, 101
Jardin Sainte-Périne : Paris 16e, 100
Jardin sauvage Saint-Vincent : Paris 18e, 109
Musée-promenade de Marly-le-Roi : Louveciennes (Yvelines), 185
Parc André-Citroën : Paris 15e, 88
Parc André-Malraux : Nanterre (Hauts-de-Seine), 218
Parc de Belleville : Paris 20e, 119
Parc de Bercy : Paris 12e, 75
Parc de Choisy : Paris 13e, 79
Parc de l'Île Saint-Denis : Épinay-sur-Seine (Seine-Saint-Denis), 164
Parc de la Villette : Paris 19e, 115
Parc de Saint-Cloud : Saint-Cloud (Hauts-de-Seine), 221
Parc de Sceaux : Sceaux (Hauts-de-Seine), 221

Parc de Versailles : Versailles (Yvelines), 201
Parc départemental de La Courneuve : La Courneuve (Seine-Saint-Denis), 165
Parc départemental de la Plage-Bleue : Valenton (Val-de-Marne), 150
Parc départemental des Chanteraines : Villeneuve-la-Garenne (Hauts-de-Seine), 223
Parc départemental du Rancy : Bonneuil-sur-Marne (Val-de-Marne), 145
Parc départemental du Val-de-Marne : Créteil (Val-de-Marne), 147
Parc départemental Raspail : Cachan (Val-de-Marne), 146
Parc des Buttes-Chaumont : Paris 19e, 116
Parc des Hautes-Bruyères : Villejuif (Val-de-Marne), 150
Parc du château de Courances : Courances (Seine-et-Marne), 205
Parc du château de Ferrières : Ferrières (Seine-et-Marne), 127
Parc du Sausset : Villepinte (Seine-Saint-Denis), 167
Parc Edmond-de-Rotschild : Boulogne (Hauts-de-Seine), 213
Parc floral de Paris : Paris 12e, 76
Parc Georges-Brassens : Paris 15e, 89
Parc Jean-Jacques-Rousseau : Ermenonville (Oise), 160
Parc Kellermann : Paris 13e, 79
Parc Monceau : Paris 8e, 61
Parc Montsouris : Paris 14e, 84
Parc Pierre-Lagravère : Colombes (Hauts-de-Seine), 214
Port et jardin de l'Arsenal : Paris 12e, 78
Potager du Roi : Versailles (Yvelines), 203
Pré-Catelan : Paris 16e, 101
Promenade plantée : Paris 12e, 78
Promenade Richard-Lenoir : Paris 11e, 70

Index thématique

Roseraie du Val-de-Marne : L'Haÿ-les-Roses (Val-de-Marne), 148
Serres d'Auteuil : Paris 16e, 102
Square d'Estienne-d'Orves : Paris 9e, 66
Square de la Roquette : Paris 11e, 69
Square des Arènes-de-Lutèce : Paris 5e, 46
Square des Batignolles : Paris 17e, 104
Square du Temple : Paris 3e, 33
Square Héloïse-et-Abélard : Paris 13e, 81
Square Jean XXIIII : Paris 4e, 38
Square René-Le Gall : Paris 13e, 80
Squares du canal Saint-Martin : Paris 10e, 67

PROMENADES

À DOS D'ÂNE OU PONEYS
Âne-nature-évasion : Villiers-en-Bière (Seine-et-Marne), 144
Promenades de la base de loisirs de St-Quentin-en-Yvelines : Trappes (Yvelines), 198

EN BALLON
Vol en aérophile : Chantilly (Oise), 155

EN BATEAU
Aux Nautiles bleus : Mouy-sur-Seine (Seine-et-Marne), 138
Bateaux parisiens : Paris 7e, 56
Bateaux vedettes du Pont-Neuf : Paris 4e, 39
Bateaux-mouches : Paris 8e, 62
Canauxrama : Paris 19e, 117
Croisières sur l'Oise : L'Isle-Adam (Val-d'Oise), 173
Les Nautils du château de Vaux-le-Vicomte : Maincy (Seine-et-Marne), 134
Paris-Canal : Paris 7e, 57
Promenade en barque : Coulommiers (Seine-et-Marne), 127
Promenade en barque : Enghien-les-Bains (Val-d'Oise), 172
Promenade en barque : Fontainebleau (Seine-et-Marne), 131
Vedettes de Paris : Paris 7e, 56

EN TRAIN
Chemin de fer de Saint-Eutrope : Évry (Essonne), 209
Petit train : Chartres (Eure-et-Loir), 230
Petit train : Fontainebleau (Seine-et-Marne), 131
Petit train : Provins (Seine-et-Marne), 142
Petit train : Versailles (Yvelines), 201
Petit train de la base de loisirs de Saint-Quentin-en-Yvelines : Trappes (Yvelines), 198
Petit train de Montmartre : Paris 18e, 110
Petit train touristique : Pierrefonds (Oise), 162
Petit train touristique de la base de loisirs : Cergy-Pontoise (Val-d'Oise), 170
Tacot des Lacs : Grez-sur-Loing (Seine-et-Marne), 132
Train touristique : Pacy-sur-Eure (Eure-et-Loir), 227

EN VOITURE À CHEVAL
Attelages de la forêt de Fontainebleau : Fontainebleau (Seine-et-Marne), 132
Attelage prestige : Senlis (Oise), 163
Calèches du château de Versailles : Versailles (Yvelines), 203

TOURISME TECHNIQUE

Chocolats de Lachelle : Lachelle (Oise), 161
Conservatoire de l'Agriculture : Chartres (Eure-et-Loir), 229
Égouts de Paris : Paris 7e, 53
Fabrique des jouets en bois : Paris 1er, 24
Forge médiévale : Wy-dit-Joli-Village (Val-d'Oise), 175
Maison de l'Air : Paris 20e, 119
Maison du Pain : Commeny (Val-d'Oise), 171
Moulin : Sannois (Val-d'Oise), 175
Verrerie d'art : Soisy-sur-l'École (Essonne), 211

VISITES INSOLITES

Catacombes : Paris 14e, 83
Chasse aux mystères : Moret-sur-Loing (Seine-et-Marne), 138
Chinagora : Alfortville (Val-de-Marne), 145
Cyclop de Jean Tinguely : Milly-la-Forêt (Essonne), 210
Égouts de Paris : Paris 7e, 53
France miniature : Élancourt (Yvelines), 180
Maison du Picassiette : Chartres (Eure-et-Loir), 230
Stade de France : Saint-Denis (Seine-Saint-Denis), 167
Voyage au pays des impressionnistes : Auvers-sur-Oise (Val-d'Oise), 169

BLOC-NOTES

Bloc-notes

Bloc-notes

Bloc-notes

Bloc-notes

Bloc-notes

Bloc-notes

Aidez-nous à mettre à jour le *Guide du Paris des enfants*.
Envoyez-nous vos informations.
Si vous figurez dans ce guide mais aimeriez apporter une précision
ou des informations complémentaires, ou si au contraire
vous n'y figurez pas mais souhaiteriez être inscrit
dans la prochaine édition, n'hésitez pas à nous écrire :
**Rédaction du *Guide de la France des enfants*,
Espace 2000, 11, rue de Javel, 75015 Paris.**

Achevé d'imprimer : février 2000
Dépôt légal en France : mars 2000
Dépôt légal en Belgique : D 2000-0621-27
Imprimé en France par Pollina - n°79808
Printed in France